基于梵汉对勘的《无量寿经》语法研究

李博寒 著

中西書局

图书在版编目(CIP)数据

基于梵汉对勘的《无量寿经》语法研究 / 李博寒著
. — 上海：中西书局，2023
ISBN 978-7-5475-2075-8

Ⅰ. ①基… Ⅱ. ①李… Ⅲ. ①净土宗—佛经—梵语—语法—研究 Ⅳ. ①B946.8

中国国家版本馆 CIP 数据核字(2023)第 036280 号

基于梵汉对勘的《无量寿经》语法研究

李博寒 著

责任编辑 刘 博
装帧设计 梁业礼

出版发行 上海世纪出版集团
中西書局(www.zxpress.com.cn)
地　　址 上海市闵行区号景路 159 弄 B 座(邮政编码：201101)
印　　刷 江苏常熟市兴达印刷有限公司
开　　本 700 毫米×1000 毫米 1/16
印　　张 12.75
字　　数 195 000
版　　次 2023 年 5 月第 1 版 2023 年 5 月第 1 次印刷
书　　号 ISBN 978-7-5475-2075-8/B·121
定　　价 80.00 元

序

——对如何培养佛教汉语研究高级人才的思考与实践

2012年,本书的作者李博寒博士从北京外国语大学中文学院硕士研究生毕业,被她的导师王继红教授介绍给我,来香港读佛教汉语研究方向的博士研究生。继红是我在北京大学招收的第一个以佛教汉语研究为方向的博士研究生。博寒的硕士学位论文虽然不是以佛教汉语研究为题,但受老师的影响,对这个学科多少有些了解,甚至还去北京大学听过一个学期的梵文课;还有,在北京外国语大学七年的浸染,她的英文读写也不错。这样的学生,可遇不可求,我当然乐意接收。

博寒这一读,就读了五年。主要的原因是,她必须按照我的既定培养方案,先选择一部有影响、同时有平行"原典"的汉译佛经进行系统的梵汉对勘;在此基础上,再去考虑论文的具体内容。这样,博寒就需要先做基础性的"大补"——历史语言学理论和接触语言学理论需要大补,汉语史需要大补,汉译佛经需要大补,佛教学和印度学知识需要大补,梵文更需要大补。特别是后两者,我不是专家,也没有能力提供相关的课程,只能"另辟蹊径"。一方面,我特别邀请台湾法鼓文理学院的佛教梵文专家邓伟仁教授做博寒的副导师;另一方面,鼓励她到其他学校学习。这样,博寒先于2013—2014学年就近到香港大学佛学研究中心旁听了一年的基础梵文课,期间选定了在中国佛教史上有重要影响的《无量寿经》作为核心材料,又于2015—2016学年到台湾法鼓文理学院学习梵文和印度学、佛教学,在邓老师的指导下做《无量寿经》的梵汉对勘。经过这种高强度学习的"磨难"，2017年春，博寒提交了《汉语历史语言学框架中的〈无量寿经〉语法梵汉对勘研究——以梵语名词工具格、从格和处所格的汉译为例》的博士学位论文。全文长达560多页，分为176页的"正文"和387页的"附录：《无量寿经》梵汉对勘语料"两个部分。论文于当年8月份顺利通过答辩，博寒也于11月获颁哲学博士学位证书。现在大家看到的，就是这部博士学位论文的正文部分的修订稿。

从1997年起，我一共指导了12位博士研究生，其中7位以佛教汉语研究作为论文选题。在李博寒之前，有陈文杰和陈秀兰（四川大学，1997年入学）、王继红（北京大学，2001年入学）、邱冰和姜南（北京大学，2004年入学）；李博寒之后，还有吴泽瑶（香港教育大学，2019年入学）。不知不觉，时光已经过了25年。总的来说，这25年中，自己除了不断探索佛教汉语研究这个新兴学科的发展之路以外，也在不断探索究竟该如何培养佛教汉语研究高级后备人才，逐渐形成了个人的佛教汉语研究方向博士研究生的培养理念、培养目标和培养方法（模式）。博寒就是按这个"方案"训练出来的最新成果。

所谓理念，主要指：(1)博士生在读期间的学术训练不但要能满足其博士学位论文撰写的需要，更要为其长期学术发展打好基础；要使学生把博士研究生的学习当作今后学术生涯的开端，论文的选题既要有前沿性，也要有前瞻性。这是我的导师张永言教授当初对我的要求，经过了自己实践的验证，我把它传承下来用在自己对博士研究生的指导上；(2)要根据佛教汉语研究这个新兴学科发展对人才培养的实际需要和现阶段我们的整体学术水平，实事求是，脚踏实地，不好高骛远，不揠苗助长。

所谓目标，主要指培养出来的学生，能够做到：(1)在学术思想上，一是能够充分认识到佛教汉语研究的跨语言、跨文化与跨专业的性质，并把这种认识转变成努力改善自身学术条件的主动行动，二是充分认识佛教汉语研究在汉语历史语言学研究中的特殊价值,不论具体做何研究,都能自觉地以从接触语言学的角度探求公元之交印度佛教的传入,以及持续近一千年的佛经传译与流布对同时期和之后汉语发展演变的影响为最终目的;(2)在学术能力上,能够进行汉译佛经与同期本土文献的精读和语言学比较,进行汉译佛经与平行梵本精读和语言学比较——也就是可以进行系统的溯源工作,同时还要能够熟练运用英语进行学术研究和学术交流。

所谓培养方法,则是坚持以打基础为主。要求学生在具体题目确定之前,先选择一部在汉传佛教中有影响、并且有平行源头语(如梵语)精校本的翻译佛经,进行系统的、逐词逐句,即"一个虚词也不放过"的梵汉语言对比分析。这样做的"好处",首先是让学生了解第一手的语言事实、掌握第一手资料,再结合已有的研究成果,从中发现并选择一个或若干有创新意义的问题进行专题性讨论;与此同时,这一基础工作,也可以为学术界提供一份新的、适用于佛教汉语全方位研究的梵汉对勘语料。

为什么要如此要求?原因当然与我对"佛教汉语研究"这个学科的基本认识有直接的关系。既然以汉译佛经语言为核心的佛教汉语的最独特价值是从接触语言学的角度揭示印度佛教的传入、尤其是通过佛经的大规模传译对汉语的历史发展有过什么样的影响,佛教汉语研究就有两个重点:一是溯源,一是探流。前者要做的主要是发现汉译佛经中究竟有哪些成分来自印度,或来自译经时的创造,后者要做的主要是探讨上述成分究竟有哪些真正进入了汉语、对汉语的历史发展演变带来了什么影响。两者相辅相承,溯源是为了探流,而探流又离不开溯源,前者是研究的基础,是起点;后者则是研究的目的。也就是说,如果没有后者,前者的研究就失去了汉语历史语言学的价值和意义;但如果没有前者,后者就根本不可能。因此,十分明显,如果佛教汉语研究的具体内容可以用对汉语中的印度影响进行"溯源探流"来概括的话,我把对学生能力养成的重点放在"溯源"上,放在学生梵汉文本的精读和比较研究上。我认为,对于那些中文专业出身、选择佛教汉语研究专业的博士生而言,这是他们之前缺乏而最需要补充的专业基础训练项目。只有接受了这一训练,具备了从汉语历史语言学和接触语言学的角度对汉译佛经的梵汉文本进行精读和系统的比较研究能力的研究生,才有可能写出具有创新内容的佛教汉语研究的博士论文,才有可能在今后长期的学术生涯中收到事半功倍的研究成效,在激烈的学术竞争环境中,立于不败之地。

回想起来,这个方案的尝试是从对博寒的老师继红的培养开始的。虽然我从 1997 年就开始在四川大学招收佛教汉语研究的博士研究生,但那时的培养基本上延续了自己十年前读博士研究生时的模式,没有对学生进行跨语言与跨文化背景的强制要求和训练。一方面,这与受当时的教学条件所限,无法为学生提供学习梵语的机会有关(我在 1993 年从印度回国后,曾在四川大学为研究生开过一次基础梵语课,但自觉不成功);另一方面,也与我对作为佛教汉语基础的翻译佛经的学术价值的认识还没有达到后来的高度有关。转机发生在 1998 年我到北京大学工作之后。到继红 2001 年报名,两年多的时间,有好几件事起到了关键的作用。

第一件事当然是有了北京大学强大的印度学教学条件,特别是段晴教授带领的梵巴语教研团队做后盾。段老师是 1990 年春我在北京大学上由季羡林先生主持的梵文学习班的梵语语法主讲。季先生对我的佛教汉语研究一直给予很大的支持。他协助中文系把我从四川大学调进北京大学,就是希望我能利用北京大学的条件,特别是与段晴老师合作,更好地开拓这个研究领域。

1999 年初冬,也就是在北京大学工作一年之后,我被时任中文系系主任的温儒敏教授推荐给学校,到新改组的教务部兼任主管教学的副部长。没过几个月,挪威奥斯陆大学的 Christoph Harbsmeier(何莫邪)教授来北京大学访问,约我见面。聊天当中,他问我一个问题:“在欧洲和北美的许多著名大学,都会开设古典语言的课供本科学生选修,诸如拉丁语、希腊语、梵语和古代汉语(文言文)。在北京大学,有没有这样的机制?"当他听说北京大学有这样的课,但仅仅在特定的院系提供给特殊专业的学生,并不向全校开放时,感到有些吃惊。于是他对我做了一些"启蒙教育"。说这些语言同汉语的文言文一样,在欧洲和北美的著名综合大学中,都被视为古典语言,除了专业学生要必修,同时鼓励非专业的学生选修。因为它们所承载的文化,都是古代人类文明的精华,是人类现代文明的基石。何先生认为,既然北京大学提出要在中国率先建成世界一流大学("985"工程),在这方面应该与"世界接轨"。听了之后,我深感认同。在征得部长李克安教授的同意之后,我在同事金顶兵等老师的协助下,立即与开设梵语的东语系、开设古希腊语的哲学系和开设拉丁语的历史系协商,将这些课程纳入全校公选课体系,并且不设选课人数的下限(当时北京大学的规定是不少于3人),只要有人选就开。很快,由东语系段晴老师主持的"基础梵语"、由哲学系靳希平老师主持的"基础古希腊语"、由历史系彭小渝老师主持的"基础拉丁语"三门公共选修课就开了出来。印象颇深的是我还专门到段老师主讲的梵语课"视察"过一次。非常难得,对学生非常"挑剔"的段老师当面夸奖了几位理科院系的选修生,说他们"非常棒"。其中就有来自化学学院、后来"改行"跟段老师读了梵巴专业的硕士研究生,再去哈佛大学研读印度学和伊朗学博士课程的张湛。后来,在时任文科副校长吴志攀教授的支持下,教务部还倡议召开了北京大学古典语言教学会议,商讨相关课程的建设,并把古代汉语也纳入其中。[①] 北京大学开设梵语公选课,就为我2001年"有胆"在中文系招收"佛教汉语研究"方向的博士研究生提供了必要的条件。

第二件事是我之前的研究"路数"受到辛嶋静志先生的批评。我认识辛嶋静志同样是1990年在北京大学学梵文期间,他正在季先生门下读博士研究生,做《法华经》古写本的文献学研究。我当时正在写《世说新语》"将

① 刘曙雄、段晴:古代外国语言教学研讨会总结报告(2001年12月10日),北京大学东方文学研究中心网页 https://www.eastlit.pku.edu.cn/zxhd/1204565.htm.

无同”一语的考释文章，通过钱文忠向他请教汉译《法华经》中多见的“将无”有没有梵文的平行词。后来我按照他提供的线索，利用季先生书房中的《梵文法华经写本集成》①，将全部的梵文用例找了出来，写成了《“将无”考》一文，不但解释了“将无”这个魏晋南北朝时髦词的意义，还对其来源做了新的探究。② 其后，我们一直保持学术的联系，关注对方的学术研究成果。大约从 1997 年开始，辛嶋开始涉足佛教汉语的研究，当年发表了《汉译佛典的语言研究》一文，分别讨论了“汉译佛典的汉语问题”“汉译佛典中所见音译词的问题”和“汉译佛典的原语问题”，令学术界耳目一新。③ 1998 年，他又发表了《汉译佛典的语言研究(二)》，专门就汉译佛典语言研究中的梵汉对勘做了非常专业的论述。他说：“汉译佛典既然是翻译，我们便可以把它与梵语、巴利语等经典，或是与其他译者的译语比较对照。……把汉译佛典的语法、词汇与梵语等佛典或异译相比较，就可以清楚、正确地找出它们的意思，解开许多疑团。但是，把汉译佛典和梵语、巴利语等经典对照不是一件简单的事。仅依靠查词典，对照相对的单词根本不行，只有像对待汉译佛典一样严格、认真地精读梵、巴经典，才能够对比。”作者的话针对的就是中国学者，其中的“首犯”就是我。他说：“朱庆之博士在他的论文里经常对比汉、梵资料，但他的解释有时明显不确。”他举出了我在《汉译佛典语文中的原典影响初探》④一文中的五个例子——“定光佛”“三达”“击攊”“大家”和“V 已”，认为我的说法不可靠。⑤ 辛嶋的话尽管“不中听”，完全否定工具书里的二手对勘资料的价值未必公允，对具体问题的批评也未必中的或过于武断，如关于“V 已”的来源，但他提出的原则是非常正确的。的确，在此之前，我一直侥幸地以为，对于佛教汉语的词汇研究而言，利用好

① 日本立正大学法华经文化研究所编，1986—1988 年由日本京都梵文法华经刊行会出版。
② 载《季羡林教授八十华诞纪念论文集》，南昌：江西人民出版社，1994 年。
③ 载日本花园大学禅文化研究所编《俗语言研究》第 4 期，1997 年。
④ 载《中国语文》第 5 期，1993 年。
⑤ 载日本花园大学禅文化研究所编《俗语言研究》第 5 期，1998 年。

国际佛教学界、尤其是日本佛教学界出版的佛经语汇梵汉对勘资料就可以应付需要。这类资料有索引类，如铃木大拙编《楞伽经索引》、宇井伯寿编《梵汉对照菩萨地索引》、稻垣久雄编《藏、梵、汉大无量寿经索引》等；有带有梵文平行词的佛教辞典，如赤沼智善编《印度佛教固有名词辞典》、平川彰编《佛教汉梵大辞典》和荻原云来编《汉译对照梵和大辞典》等。我用这些资料来查找汉译佛经中的某些词语的梵文对应词，并做一些语义和来源上的讨论，的确也发表过几篇有影响的文章。辛嶋的批评，让我明白，这种"偷懒"或者"耍小聪明"的办法已经不能适应学术发展的需要了，相反，"像对待汉译佛典一样严格、认真地精读梵、巴经典"基础上的梵汉语言学对比是佛教汉语研究绕不过去的必由之路。

但是必须承认，中国的古典学术研究历来以自我为中心，"普天之下莫非王土，率土之滨莫非王臣"，缺乏跨语言和跨文化的传统和意识。我们在中文系接受的单一语言和文化的训练造成了包括自己在内的几乎所有从事佛教汉语研究的人共同的短板，成为"佛教汉语研究"这个学科向前发展的严重瓶颈。该如何解决这个问题呢？受 Victor H. Mair（梅维恒）教授的启发，我当时的方案是国际合作（1994—1995 年，梅维恒教授协助我申请到美中学术交流委员会（CSCC）的资助，到宾夕法尼亚大学做访问学者。其间梅先生问我汉语中的印度影响，除了词语，语法方面有什么表现？当得知成果极少之后，他指出如果要想证明印度佛教对汉语的确产生过重要的影响，必须研究语法。并说他可以建立一个中、美、日三国学者的团队。其实就是希望能与像辛嶋这样精通多种佛教经典语言的学者进行合作，取人之长，补己之短，但这个想法最终没有变为现实）。但是，当我尝试与辛嶋讨论合作的可能性，即希望他们能够提供"一个虚词都不放过"的译经梵汉对勘资料时，辛嶋问我："像'一''山'这样的普通词语你要不要做？"我的回答是肯定的。这缘于我做博士论文时的经验，即材料先行，大范围地、尽可能无所不包地收集资料，给之后的选题留下足够的空间。在这个过程中，一旦发现有哪个问题或现象在眼下可以拿出来讨论,及时动手撰写小论文;而那些暂时没有用到的材料,未必永远不会用到。当资料积累到一定程度,或者有了新的研究视角,这些材料多半都会“功不唐捐”。但辛嶋对此并不认可。我们没有达成合作的共识。经过反思,我以为主要原因是,这些有能力进行梵汉对勘的学者属于印度学精英中的精英,他们都有自己的研究领域和研究兴趣,不可能为了配合我们的研究而影响他们自己的研究工作。更重要的是,由于专业的不同,这些人并不了解汉语历史语言学对翻译佛经梵汉对勘的真正需要是什么;即使有人愿意参与,对勘也成了机械式的工作,很难有主动性和乐趣可言。很显然,这样高度专业化的研究工作,只有从事佛教汉语的人自己干。这时我想起来,1997 年我在北京参加第 30 届国际汉藏语学术研讨会期间陪徐文堪先生到朗润园拜访季羡林先生时,先生鼓励我从四川大学调到北京大学工作。他说:“佛教汉语的研究,还得靠我们中国学者自己。”

第三件事是 2001 年,宾夕法尼亚大学语言学系的 William Labov(拉波夫)教授和 Anthony Kroch(柯罗克)教授到访北京。为了更有效地参与这一学术盛事,我恶补了社会语言学和语言接触理论,对社会语言学的一些基本理论和语言接触在语言历时研究中的作用有了初步的认识。5 月 22 日上午,拉波夫一行到访中国社科院语言所,与中国同行座谈。我有幸参加,并亲耳听到他将语言变异的主要(外部)原因归结为两种类型:不同语言之间的接触和同一语言中口语与书面语之间的接触。天啊,具有两个混合特点的佛教汉语,不正是这两种接触合为一体的产物吗?在之后的讨论中,沈家煊所长点名要我发言。我就将佛教汉语的特点和正在进行的工作做了简要的介绍。[1] 其实在 20 世纪 90 年代中期,我接触到历史语言学,了解到古代汉语的历史语言学研究,不仅在于尽可能真实和完整地描写出汉语在各个历史阶段的面貌,总结出发生了哪些变化,更在于对变化所以发生的原因的

① 参看《美国著名语言学家拉波夫教授、柯罗克教授在中国社科院语言所座谈》,载《中国语文》第 4 期,2001 年。

解释和变化从开始到完成这个过程的探究，从而发现语言变化的规律。这让我对汉译佛经的汉语历史语言学价值做了新的思考，开始意识到带有两个混合特征的翻译佛经对于汉语历史研究而言，不仅仅是其保留或反映了当时汉语的实际面貌的口语性，更是它在进行原因的解释和过程的探究方面的独特性。这次与拉波夫教授的“互动”，不但让我更加相信汉译佛经语言是一个宝库，完全有可能对汉语历史语言学的研究、对接触语言学的研究做出独有的贡献，更加相信要想利用好这份宝贵的资料，将译文与“原典”进行系统比较就成了研究者必要的能力和条件，同时也更加相信，佛教汉语研究的未来，在于能否培养出同时具有汉译佛经与中土文献语言比较能力和汉译佛经与平行“原典”语言比较能力的新一代研究者。

第四件事是2000年夏，我受何莫邪先生的邀请，到挪威奥斯陆大学为他的博士研究生 Christoph Anderl(安东平)讲读《祖堂集》，因为 Anderl 的博士论文计划做《祖堂集》的语法研究。这给了我一个机会，了解欧洲学术界培养古典语言研究博士研究生的方法。在挪威的三个多月的时间里，我除了弄清楚 Anderl 需要对《祖堂集》一篇一篇进行逐词逐字的研读的原因，是他必须要对《祖堂集》做一番文献学的工作，包括选取足够量的文本进行详细的校释和翻译；还通过奥斯陆大学图书馆丰富的古典汉学、佛教学(印度学)文献馆藏，了解到欧美大学相关学科博士学位论文大都有一个相似的内容模式和架构。这就是以专书的文本校释和翻译为基础，再据此进行宏观与微观相结合的论述。从中，也了解到他们在博士研究生阶段训练学生的基本方法。这给了我极大的启发。

挪威之行的另一个收获，是我不经意中看到了台湾许洋主先生在1995年出版的一套五卷本《新译梵文佛典：金刚般若波罗蜜经》[①]。这套书的宗旨是方便佛教信徒学习佛法。但其中的第二卷“解析部”让我眼前一亮。作者对梵汉文本做了词对词、句对句的对比，再对梵文句法语义做了详细解析，目的

① 许洋主：《新译梵文佛典：金刚般若波罗蜜经》，台北：如实出版社，1995年。

是帮助学习者正确地理解经典的"本义"。这种梵汉对比式逐句逐词的解析，基本符合"一个虚词都不放过"的要求，可以让即使是不太懂梵文的汉语研究者也有可能了解汉译文中哪些成分或许与源头语有关，正好为我正在思考的对勘形式提供了一个可供参考的范本。

从挪威回国后，我做了两件事。第一件是立即把新获得的资料加入到给中文系研究生开的《佛教汉语研究》选修课当中。那时选修的学生除了来自中文系，还有人来自东语系和哲学系。后者大都学过梵文，如郑国栋、常蕾、党素萍、黄美贞等。我请他们每人选择一部佛经的一个章节，参照许洋主的方式，尝试进行"一个虚词都不放过"的对勘。其中郑国栋做了《金光明经·流水长者子品》，常蕾做了《妙法莲华经·陀罗尼品》，黄美贞做了《八千颂般若波罗蜜多经·帝释天主品》。第二件是着手准备招收博士研究生来做"试验"。第一个自愿的"试验者"是刚获得华中师范大学语言学硕士学位的王继红。在段晴老师的帮助下，对印度学、佛教学几乎零基础的继红，基本上按照许洋主的办法，做了玄奘译《阿毗达磨俱舍论》的部分章节的梵汉对勘，最后以题为《基于梵汉对勘的〈阿毗达磨俱舍论〉语法专题研究》的博士学位论文顺利通过答辩。① 第一次尝试的基本成功给了我信心。就在继红结束学业的2004年，毕业于南京大学的邱冰和毕业于本校的姜南同时找上门来。我按照大体相同的模式来要求她们。四年之后，同样是零基础，做词汇的邱冰以题为《〈佛所行赞〉词汇研究》②、做语法的姜南以《基于梵汉对勘的〈法华经〉语法研究》③的博士学位论文通过答辩。她们的培养过程，也进一步丰富了我对如何培养佛教汉语研究方向博士研究生的认识。

---

① 王继红：《基于梵汉对勘的〈阿毗达磨俱舍论〉语法研究》，清华语言学博士丛书，上海：中西书局，2014年。

② 邱冰：《〈佛所行赞〉词汇研究》，南京：南京大学出版社，2020年。

③ 姜南：《基于梵汉对勘的〈法华经〉语法研究》，中国语言学文库第三辑，北京：商务印书馆，2011年。

上面说了这么多，让我们再回到博寒的论文。这篇论文的指导，延续了之前的基本思路，即以汉语历史语言学为理论框架，明确研究的目的和学科属性；以一部重要的汉译佛经的系统梵汉对勘为基础，一方面，让学生掌握佛教汉语研究的基本方法，即对译经和平行梵文的精读能力和语言对比能力，形成第一手的资料，为论文的研究提供坚实的基础；另一方面，也为学生今后的学术生涯的长远和健康发展打下坚实的基础。与此同时，将重点"理直气壮"地放在溯源方面，着力揭示译经与平行原典在语言上的联系，为汉译佛经语言的系统描写、也为佛教汉语研究的进一步发展积累更多的第一手资料。从这个角度看，博寒的论文相当成功，完全达到了预期的目标。

毕业后，博寒被时任香港中文大学（深圳）人文社科学院院长的顾阳教授看中，入职中大。为了将论文正式出版出来，几年来，在繁忙的工作之余，她一直在对论文做补充修订；我也一直在盼着好消息。如今，好消息终于传来。2022年七月份，博寒来信说，她已经将论文的"正文"部分修订完毕，打算先行出版，希望我写一篇序。我以为，这部著作既是博寒进入佛教汉语研究这个领域以来学习和研究工作的一次总结，也是佛教汉语研究在语法领域的最新成果；换个角度说，我作为导师，学生的博士学位论文能够正式出版，又何尝不是培养理想中的从事佛教汉语研究高端学术人才的一个最新成果呢？但是这个序写什么呢？颇费踌躇。我看到博寒在后记里简要交待了她求学的经历，其中包括她来香港读书的机缘，博士学位论文的选题及写作过程等等。这让我想到或许可以借此来向读者报告一下自己这二十多年来培养佛教汉语研究方向的博士研究生的想法和做法。相信这对读者了解这部书的价值当会有一定的帮助。

最后需要再特别强调一下的是，这只是博寒2017年夏通过答辩的博士学位论文的第一部分的修订稿。博寒的博士学位论文，即对《无量寿经》语法的汉语历史语言学研究，原稿分两个大的部分——语料和论述。语料即

《无量寿经》全文的梵汉对勘,也就是对《无量寿经》梵语和中译各版本的"一个虚词都不放过"的语言学对比分析;而"论述"就是在此基础上,结合前人已有的研究成果,针对当前佛教汉语研究的薄弱环节,选择语料中的一部分语法现象所做的深入的讨论。这类学位论文,按照欧美学术界的通行做法,在排列顺序上,"论述"放在第一部分,"语料"放在第二部分。但是,为了符合香港教育大学研究生院对博士论文字数(8 万到 10 万)的统一要求,我们不得已,将语料部分按附录处理。因此,博寒最终提交答辩的论文,在内容结构上,就分为"正文"和"附录"两大部分。这实在有些荒唐。因为在我、相信也包括许多同行看来,这个"附录"的学术价值丝毫不亚于"正文",甚至不排除有人会认为要高于"正文"。这不仅是因为它为"正文"提供了坚实的第一手语料基础,显示出作者扎实的学术训练水平,而且对于佛教汉语研究而言,它为所有的研究者提供了一份新的系统的汉译文与平行梵文的语言学对比资料,具有更为广泛和长久的学术价值。这次先将第一部分的修订稿单独出版,第二部分将在进一步修订补充后另行出版。在为论文第一部分的出版感到高兴之际,我也期盼论文的第二部分能尽早出版。

是为序。

2022 年 10 月于香港大埔打铁屻寓所

目　录

壹　引　言

贰　《无量寿经》对梵语格变化翻译方式之描写

叁　《无量寿经》与《维摩诘经》对梵语格变化翻译方式之比较

肆　中古汉译佛经中的特殊语法现象之讨论

壹

引　言

历史语言学研究从历时的角度考察语言的演变和发展，在描述语言历时发展事实的基础上，"探索语言演变的规律"（徐通锵 1991：2）。而以汉语为对象的历史语言学研究，旨在描述汉语各个历史时期变化和发展的基础上，探索其中的演变规律，并解释演变产生的原因。

在汉语历史语言学研究中，研究者在总结各个历史时期汉语语音、词汇和语法特征的基础上，将汉语史分为上古、中古和近代三个阶段，"先秦为上古汉语，东汉至隋为中古汉语，晚唐以后为近代汉语，其中西汉为上古至中古的过渡期，初中唐为中古至近代的过渡期"（朱冠明 2015：1）。汉语语法在"从上古汉语到中古汉语发生了幅度相当大的语法变化"（魏培泉 2003：75），包括以下几点。（1）构词法的改变：上古以音素的屈折或加缀来派生新词的构词法在中古汉语中消失了，被中古汉语中大量涌现的复合词或成音节的词缀所取代。（2）功能词的兴替：代词"之"、介词"于"、助词"所""者""也"的衰落；第三人称代词、动态助词"已"、趋向助词"来""去"、动量词、复数标记的产生。（3）句法结构的变化：使动式衰落，系词"是"在判断句中必须出现，动补结构、"被 NV"被动式、"持/取/将 OV"式处置式等新兴句法结构的产生。（4）语序的改变：介词词组与动词语序的改变，名词修饰语中数量短语与名词语序的改变，比较句语序的改变。研究者们注意到，汉译佛经中的语言材料为这些语法变化——如系词"是"判断句、动补结构、"被 NV"被动式和"持/取/将 OV"式处置式——提供了大量例证。此外，在近代汉语中产生的语法形式，如动态助词"了""着"和结构助词"的"，在中古时期的汉译佛经中已经出现了（参看朱庆之，朱冠明 2006）。这些例证"向学术界展示了佛典语料作为中土文献的重要补充在汉语史研究方面的巨大价值"（朱庆之 2009：4）。

目前的研究也已经证明，借助佛经翻译这一媒介，以梵语为代表的汉译佛经源头语对目的语汉语的语法变化产生了影响。（1）推动新兴功能词的产生。蒋绍愚（2001）发现汉译佛经中用"V(O)已"对译梵语的绝对分词（absolutive），表示动作的完成。跟在持续动词之后的"已"由完成动词变为动相补语，并推动了近代汉语中完成体助词"了"的产生。朱庆之（2014）发现汉译佛经中对译梵语复数变化的"辈"可以与人称代词、指示代词和有生名词搭配，由表示集合量变为复数标记,成为汉语人称代词复数标记“们”的来源。(2) 触发句法结构的变化。曹广顺、遇笑容(2000)和朱冠明(2011)分别发现:中古时期出现的“取 OV”式处置式和“受事+(施事)+VP”受事主语句,受到梵语中因动词后置而产生的“V_1OV_2”和“OV”结构的影响。这进一步说明,运用汉译佛经中的语言材料来考察汉语在中古时期发生的演变,在以中古汉语研究为代表的汉语历史语言学研究中具有重要意义。

与此同时,学者们认识到仅仅关注汉译佛经中“传统的汉语语法史研究中的那些问题”(朱庆之,朱冠明 2006: 443)是不够的,还应该“开展相对独立的汉文佛典文献语言研究”(朱庆之 2009: 6)。只有以汉译佛经为研究对象,才能充分发掘其中的特殊语言现象,即“与同期中土文献相比较而言,佛典有而中土文献没有、或者在出现频率上佛典远远超过中土文献的那些语法现象”(朱冠明 2013b: 10)。以此为基础,才能进一步探讨佛经翻译对汉语历时演变产生的影响。在这一背景下,以佛教文献为研究材料,以考察其中出现的特殊语言现象为目的,并探讨佛经翻译对汉语演变影响的专门的佛教汉语研究应运而生。

汉译佛经是连接以梵语为代表的原典①语言和汉语共同语的桥梁,要研究佛经翻译对汉语发展演变的影响,就必须先弄清汉译佛经语言中的源头语影

---

① 朱庆之(2009: 654-655)对“原典”做了如下阐释:“有一些学者对与译文相对的所谓的‘原典’抱有一种理想或者说现代的看法,以为‘原典’就应该是翻译时所依据的‘那一个(原典)’。而实际上,‘那一个’可能早已不存在了,我们今天能看到的大都是时代较晚的写本。这些写本是否就是‘那一个’,已经无法知道(迄今为止,尚未见到在内地发现可能是汉译底本的古代印度或西域语佛经的报告)。因此,这些学者对于无法确定‘那一个’的‘对勘’表示怀疑。坦率地说,这是对古代印度佛教文献的特质、以及佛经翻译的特质缺乏了解的表现,也可能是对包括中国古代文献在内的一切古代文献特质缺乏了解的表现。正如我们谁都不敢肯定后世所见古代尤其是上古传世典籍完全保留了当时的原貌,就是‘那一个’(看看帛书本《老子》与传世本《老子》的差别吧!),仍然不影响我们将其作为某个时代的语料进行汉语史的研究一样,同一部佛典的后世版本与译经时所依据的‘那一个’之间的差异,丝毫不应该影响这种对勘的学术意义和价值。”

Nattier(2008: 24)也指出:“如果‘原典’(the Original)义为佛本人的语录,即在公元前五世纪左右的摩揭陀(Magadha)地区使用的语言,那这种‘原典’已经永远地亡佚了,而我们所能看到的,只是在书面语中保留下来的语录在一种或多种佛教语言中的不同版本。”(If by “the original” we mean the discourse as pronounced by the Buddha, in the language of the region of Magadha in around the fifth century BCE, this original has been forever lost. What we have instead, when versions of these discourses have been preserved in writing, are a variety of snapshots taken of the text, in one or more Buddhist languages.)

响。而要厘清汉译佛经受到的原典语言影响,不仅需要将其与同一时期中土文献做比较,提取其中的特殊语言现象,还需要通过梵汉对勘的方法,将其与以梵语本为代表的平行本做比较,考察这些特殊语言现象的来源。通过梵汉对勘的方法,对汉译佛经做出系统而细致的研究,我们能对汉译佛经中的特殊语言现象及其来源有更深入、更全面的认识。

在朱庆之(2001)、辛嶋静志(2001b/2016)、万金川(2002)、遇笑容、曹广顺(2007/2013)等学者的大力倡导下,梵汉对勘的研究方法被引入到汉译佛经的语言研究中。目前的实践也已经证明,通过汉译佛经与梵语平行本的比较,不仅能发现更多汉译佛经中"披上汉语的外衣"(朱庆之,朱冠明 2006:438)的特殊语言现象,而且能对这些特殊语言现象的来源做出"有据可查"的解释。例如:朱庆之(1992)认为汉译佛经用"V(O)已"对译梵语中的过去分词(past participle)。这一观点被辛嶋静志(2001)所否定,他指出汉译佛经中的"V(O)已"大部分对译梵语中的绝对分词(absolutive)。姜南(2011)通过对《法华经》梵语本和汉译本的比较,发现其中的"V(O)已"不仅对译梵本中表动作完成的绝对分词,还对译过去被动分词(past passive participle)的独立依格(locative absolute)和独立属格(genitive absolute)形式。遇笑容(2003)指出汉译佛经中"云何"不表疑问的用法受到梵语"kim"不表疑问的影响。吴娟(2011)通过对《维摩诘经》中"云何"的全面考察,发现其中的选择问句和部分是非问句中的"云何"的确如遇文所言,对译梵语一般疑问句中无实义的疑问助词"kim"。但是,在反诘问句和另一部分是非问句中,则是对询问对方意见的"tat kim manyase"(你怎么认为呢)简单式的翻译,其中的"云何"还具有表疑问的功能。以上两例研究不仅证明了梵汉对勘方法在汉译佛经语言研究中的重要性,而且说明运用梵汉对勘方法对汉译佛经语言的考察,不应该仅仅停留在举例式的案例研究上,而应该从某一部或几部佛经入手,对汉译佛经及其梵语平行本做系统比较。除了个案研究之外,王继红(2004)和姜南(2008)运用梵汉对勘的研究方法对汉译佛经做了系统考察。两位学者分别对《阿毗达磨俱舍论》和《法华经》中梵语名词变格和动词变位的翻译方式做了全面考察,并且探讨了汉译本中复句和篇章标示成分等特殊语言现象的来源。例如:王继红(2004)通过系统对勘发现《俱舍论》中原因分句句末的"故"对译梵语表原因的从格(ablative case)和工具格(instrumental case)变化,以及表原因的不变词"hi"和表目的的名词"artha"。两位学者的研究证明了运用梵汉对勘的方法对汉译佛经做系统考察,对于发现其中特殊语言现象来源的重要性。只有对汉译佛经中特殊语言现象的来源有了清晰而全面的认识,才能进一步讨论这些特殊语言现象是否出现在后时的中土文献中,从而探究其对汉语历时演变产生的影响。

基于以上认识,本研究在汉语历史语言学的研究框架下,以汉译佛经语言研究为切入点,对《无量寿经》这一净土宗的基本经典做系统的语言学考察。首先,运用梵汉对勘的研究方法,对《无量寿经》的梵语本和汉译本做词汇层面的系统对应。在此基础上,以工具格、从格和处所格这三个梵语格变化为研究对象,讨论《无量寿经》对梵语格变化的翻译方式,着重考察不同时期译者对同一格变化的翻译方式有何异同。除了《无量寿经》的同经异译对比之外,还以《维摩诘经》为比较对象,讨论《维摩诘经》对上述梵语格变化的翻译方式与《无量寿经》的异同。最后,通过汉译佛经与中土文献的比较,考察汉译佛经中因翻译梵语格变化而产生的特殊语法现象,讨论这些特殊语法现象是否出现在后时的中土文献中,从而对汉语语法历时演变产生影响。

1.1 汉语历史语言学框架中的佛教汉语研究

佛教汉语的研究材料包括佛教大藏经中收录的汉译佛典、中土撰述,和"以宣扬佛教教义为目的,在题材、体裁和语言上受到翻译佛典影响的中土文学作品"(朱庆之 2009: 8)。佛经翻译自东汉初始至北宋式微,历经"古译"(东汉至西晋,公元五世纪以前),"旧译"(东晋南北朝,公元五世纪至七世纪前期,以鸠摩罗什和真谛为代表),和"新译"(隋唐,以玄奘为代表)三阶段[①],产生了卷帙浩繁的佛教经、律、论三藏典籍。根据吕澂的统计,流传至今的有 1 482 部,约 4 600 万字(朱庆之转引 2009: 7)。此外,汉地僧侣还做

① 日本学者境野黄洋在《支那佛教精史》中将宋朝(十世纪中叶至十三世纪晚期)作为佛经翻译的第四个阶段,并称之为"宋译"。参看 Nattier(2008: 7)。

了佛典注疏，佛典目录，佛教百科全书，佛教音义、辞书，佛教义理阐释著作，佛教教义宣传著作，佛教历史、地理著作等中土撰述。不仅如此，在"宗教热情的驱动下"（王继红 2014：44），汉地人民以佛教的轮回、因果报应等思想为主题，以佛经中的故事为题材，创作了一系列文学作品。由汉译佛经到中土撰述，再到中土佛教文学作品，以梵语为代表的源语言影响逐步扩散，最终为汉语所吸收。

其中，汉译佛经是连接以梵语为代表的原典语言和汉语共同语的桥梁，因此，对汉译佛经语言的研究是佛教汉语研究的基础。要研究佛经翻译对汉语历时演变的影响，就必须先弄清汉译佛经中的特殊语言现象及其来源。因为"佛典是翻译作品，佛典语言无论在词汇上，还是语法上，都混杂着外来的、非汉语成分，或者说原典语言在词汇、语法上异于汉语的成分被披上汉语的外衣移植到佛典中来"（朱庆之，朱冠明 2006：438）。而要厘清汉译佛经中的特殊语言现象及其来源，就必须系统地采用比较的研究方法。首先，通过汉译佛经与中土文献的比较，发现其与中土文献的差异。在此基础上，看看这些差异"哪些是本土汉语自身发展固有的，哪些是译经所特有的"（董琨 2002：563）。通过汉译佛经与以梵语平行本为代表的原典的比较，才能弄清这些特殊语言现象的来源。在汉译佛经语言研究的初始阶段，由于缺乏跨语言比较的意识，汉译佛经中"不经见的语言成分和现象往往都被认为是口语和俗语的成分"（朱庆之 2001：4），"企图从更早的中土文献中寻找来源，而忽略了佛教文献与原典的关系"（姜南 2011：6）。随着研究的深入，学者认识到"必须运用与原典对勘的方法，看看译文中那些特殊的东西哪些是受到原典影响的产物"（朱庆之 2001：6），因为"不通过梵汉对勘就无法确定佛经中的特殊语言现象是如何产生的，也无法进一步探索这些现象产生的原因和机制"（遇笑容，曹广顺 2013：59）。通过"梵汉对勘"的研究方法，比较汉译佛经中特殊语言现象及其在梵语平行本中的对应成分，可以对汉译佛经中特殊语言现象的来源做出"有据可查"的解释。除了汉译佛经与中土文献的对比，以及汉译佛经和梵语平行本的对比之外，同一部佛经在不同时代由不同译者翻译的异译本之间的对比，也是比较的角度之一。辛嶋静志（2001b/2016：73）指出："既然译出时代不同，它们的语言也应该多少反映出各自时代的特征。”通过对一部佛经的多个异译本的比较，我们不仅可以考察不同译者的不同翻译风格和翻译策略，还可以从中探寻汉语在不同时代产生的变化，正如朱庆之(1992：39)所言：“由于初译本与异译本译出时代不同，译者不同，它们的语言会带上各自时代的特征和译者个人的言语特征，如果对它们仔细地进行对比研究的话，我们很可能得知语法、词汇、音韵发展演变的情况。”

1.2 基于梵汉对勘的佛教汉语语法研究

1.2.1 基于梵汉对勘的佛教汉语语法研究综述

如前所述，“比较”是研究汉译佛经语言的“不二法门”。通过汉译佛经与中土文献的对比，汉译佛经与梵语平行本对比，以及汉译佛经同经异译本对比这三个层面的比较，我们能对汉译佛经中的特殊语言现象，及其来龙去脉有更清晰的认识。在这三个“比较”中，汉译佛经与梵语平行本的对比研究起步虽晚，但已取得了丰硕的研究成果。①

研究者运用梵汉对勘的方法，考察了汉译佛经中的特殊语言现象及其梵语来源。除了前文所述的表完成的“V(O)已”、复数标记“辈”、不表疑问的“云何”和原因分句的句末“故”之外，汉译佛经中的特殊语言现象还有：

1. 特殊的功能词或功能词的特殊用法。(1) 朱庆之(1991)指出汉译佛经中的语气副词“将无”对译梵语表可能的副词“mā”。(2) 朱冠明(2005)发现汉译佛经中的话题转移标记“复次”源自对梵语“punar-apara”的仿译。姜南(2007)通过对《法华经》中话题转移标记“复次”“尔时”等的全面考察，指出：“译师在碰到梵文原典语篇转移话题时，有意识地添加(转移标记)，借以开启新话题，不管原典中有没有直接对应词。”(朱冠明 2013b：32)(3) 赵长才(2009)指出汉译佛经中表示对象关系的“所/边”源自指示处所的“所/边”，这一演变受到梵语中属格(genitive case)具有指示领属、处所和对象功能的推动。

① 参看朱庆之、朱冠明(2006)，遇笑容、曹广顺(2013)，朱冠明(2013b)，于方圆、朱冠明(2018)。

冯赫(2013)也指出汉译佛经中表领属的“所/许”可能受到梵语中属格的功能影响。(4) 徐朝红、吴福祥(2015)指出,汉译佛经中“亦”做并列连词源自对译梵语同时具有类同副词和并列连词功能的“ca”。

2. 特殊的语序。(1) 朱庆之(2001)发现汉译佛经中呼语位于插入语位置受到梵文原典语序的影响。朱庆之(2015)进一步指出:这一现象的出现,是由于“将原典含有呼格名词的句子模仿原文的语序逐字逐句地翻译出来。”(2) 朱冠明(2008a)指出:汉译佛经中引入伴随者的“与 NP”位于动词短语之后,是由于其梵语平行本中表伴随的工具格位于动词之后。(3) 胡敕瑞(2009)发现汉译佛经中并列成分“并 NP”位于动词短语之后,受到梵语本并列成分后置的影响。(4) 江蓝生(2003)指出汉译佛经中的“S,N 是”判断句可能受到梵语判断句“be”动词后置的影响。陈秀兰(2009)通过《撰集百缘经》汉译本和梵语平行本的对勘,发现无论梵语本中是否出现判断动词,汉译本都用“S,N 是”对译带有关系从句的判断复合句。姜南(2010)对《法华经》的全面对勘也印证了陈秀兰(2009)的观点。《法华经》中的“S 是 N”句型对译梵语本中形式简单的判断句,而“S,N 是”句型则对译结构复杂的繁琐句式,与梵语本句末是否出现判断动词没有关系。

3. 特殊的句法结构。(1) 朱庆之(1995)发现汉译佛经中的“所 V”被动式源于对梵语被动态或被动分词的翻译。朱冠明(2013a)发现在中古时期大量出现的“为 N 所 V”被动式中,“为”是源自系词的助动词。姜南(2018)通过对比汉译佛经及其梵语平行本,发现汉译佛经中的“为”用于对译梵语中“be”动词“√as”和“√bhū”。在此基础上,“为”的功能发生扩展,可以指示陈述性动作,从而得以进入“为 N 所 V”被动式中。(2) 曹广顺、遇笑容(2000)发现译者依据梵语的习惯,将连动式“取 O_1VO_2”中的 O_2 省略,推动了汉语中“取 OV”式处置式的产生。(3) 朱冠明(2005)和龙国富(2008a)发现汉译佛经中表并列的“若 A 若 B”结构受到梵语并列结构“A ca B ca”和选择结构“A vā B vā”的影响。(4) 朱冠明(2011)发现,中古汉译佛经中“受事+(施事)+动词词组”受事主语句一方面是对梵语本中 OV 语序的模仿,另一方面是由于梵语本中的形容词分词被译为动词,从而产生受事主语句。(5) 姜南(2012)发现汉译佛经中新兴的等比标记“如……等/许”来自对梵语等比结构“yathā...”和“-upama/sama/mātra”的仿译。

除了讨论汉译佛经中的特殊语言现象之外,研究者还运用梵汉对勘的方法考察汉语中某些语言演变的来源。除了前文已述的复数标记、"取 OV"式处置式和"受事+(施事)+动词词组"受事主语句之外,还有:(1)朱冠明(2007)指出反身代词"自己"最早出现在汉译佛经中,"自"的领属语用法源自对译梵语的反身代词"sva","sva"既是反身代词又是领属语,"自"通过"移植""sva"的功能而获得领属语的功能。(2)胡敕瑞(2008)发现汉语的负面排他标记"除"和"舍"在汉译佛经中最早出现,"除""舍"对译梵语表排除的不变词"sthāpayitva"和"muktvā",之所以选用"除""舍"对译,是因为"sthāpayitva"和"muktvā"有"除去"和"舍弃"的意义。

在此基础上,学者运用语言接触、语法化和语言类型学等语言学理论,探讨通过佛经翻译这一媒介,梵语对汉语产生影响的机制。遇笑容(2008)将语言接触造成语法改变的方式归纳为干扰、借入和使用频率增长三类。由于源语言(梵语)的干扰导致目的语(汉语)产生的某些变化,如连动式变为处置式,在汉语中被保留下来。而所有借入的形式,如句末表原因的"故"、不表疑问的"云何"等则都没有进入汉语共同语。朱冠明(2011),曹广顺、遇笑容(2015)以及徐朝红、吴福祥(2015)运用语言接触的理论,指出借助佛经翻译这一非直接的语言接触,梵语对汉语语法演变的影响模式是"语法复制"。赵长才(2009)和冯赫(2013)分别指出:"所/边"由表示处所转为表示对象,"所/许"由表示处所转为表示领属是语言演变的普遍规律,佛经翻译在其中发挥的影响"可能更多的是催化和推动的作用"(赵长才 2009:446)。

上述研究成果的涌现,体现了梵汉对勘方法在佛教汉语研究中的重要作用。除了个案研究之外,王继红(2004)和姜南(2008)运用梵汉对勘的方法,分别对《阿毗达磨俱舍论》和《法华经》做了系统的考察。不仅讨论了汉译佛经对梵语名词变格和动词变位的翻译方式,而且考察了汉译佛经中特殊语言现象——如框式结构、同源宾语结构、句末表原因的"故"、情态助词"当"——的来源。两位学者的研究为汉译佛经语言研究提供了第一手的对勘资料,例如蒋绍愚(2009)和赵长才(2009)都以《法华经》中的对勘材料作为例证。此外,两位学者还运用对勘材料对前人的结论做了补充或修正。正如前文所述,姜南(2010)指出汉译佛经中的"S,N 是"句型并非源自对梵语语序的模仿,而是对译梵语中结构复杂的繁琐句式，与句末是否出现判断动词没有关系。姜南(2011)发现《法华经》中的“V(O)已”不仅对译梵语本中表动作完成的绝对分词，还对译过去被动分词的独立依格和独立属格形式。王继红(2014)指出《俱舍论》中原因分句句末的“故”对译梵语表示原因的从格和工具格变化，以及表原因的不变词“hi”和表目的的名词“artha”。两位学者的研究充分体现了对一部汉译佛经和其梵语平行本做系统梵汉对勘的必要性。然而，由于研究材料的匮乏，加之梵语和汉语在语言类型上存在巨大差异，研究者需要“通过长时间的学习克服语言的障碍”，而且“梵汉对勘和语法信息标注也是一项极为繁琐、耗时极长的基础工作”(王继红 2014：47)。目前，对汉译佛经做系统梵汉对勘的研究还为数寥寥。

1.2.2 基于梵汉对勘的佛教汉语语法研究——研究材料和研究步骤

1.2.2.1 研究材料的选择

运用梵汉对勘的方法对汉译佛经语言做系统研究，首先面临的是研究材料的选择这一问题。佛教继承了印度宗教的口传传统(Nattier 2008：22－23)，因此目前发现的梵语佛典不仅成书时间晚(大都成书于公元十世纪以降)(Nattier 2008：3)，而且各写本(manuscript)之间存在或多或少的差异。因此，选择一部佛教文献学研究基础扎实，有梵语精校本(critical edition)的汉译佛经是进行梵汉对勘研究的前提。在此基础上，理想的研究材料应该具备以下特质：(1) 在汉地广为流传，大众接受度高。一部佛经的接受度高意味着其中的语言现象更有可能被大众在日常生活中所使用，从而对汉语的历时演变产生影响。(2) 汉译本和梵语平行本的对应程度较高。佛教的诵读传统导致佛教的经典以“谱系树”般流传，而汉译佛经仅仅“抓拍”了其中的少数“分支”(Nattier 2008：24)。汉译本和梵语平行本的对应程度高，才能保证对勘研究的可行性和准确性。除了满足以上两个基本条件之外，理想的研究材料最好有多个汉译本，且历时分布完整，涵盖“古译”至“新译”的各个阶段。拥有多个汉译本不仅进一步说明其在汉地流传时间长、范围广，而且出自不同时代的译本能在一定程度上反映汉语的发展变化。

基于上述标准，本研究选取《无量寿经》[①]（The *Larger Sukhāvatīvyūha Sūtra*）这一净土宗的基本经典为研究材料。净土宗由东晋僧人慧远于元兴元年（公元402年）在庐山创立，"以西方阿弥陀佛（无量寿佛）的国土为崇拜对象"（杜继文 2006：157），追求以念佛或观佛的方式往生西方极乐世界。净土宗"以念佛行业为内因，以弥陀愿力为外缘，内外相应往生净土"（杜继文 2006：422），修行方式简单易行，吸引了大量信众。此外，《无量寿经》中宣传的"功德回向"（puṇya-pariṇāmana）观念与汉地流行的大乘修行传统不谋而合，在汉地发展迅速。到了宋代，净土信仰"已经遍及佛教各派，成为共同趋向"（杜继文 2006：423），与禅宗并称汉地佛教最重要的两大宗派。由于净土宗创立之初就与文人士大夫有紧密联系[②]，因此中土文人作品中亦能见到净土信仰的影响。与慧远生活在同一时期的陶潜《桃花源记》与净土宗思想的"社会根源是一致的"（杜继文 2006：157）。谢灵运、王维、白居易等人作净土诗赞。苏轼"绘水陆法像，作赞十六篇"（杜继文 2006：424）。此外，在任半塘辑《敦煌歌辞总编》中有多首反映净土信仰的歌辞，例如《归去来·归西方赞》："且共念彼弥陀佛，往生极乐坐花台。……昼夜须勤念彼佛，极乐逍遥坐宝台。……归去来，弥陀净刹法门开，但有虚心能念佛，临终决定坐花台。归去来，昼夜唯闻唱苦哉，努力回心归净土，牟尼殿上礼如来。"《易易歌·解悟成佛》："解悟成佛易

---

① The *Larger Sukhāvatīvyūha* 与 The *Smaller Sukhāvatīvyūha*（通称《阿弥陀经》，有鸠摩罗什《阿弥陀经》和玄奘《称赞净土佛摄受经》两个汉译本传世）的梵语题名都是"Sukhāvatīvyūha"。"sukhā"义为"快乐"，"sukhāvatī"是"sukhāvat"的阴性、主格形式。"sukhāvat"特指阿弥陀佛的极乐世界，即"the paradise or heaven of Amitâbha (situated in the western sky) Buddha"（MW：1221），汉译为"安乐（世界/国/国土）、赡养（世界/国/净土）、西方净土、西方极乐、阿弥陀佛国、净土、极乐（世界/国土/净土）"等（林光明等 2011，卷下：1510）。"vyūha"义为"布置、布局"，在大乘佛教经典中特指"arrangement, but with regular overtones of marvelous, supernatural, magical arrangement, esp. of Buddha fields"（BHS：520），汉译"布置、庄严、严（净/饰）"等（林光明等 2011，卷下：1818）。Gómez（1996：3）将"Sukhāvatīvyūha"译为"Display of the World of Bliss"，即"极乐世界的庄严"。佛教文献学界以"无量寿经"作为"The Larger Sukhāvatīvyūha"梵语本和汉译本的通称，本书也沿袭这一用法。"无量寿"是故事主角"Amitāyus"（无量寿佛）的意译。"无量"对译"a-mita"（无尽），"寿"对译"āyus"（寿命），"a-mita-āyus"义为"寿命没有尽头"。"阿弥陀"是无量寿佛的另一佛号"Amitābha"（无量光，a-mita-ābha）的音译。

② 南宋宗晓《乐邦文类》的《莲社始祖庐山远法师传》中写道："谢灵运负才傲物，一与远接，肃然心服。为凿二池，引水栽白莲，求入社。师以心杂，止之。陶渊明、范宁累招入社，终不能致。故齐己诗云：元亮醉多难入社，谢公心乱入何妨。"

易歌,不行寸步出娑婆。观身自见心中佛,明智极乐没弥陀。……解悟成佛易易歌,不行极乐厌娑婆。一念无依百种足,何须净土觅弥陀。”这说明净土信仰在民间传播广泛,为百姓所熟知。

《无量寿经》是“净土三经”之一(另两部是《阿弥陀经》和《观无量寿经》)。它讲述了在世自在王(Lokeśvararāja)时代,法藏(Dharmākara)比丘拜其为师,发愿度化众生,让众生往生极乐净土的故事。法藏比丘终成菩萨道(Bodhisattvacaryā),号曰“无量寿佛”(Amitāyus),众生逝世前念其名号或观其化身皆得往生极乐净土(黄宝生 2016:5-6)。《无量寿经》现存的汉译本共有五个,分别是:东汉支娄迦谶(Lokakṣema)译《阿弥陀三耶三佛萨楼佛檀过度人道经》,三国吴支谦译《无量清净平等觉经》,东晋-刘宋佛陀跋陀罗(Buddhabhadra)、刘宋宝云译《无量寿经》,唐菩提流志(Bodhiruci)译《大宝积经·无量寿如来会》和北宋法贤(Dharmabhadra)译《大乘无量寿庄严经》。以上五个译本都被收入《大正新修大藏经》[①]中。除了收入《大正藏》的刻本之外,敦煌遗书中还有若干《无量寿经》写本残卷。[②]

《无量寿经》有多个梵语精校本,陈明(2013:178)指出:“在1883年就由马克斯·穆勒(Max Müller)和南條文雄共同出版了该经的梵文整理本。1917年,荻原云来又根据高楠顺次郎、河口慧海自尼泊尔所发现之梵本和藏译本,重新改订穆勒出版之梵本。1965年,足利惇氏在前人的基础上,加入新材料,又做了新的梵文校订本。”

1992—1996年,藤田宏达陆续出版了《梵文无量寿经写本罗马字本集成》上、下和补卷校订本。2005年,大田利生编的《梵本藏译汉译五本无量寿经》

---

① 《大正新修大藏经》(Taishō Shinshū Daizōkyō,简称“大正藏”)是日本大正13年(1924)由高楠顺次郎和渡边海旭组织,小野玄妙等人负责编辑校勘,于1934年印行完成的汉文佛典大藏经。《大正藏》以《高丽藏》再刻本(1236—1251年)为底本,参校数十种佛经版本,包括古代写本和宋代以降的刻本。主要参考的版本有:南宋《思溪藏》(1239年)、元《大普宁寺藏》(1290年)、明《方册藏》(1601年)、日本宫内省图书寮藏“旧宋本”。《大正藏》是目前学术界应用最广且比较完备的汉译佛典大藏经版本。

② 据敦煌研究院(2000),《无量寿经》的敦煌残卷有:1. 斯坦因劫经:S0176,S0290,S0324,S0927,S1660,S2117,S2372,S3821,S4231,S4518,另有S0408《佛说无量清净平等觉经卷上》和S3478,S5665《大宝积经卷第十七》;2. 伯希和劫经:P4506Bis;3. 北京图书馆藏:北0101,北0102,北0103,北0104,北0105。此外,中国国家图书馆(编)(1999)中有编号为BD09093的南北朝时期《无量寿经》残卷。

中，不仅收录了足利惇氏和藤田宏达的两个校订本，而且将其与汉译、藏译做了逐段对照。藤田宏达2011年出版的《梵文无量寿经·梵文阿弥陀经》中有《无量寿经》的最新精校本，“校勘精细，并在校注中附有一些抄本或校勘本的不同读法，故而很有学术参考价值”（黄宝生 2016：15）。本研究以藤田宏达（2011）为梵汉对勘的梵语平行本。

《无量寿经》现存的五个汉译本与梵语平行本的主要内容基本一致，但“段落次序和文字表述”（黄宝生 2016：11）与梵语平行本存在一些差异。如梵语本中法藏比丘发愿为四十七愿，支谶本和支谦本为二十四愿，佛陀跋陀罗本和菩提流志本为四十八愿，而法贤本则为三十六愿。黄宝生（2016：11－12）认为，这些差异说明梵语本以“口耳相传为主，抄本书写为辅”，传入中国后，“文本还处在流动状态中，没有定型”，“译经家依据不同的抄本，一再重译”。各异译本的出现，也证明了《无量寿经》在汉地流行程度高，受众广泛。

《大正新修大藏经》将《阿弥陀三耶三佛萨楼佛檀过度人道经》（通常称“大阿弥陀经”）归至三国吴支谦名下，将《无量清净平等觉经》归至东汉支娄迦谶名下，将《无量寿经》归至三国魏康僧铠名下，但这一归属广为学界所质疑。Harrison、Hartmann 和 Matsuda（2002）通过对比考察，认为《大阿弥陀经》的译者是支娄迦谶，但目前所见的版本在初译之后经历了一定程度的修订，而《无量清净平等觉经》是支谦翻译的。该观点得到了 Nattier（2008）和辛嶋静志（2011）的支持。辛嶋静志（2016：356）指出：“支谦对既存的《大阿弥陀经》进行了部分改写”，《平等觉经》是《大阿弥陀经》的“翻版”。因为《大阿弥陀经》“多用音译词等特征与支娄迦谶的译风一致”，而《平等觉经》“把音译词改为汉语的做法与支谦译风一致”。因此，本研究将《阿弥陀三耶三佛萨楼佛檀过度人道经》归至支娄迦谶名下，而将《无量清净平等觉经》归至支谦名下。《无量寿经》的译者，学界普遍认为不是康僧铠。境野黄洋、望月信亨、小野玄妙、常盘大定、藤田宏达等学者认为是佛陀跋陀罗和宝云译于公元五世纪初，而荻原云来、泉芳璟、野上俊静等学者则认为是由竺法护译于公元四世纪初（参看释德安 2005：5）。目前，广为学界所接受的观点是《无量寿经》译者“极有可能是佛陀跋陀罗和宝云”（陈明 2013：181），辛嶋静志（2016：356）也认为“此部经典大约是佛陀跋陀罗（359—429）与宝云译于421年前后”。本研究采纳这一观点，将佛陀跋陀罗和宝云作为《无量寿经》的译者，如表 1 - 1 所示。

表 1 - 1

佛经名称	译者	年代
《阿弥陀三耶三佛萨楼佛檀过度人道经》	支娄迦谶	东汉（170—190）
《无量清净平等觉经》	支谦	三国 吴（222—252）
《无量寿经》	佛陀跋陀罗、宝云	刘宋（421）
《大宝积经·无量寿如来会》	菩提流志	唐（706—713）
《大乘无量寿庄严经》	法贤	北宋（991）

《无量寿经》的五个汉译本涵盖了佛经翻译自东汉初创至宋式微的各个时期。支娄迦谶和支谦是“古译”阶段的代表人物，佛陀跋陀罗和宝云属于“旧译”阶段，菩提流志是“新译”阶段的译师，法贤是北宋的重要译者。支娄迦谶是东汉末年来自西域月氏国的译者，“汉桓帝末，游于洛阳。以灵帝光和中平之间（178—189 年），传译胡文。出般若道行品首楞严般舟三昧等三经”，翻译风格“审得本旨，了不加饰”①。支谦是世居敦煌的月氏移民后代。因东汉末年北方战乱，移居吴国，后定居建业（今南京）。支愍度称其翻译风格“文而不越，约而义显”。因“嫌（支）谶所译者辞质多胡音”②，故对其译本做了修订。佛陀跋陀罗是南北朝时期的著名译师，本是迦毗罗卫（今尼泊尔境内）人，祖父移居北天竺，“因而居焉”，后在东晋-刘宋僧人智严的邀请下，由海路至山东青州。佛陀跋陀罗先到长安与鸠摩罗什见面，后辗转庐山、江陵、建康等地，于东晋义熙十四年（418）开始译经，至刘宋元嘉六年（429）去世，译经“凡一十五部，一百十有七卷。为究其幽旨，妙尽文意”③。宝云本是凉州沙门，“少历西方，善梵书语。天竺诸国字音训释，悉皆备解。后还长安，复至江左。晚出诸经，多云刊定。华戎兼通，言音允正，众咸信服”④。菩提流志是南天竺婆罗门，唐高宗“闻

① 《出三藏记集》卷 13，“支谶传第二”，CBETA，T55，no. 2145，p. 95，c23 - 29。
② 《出三藏记集》卷 7，“合首楞严经记第十”，CBETA，T55，no. 2145，p. 49，a26 - 27，b4 - 5。
③ 《高僧传》卷 2，“佛驮跋陀罗六”，CBETA，T50，no. 2059，p. 335，b27-c13。
④ 《历代三宝纪》卷 10，“沙门释宝云”，CBETA，T49，no. 2034，p. 89，c20 - 22。

其远誉,挹彼高风。永淳二年(683)遣使迎接",中宗神龙二年(702)开始译《大宝积经》,至"先天二年(713)四月八日进内"①。法贤是中天竺僧人,北宋开宝六年(973)到达中国,"译圣无量寿经七佛赞"②。可见,《无量寿经》的五位译者的译经时间由公元二世纪起,至十世纪结束,前后历经八百年。各译本历时分布完整,涵盖了佛经翻译的各个时期,是理想的研究材料。

1.2.2.2 研究步骤

朱庆之(2001：18－19)提出可以通过"间接"和"直接"两种方式开展基于梵汉对勘的汉译佛经语言研究。王继红(2014：45)对"间接"和"直接"两种方法做了详细论述。"间接"指:"利用已有的佛教词典、佛教词语索引等梵汉对勘材料,关注汉译佛经中不同于同时期中土文献的语言现象,寻找与其对应的梵文表达方式,进而做出解释。""直接"的研究方法则是:"将汉译佛经同原典进行对勘,然后在原典语言与目的语对比分析的基础上,进行佛教汉语研究,考察语言接触对汉语史的影响。"

目前佛教文献学者对《无量寿经》已有了一些对勘成果,中村元《广说佛教语大辞典》中收录了 Max Müller 和南條文雄整理的梵本,荻原云来编《梵藏和英合璧·净土三部经》收录了支娄迦谶、支谦和佛陀跋陀罗的译本。稻垣久雄《梵·藏·汉大无量寿经·阿弥陀经比较语汇索引》为五个汉译本做了词汇索引,被收入平川彰《佛教汉梵大辞典》中。大田利生(2005)和黄宝生(2016)对梵语本和汉译本做了段落层面的对照,黄宝生(2016)还为梵语本做了现代汉语翻译。但是,现有的对勘研究"未能提供详尽精细的词汇、语法信息以满足语言研究的需要"(王继红 2014：45)。

因此,本研究用"直接"的方式对《无量寿经》汉译本和梵语平行本做系统对勘。首先,以 Fujita(2011)为梵语平行本,以现存的五个汉译本为对照,以 Gómez(1996)的英译和黄宝生(2016)的现代汉语翻译为参考,建立词汇层面上一一对应的《无量寿经》梵汉对勘语料库。对汉译本和梵语本的系统对勘是本研究的基础工作,为下一步研究提供第一手的资料。

---

① 《宋高僧传》卷3,"唐洛京长寿寺菩提流志传",CBETA, T50, no. 2061, p. 720, b10－17。

② 《佛祖统纪》卷43,"法运通塞志",CBETA, T49, no. 2035, p. 396, b23。

对汉译本和梵语本的系统对勘包括以下几个步骤：

1. 梵语本和汉译本在段落和句子层面的对齐：将梵语本和汉译本逐段、逐句对应。如：

Suk－梵－01 evaṃ mayā śrutam ekasmin samaye bhagavān rājagṛhe viharati sma gṛdhrakūṭe parvate

［谶］ 佛在羅閱祇耆闍崛山中。

［谦］ 佛在王舍國靈鷲山中。

［罗］ 我聞如是：一時，佛住王舍城耆闍崛山中。

［志］ 如是我聞：一時，佛住王舍城耆闍崛山中。

［贤］ 如是我聞：一時，佛在王舍城鷲峯山中。

2. 梵语本的梵语语法信息标注。分析梵语形式的性（阳性、中性、阴性），数（单数、双数、复数），格（主格、宾格、工具格、为格、从格、属格、处所格、呼格），动词的人称（第一人称、第二人称、第三人称）、时态（过去时、现在时、将来时等）、语态（主动语态、中间语态、被动语态）、语气（陈述语气、祈愿语气、命令语气）等。

1-2-2	bhagavān$^{\text{m. sg. Nom.}}$	rājagṛhe$^{\text{m. sg. Loc.}}$	viharati$^{\text{3. sg. pres.}}$	sma$^{\text{ind.}}$	gṛdhrakūṭe$^{\text{m. sg. Loc.}}$
	bhagavat	rāja-gṛha	vi-√hṛ		gṛdhra-kūṭa
	世尊	王舍	停留，住	［表过去］	灵鹫
	parvate$^{\text{m. sg. Loc.}}$				
	parvata				
	山				

3. 梵语本与汉译本在词语层面的对齐。在梵语语法属性分析的基础上，完成梵语本与汉译本在词汇层面的一一对应。

1-2-2	bhagavān$^{\text{m. sg. Nom.}}$	rājagṛhe$^{\text{m. sg. Loc.}}$	viharati$^{\text{3. sg. pres.}}$	sma$^{\text{ind.}}$	gṛdhrakūṭe$^{\text{m. sg. Loc.}}$
	bhagavat	rāja-gṛha	vi-√hṛ		gṛdhra-kūṭa
	世尊	王舍	停留，住	［表过去］	灵鹫
［谶］	佛	羅閱祇	在		耆闍崛
［谦］	佛	王舍國	在		靈鷲

[罗]	佛	王舍城	住	耆闍崛
[志]	佛	王舍城	住	耆闍崛
[贤]	佛	王舍城	住	鹫峯
	parvate$^{\text{m. sg. Loc.}}$			
	parvata			
	山			
[谶]	山中			
[谦]	山中			
[罗]	山中			
[志]	山中			
[贤]	山中			

在完成梵语本和汉译本的系统对勘之后，从梵汉对比和同经异译对比两个角度做系统的比较。通过梵语本和汉译本的对比，考察梵语名词格位变化、动词时态变化等语法变化在汉译本中是如何翻译的。通过同经异译本的对比，考察不同汉译本对梵语同一种语法形式、语法变化是如何翻译的。各个译本之间的翻译方式有何异同。

在梵汉对比和同经异译对比的基础上，进行归纳总结。这一归纳可以以梵语的变化为纲，看看梵语的一种或几种语法变化在汉译本中是如何翻译的；也可以以汉语的语法形式为纲，看看汉译本中的一种语法形式可以对译哪种或哪几种梵语变化。本研究归纳分析了汉译本对梵语工具格(instrumental case)、从格(ablative case)和处所格(locative case)这三种格变化的翻译方式。

在比较和归纳的基础上，通过汉译佛经和同期中土文献的比较，发现汉译佛经中由于对译梵语语法变化而出现的特殊语言现象，包括特殊的搭配、特殊的语序等。通过汉译佛经和后时中土文献的比较，探讨汉译佛经中的特殊语言现象是否也出现在后时的中土文献中，对汉语的历时演变有没有产生影响。

以上是理想的基于梵汉对勘的汉译佛经语言研究步骤。希望通过《无量寿经》梵语本和汉译本的系统对勘，本研究不仅能为以后的研究提供梵汉对勘的第一手材料，还能从研究方法和研究步骤上为系统的梵汉对比研究提供参考。

1.3 研究方法

语言学是一门实证科学,语言学研究是基于"数据"的研究(Penke & Rosenbach 2007)。"数据"即"语言材料",包括:语料库中的词语、句子、篇章;二语习得者的话语,心理语言学实验收集的数据等。作为语言学研究的重要分支,历史语言学研究的语言材料是保存在历史文献中的文本(written text)。在汉语历史语言学研究中,研究材料包括保存在汉语文献中的经史子集、诗词、小说、注疏等。对汉文佛典进行语言学考察的佛教汉语研究是汉语历史语言学研究的一部分,其研究材料包括汉译佛经、中土撰述和佛教文学作品。

本研究在汉语历史语言学的框架中,以汉译佛经为语言材料,通过比较的方法对汉译佛经做系统的考察。比较是历史语言学研究中普遍使用的研究方法,包括对比分析和历史比较。(Joseph & Janda 2004)本研究首先通过汉译佛经及其梵语平行本的对比分析,考察汉译佛经对梵语工具格、从格和处所格的翻译方式。其次,运用历史比较的方法考察汉译佛经不同的译本对梵语格变化翻译方式的异同。在此基础上,将对比分析和历史比较的方法相结合,以案例分析的方式讨论因翻译梵语格变化而在汉译佛经中出现的特殊语言现象,及其对汉语语法历时演变产生的影响。在案例分析的过程中,运用语法化和语言类型学理论,对通过佛经翻译这一非直接的语言接触,梵语对汉语语法演变影响的机制做出解释。

1.4 研究目的及研究意义

本研究在汉语历史语言学的框架中,运用梵汉对勘的方法对《无量寿经》这一净土宗的基本经典做系统的语言学考察。首先,运用梵汉对勘的研究方法,对《无量寿经》的梵语本和汉译本做词汇层面的系统对应。在此基础上,以工具格、从格和处所格这三个梵语格变化为研究对象,讨论《无量寿经》对梵语格变化的翻译方式,着重考察不同时期译者对同一个格变化的翻译方式有何异同。除了《无量寿经》的同经异译对比之外,还以《维摩诘经》为比较对象,讨论

《维摩诘经》对梵语格变化的翻译方式与《无量寿经》的异同。最后，通过汉译佛经与中土文献的比较，考察汉译佛经中因对译梵语格变化而产生的特殊语言现象，讨论这些特殊语言现象与汉语语法历时演变的关系。

作为汉译佛经语言研究中的基础性研究，本研究不仅为以后的研究提供了第一手的梵汉对勘材料，而且从研究方法和研究步骤上为系统的梵汉对勘研究提供参考。本研究体现了运用梵汉对勘的方法，对汉译佛经及其梵语平行本做系统比较的必要性和重要性，相信通过系统的对比分析，我们能发掘出汉译佛经中更多“深藏不露”的特殊语言现象。此外，本研究以个案考察的方式证明了汉译佛经在汉语历史语言学研究中的价值，相信通过汉译佛经和中土文献的比较，能对佛经翻译这一非直接的语言接触对汉语历时演变产生的影响有更全面的认识。

当然，本研究只是对《无量寿经》做系统梵汉对勘研究的基础和开端，完整的梵汉对勘研究应该包括汉译佛经对梵语名词的性、数、格，动词的时、体、态、语气，分词，复合词，不变词，从句等语法变化和语法形式翻译方式的穷尽性考察。在穷尽性考察的基础上，充分发掘、归纳其中因翻译而产生的特殊语言现象，包括特殊的词语（包括实词和功能词）、词语的特殊用法（包括特殊的搭配和特殊的功能）、特殊的句法结构、特殊的语序等。在充分挖掘汉译佛经中的特殊语言现象的基础上，从汉语历史语言学的角度对这些语法现象的“去脉”，即它们是否出现在后时的中土文献中，对汉语历时演变产生影响，做出解释。

贰

《无量寿经》对梵语格变化翻译方式之描写

梵语和汉语是在类型学上存在巨大差异的两种语言。汉语是典型的孤立语,用助词和语序说明句子成分之间的语法关系。梵语是典型的黏着语,通过格变化说明句子成分之间的语法关系。梵语有八种格变化,分别是:主格(nominative case)、宾格(accusative case)、工具格(instrumental case)、与格(dative case)、从格(ablative case)、属格(genitive case)、处所格(locative case)和呼格(vocative case)①。主格表示主动语态的施事,宾格表示及物动词的直接宾语,工具格主要表示工具、方法、原因、伴随者和被动态的施事,与格主要表示目的和间接宾语,从格主要表示起始处和原因,属格指示领属关系,处所格表示动作发生的时间或地点,呼格表示称呼语。除此之外,梵语中还有独立依格(locative absolute)和独立属格(genitive absolute)变化,表示条件,即"在……情况下"或"当……时"(参看 Stenzler 2009; Deshpande 1997/2007)。

可见,梵语中的工具格、从格和处所格(包括独立依格)都具有多种指示功能。通过语言接触过程中的翻译对等(translational equivalence),模式语(model language)中的多种指示功能可以被"复制"(copy)到复制语(replica language)中,这一过程即是"语法复制"(grammatical replication)(参看 Heine & Kuteva 2005)。那么,通过佛经翻译这一非直接的语言接触,梵语这三种格变化的多种指示功能,是不是也通过翻译被"复制"到了汉语中呢?

姜南(2011)和王继红(2014)分别考察了《法华经》和《阿毗达磨俱舍论》对这三种格变化的翻译方式。汉译佛经的译者采用汉语中的介词和后置词,对译梵语中与该介词或后置词具有相同功能的格变化,例如:用"从 NP"对译表示起始处的从格,用"于 NP"对译表示动作发生地点的处所格,用"……故"对译表示原因的工具格。当汉语中的多个介词具有同一指示功能时,不同的译者可能选择不同的介词进行翻译,例如:《法华经》用"以"和"用"引入工具,而《俱舍论》用"由"引入工具。《法华经》和《俱舍论》对梵语工具格、从格和处所格的翻译方式如表 2-1 所示:

① 历史上,佛经汉译者和撰述者将梵语的八个格变化称为"八啭声",分别是:"一体、二业、三具、四为、五从、六属、七依、八呼。"(《瑜伽论记》卷 1 CBETA 2021. Q4, T42, no. 1828, p. 331a25-26)

表 2-1

工具格		
佛经 功能	《法华经》	《俱舍论》
伴随者	与 NP;与 NP 俱	[未讨论]
工具	以/用 NP	由 NP
施事	为/由 NP	为 N 所 V
原因	以/由/因/用 NP;NP/VP 故;以/由/因/用……故	NP/VP 故
从格		
佛经 功能	《法华经》	《俱舍论》
起始处	从/于/於/从於 NP;于 NP 中	从 NP
原因	[未讨论]	由 VP;VP 故;由/以……故
处所格(包括独立依格)		
佛经 功能	《法华经》	《俱舍论》
处所	于/於/在 NP;NP 上/中/内/前;于/於/在 NP 中/上/下/内/外	於 NP;NP 中
条件独立依格	VP 时	条件小句

遗憾的是,对梵语格变化翻译方式的考察不是二位学者的研究重点,因此仅对翻译的方式做了罗列,没有详细考察不同译者对格变化的翻译方式有何异同,也没有进一步讨论这些翻译方式对汉语介词、后置词的功能演变有什么影响。

我们尝试解决的问题是:同一部汉译佛经在不同时代,对梵语的格变化翻译方式有什么相同之处,又有什么不同?在汉译佛经中出现的介词和后置词,有没有因为对译梵语的格变化而产生一些中土文献中未见的用法?为了回答第一个问题,本章考察了《无量寿经》的四个译本(东汉支娄迦谶本、三国支谦本、东晋–刘宋佛陀跋陀罗本和唐菩提流志本)对梵语工具格、从格和处所格的翻译方式。通过不同译本之间的比较，考察不同译者对格变化翻译方式的异同。第三章进一步比较了《无量寿经》和《维摩诘经》对梵语格变化翻译方式的异同。第四章则对第二个问题做了讨论。

2.1 《无量寿经》对梵语工具格的翻译方式

梵语的工具格变化表示动作的工具、方式，伴随者和原因（Deshpande 1997/2007：53－54），还可以表示被动态的施事者或逻辑主语（Stenzler 2009：18）。

在《法华经》的开篇就能找到工具格表示伴随者的用例：

（1）ekasmin[num. Loc.] samaye[m. sg. Loc.] bhagavān[m. sg. Nom.] rājagṛhe[m. sg. Loc.] viharati[3. sg. pres.]
一 时间 世尊 在王舍城中 住
sma[ind.] gṛdhrakūṭe[m. sg. Loc.] parvate[m. sg. Loc.] mahatā[m. sg. Inst.] bhikṣu-saṃghena[m. sg. Inst.]
［表过去］ 灵鹫 山 庞大的 比丘僧团
sārdham[ind.] dvā-daśabhis[num. f. pl. Inst.] bhikṣu-śatais[num. n. pl. Inst.]（法华经1-1）
一起 十二 一百比丘

世尊和由一千两百比丘组成的庞大的比丘僧团一起，住在王舍城灵鹫山中。

［护］ 一時，佛遊王舍城靈鷲山，與大比丘眾俱，比丘千二百。

［什］ 一時，佛住王舍城耆闍崛山中，與大比丘眾萬二千人俱。

梵语工具格“mahatā bhikṣu-saṃghena”（庞大的比丘僧团）与义为“一起”的不变词“sārdham”指示“bhagavān”（世尊）的伴随者。竺法护和鸠摩罗什都用“与 NP”对译工具格，用“俱”对译“sārdham”，形成框式结构“与 NP 俱”。

表示工具的工具格在佛经中出现频率最高，例如《维摩诘经》：

（2）yathā[ind.] parigṛhītais[ppp. Inst.] tais[dem. Inst.] chatrais[m. pl. Inst.] bhagavantam[m. sg. Acc.]
这样 被拿着的 这 用伞盖 世尊
abhicchādayati[3. sg. pres. caus.] sma[ind.]（维摩诘经1-13-8）
覆盖

就这样，（他们）用这被拿着的伞盖覆盖世尊（的头）。

[谦]（於是，維耶離國有長者子，名羅隣那竭，漢言曰寶事，與五百長者子俱……）以其寶蓋共覆佛上。

[什]（爾時，毗耶離城有長者子，名曰寶積，與五百長者子……）各以其蓋共供養佛。

[奘]（時，廣嚴城有一菩薩，離呫毗種，名曰寶性，與離呫毘五百童子……）各以其蓋奉上世尊。

支谦、鸠摩罗什和玄奘都用"以 NP"对译表示工具的梵语工具格变化。

梵语中，以"-a/ā"结尾的名词为例，工具格的屈折变化如表 2－2 所示：

表 2－2

性＼数		单数	双数	复数
阳性	buddha 佛	buddhena	buddhābhyām	buddhais
中性	phala 果实	phalena	phalābhyām	phalais
阴性	velā 时间	velayā	velābhyām	velābhis

在古代汉语中，介词"以"可以指示工具、依据、伴随者和原因。

(3) 齊侯以諸侯之師侵蔡。(《左傳·僖公四年》)

(4) 唯有德者能以寬服民。(《左傳·昭公二十年》)

(5) 王以鞏伯宴，而私賄之。(《左傳·成公二年》)

(6) 君子不以言舉人，不以人廢言。(《論語·衛靈公》)

"以诸侯之师"指示"齐侯侵蔡"的工具，"以宽"表示"服民"的依据，"以巩伯"指示"王宴"的伴随者，而"以言"和"以人"说明"举人"和"废言"的原因。

"用"可以指示工具、依据和原因。

(7) 齊氏用戈擊公孟。(《左傳·昭公十二年》)

(8) 魯人皆以儒教，而朱家用俠聞。(《史記·遊俠列傳》)

(9) 孝文帝十四年，匈奴大入蕭關，而廣以良家子從軍擊胡。用善騎射，殺首虜多，爲漢中郎。(《史記·李將軍列傳》)

"因"可以指示依据和原因。

(10) 因時之所宜而定之。(《國語·越語下》)

(11) 因前使絶國功,封騫爲博望侯。(《漢書·衛青霍去病傳》)

“与”可以指示依据和施事。

(12) 大夫有所往,必與公士爲賓也。(《禮記·玉藻》)

(13) (夫差)遂與勾踐禽,死於干隧。(《戰國策·秦策》)

上古和中古汉语采用“于”和“为”引进被动态的施事。

(14) 勞心者治人,勞力者治於人。(《孟子·公孫丑上》)

(15) 君子役物,小人役於物。(《荀子·修身》)

(16) 吾聞先即制人,後則爲人所制。(《史記·項羽本紀》)

(17) 傅太后大怒曰:“何有爲天子而乃爲一臣所顓制邪!”(《漢書·鄭崇傳》)

《无量寿经》的汉译本通过以下方式翻译表示伴随者、工具、施事和原因的工具格。(1) 用“有 NP”和“与 NP”表示伴随者。(2) 支讖和支谦用“从”表示依据,佛陀跋陀罗和菩提流志用“以”表示工具和依据。(3) 当表示施事的工具格是指人名词时,译者将其译为句子主语。佛陀跋陀罗和菩提流志分别用“蒙 RV”和“蒙 R 所 V”对译被动式。(4) 佛陀跋陀罗本和菩提流志本用“NP 故”“因 NP 故”“以 NP 故”和“由 VP”对译表示原因的工具格。

2.1.1 工具格表伴随

在佛经中,开篇通常会描述世尊在某处说法时身边聚集的僧团人数、特征。僧团是世尊说法动作的伴随者,故对其人数和特征的描述都以梵语工具格标记。在《无量寿经》中,支讖用“有 NP”引入伴随者。支谦、佛陀跋陀罗和菩提流志用“与 NP”对译工具格,表示伴随者。

(1)

ekasmin$^{\text{num. Loc.}}$	samaye$^{\text{m. sg. Loc.}}$	bhagavān$^{\text{m. sg. Nom.}}$	rājagṛhe$^{\text{m. sg. Loc.}}$	viharati$^{\text{3. sg. pres.}}$
一	时间	世尊	在王舍城中	住
sma$^{\text{ind.}}$	gṛdhrakūṭe$^{\text{m. sg. Loc.}}$	parvate$^{\text{m. sg. Loc.}}$	mahatā$^{\text{m. sg. Inst.}}$	bhikṣu-saṃghena$^{\text{m. sg. Inst.}}$
	灵鹫	山	庞大的	比丘僧团
sārdham$^{\text{ind.}}$	dvā-triṃ-śatā$^{\text{num. f. sg. Inst.}}$	bhikṣu-sahasrais$^{\text{m. pl. Inst. (2-1)}}$		
一起	三十二	一千比丘		

世尊住在王舍城灵鹫山中，和由三万二千比丘组成的庞大的僧团一起。

［讖］ 佛在羅閲祇耆闍崛山中，時有摩訶比丘僧萬二千人，皆淨潔一種類。

［谦］ 佛在王舍國靈鷲山中，與大弟子衆千二百五十人。

［罗］ 一時，佛住王舍城耆闍崛山中，與大比丘衆萬二千人俱。

［志］ 一時，佛住王舍城耆闍崛山中，與大比丘衆萬二千人俱。

支讖用“有 NP”引入伴随者，支谦以“与 NP”表示伴随者。佛陀跋陀罗和菩提流志的译本则采用框式结构“与 NP 俱”标记伴随者。姜南（2011：54）指出：《法华经》“用介词‘与’对译原文表伴随的具格格尾，并用‘俱’对译原文中表示‘一同、一起’意义的不变词”。例（1）的梵本中也出现了义为“一起”的不变词“sārdham”，故佛陀跋陀罗译本和菩提流志译本用“俱”对译不变词，和表示伴随者的“与 NP”一起组成框式结构“与 NP 俱”。

2.1.2 工具格表工具、依据

支讖本与现存梵本中表依据的工具格对应的有 2 例，以介词短语“从 NP”翻译。支谦继承了支讖的翻译方式，也用“从 NP”对译。佛陀跋陀罗和菩提流志用“以 NP”对译这 2 例表示依据的工具格。

（1） sādhu[ind.] sādhu[ind.] ānanda[m. sg. Voc.] kim[inter.] punar[ind.] te[dem. Nom.] devatās[f. pl. Nom.]

很好 很好 阿难啊 如何 又 那些 诸天神

etam[dem. Acc.] artham[m. sg. Acc.] ārocayanti[3. pl. pres.] uta[ind.] āhas[m. pl. Nom.] buddhās[m. pl. Nom.]

这 事情 说 还是 说 诸佛

bhagavantas[m. pl. Nom.] atha[ind.] tena[dem. Inst.] prati-ātma-mīmāṃsā-jñānena[m. sg. Inst.]

诸世尊 还是 那 依靠凭借自己的思考产生知识

evam[ind.] prajānāsi[2. sg. pres.] iti[ind. (7-2)]

这样 你知道 ［表引语］

阿难啊！很好很好！你是如何知道这事情的呢？是天神告诉你的，是佛世尊告诉你的，还是你依靠凭借自己思考产生的知识知道的呢？

［讖］ 賢者阿難！有諸天神教汝，若諸佛教汝，今問我者耶？汝自從善意出，問佛耶？

［谦］ 有諸天來教汝，諸佛教汝，令問我耶？若自從智出乎？

［罗］ 云何？阿難！諸天教汝來問佛耶？自以慧見問威顔乎？

［志］ 汝今云何能知此義？爲有諸天來告汝耶？爲以見我及自知耶？

(2) na^ind. me^1. sg. Dat. bhagavan^m. sg. Voc. devatās^f. pl. Nom. etam^dem. Acc. artham^m. sg. Acc.

不 对我 世尊啊 诸天神 这 事情

ārocayanti^3. pl. pres. na^ind. api^ind. buddhās^m. pl. Nom. bhagavantas^m. pl. Nom. atha^ind. tarhi^ind.

说 不 也 诸佛 诸世尊 然后

me^1. sg. Dat. bhagavan^m. sg. Voc tena^dem. Inst. eva^ind. prati-ātma-mīmāṃsā-jñānena^m. sg. Inst.

对我 世尊啊 那 ［表强调］依靠凭借自己的思考产生的知识

evam^ind. bhavati^3. sg. pres. (8–3)

这样 有

世尊啊！天神没有告诉我，佛世尊也没有告诉我，而是我依靠凭借自己思考产生的知识有这样的想法。

［讖］ 無有諸天神教我，亦無諸佛教我，令①問佛也，我自從善心知佛意，問佛爾。

［谦］ 亦無諸天，無諸佛教。我今問佛者，自從意出，來白佛耳。

［罗］ 無有諸天來教我者，自以所見問斯義耳。

［志］ 世尊！我見如來光瑞希有，故發斯念，非因天等。

例(1)和例(2)的梵语工具格“prati-ātma-mīmāṃsā-jñānena”（通过自己的思考产生的知识）指示“prajānāsi”（你知道）和“bhavati”（有）“etam artham”（这事情）的依据。复合词“prati-ātma-mīmāṃsā-jñānena”中的“ātma-mīmāṃsā”（自己的思考）与“jñāna”（知识）也是工具格关系，“自己的思考”是“知识”产生的依据。

例(1)支讖和支谦分别用“自从善意出”和“自从智出”对译工具格。例(2)支讖以“从善心知佛意”对译复合词内部的工具格关系，说明“善心”是“知佛意”的依据。支谦以“从意出”对译工具格，说明“意”是“今问佛者”的依据。

支讖和支谦用“从 NP”对译工具格的翻译方式并未被后世译本所继承。佛陀跋陀罗和菩提流志都采用“以”表示依据。例(1)分别用“自以慧见”和

① “令”元明本作“今”。

“以自知”对译表示工具的工具格。例(2)佛陀跋陀罗用“自以所见”说明“问斯义”的依据,菩提流志未翻译。

除了例(1)和例(2)之外,佛陀跋陀罗本和菩提流志本中还分别有 8 例和 11 例“以 NP”对译梵语表示工具的工具格。佛陀跋陀罗本有 7 例做状语,1 例做补语。菩提流志本的 11 例都做状语。

(3)

yena$^{\text{ind.}}$	asau$^{\text{dem. Nom.}}$	bhagavān$^{\text{m. sg. Nom.}}$	lokeśvararājas$^{\text{m. sg. Nom.}}$	tathāgatas$^{\text{m. sg. Nom.}}$
[表对象]	这	世尊	世自在王	如来
tena$^{\text{ind.}}$	añjalim$^{\text{m. sg. Acc.}}$	praṇamya$^{\text{ger.}}$	bhagavantam$^{\text{m. sg. Acc.}}$	namas-kṛtya$^{\text{ger.}}$
[表对象]	合掌	敬礼后	对世尊	作礼后
tasmin$^{\text{dem. Loc.}}$	samaye$^{\text{m. sg. Loc.}}$	saṃmukham$^{\text{ind.}}$	ābhis$^{\text{dem. Inst.}}$	gāthābhis$^{\text{f. pl. Inst.}}$
那	时间	面前	这	用偈颂
abhyaṣṭāvīt$^{\text{3. sg. aor. (19–2)}}$				
赞美				

(法处比丘)向世尊世自在王如来合掌敬礼,作礼后,当面用这偈颂赞美(世自在王如来)。

[罗] (時有國王……行作沙門,號曰法藏)詣世自在王如來所,稽首佛足,右遶三匝,長跪合掌,以頌讚曰。

[志] 彼法處比丘往詣世間自在王如來所,偏袒右肩,頂禮佛足,向佛合掌,以頌讚曰。

(4)

tatra$^{\text{ind.}}$	tasya$^{\text{dem. Gen.}}$	rājñas$^{\text{m. sg. Gen.}}$	putras$^{\text{m. sg. Nom.}}$	kenacit$^{\text{m. sg. Inst.}}$	eva$^{\text{ind.}}$
那里	那个	王的	儿子	某些	[表强调]
kṛtyena$^{\text{m. sg. Inst.}}$	prakṣiptas$^{\text{ppp. Nom.}}$	jāmbū-nada-suvarṇa-mayais$^{\text{m. pl. Inst.}}$			nigaḍais$^{\text{m. pl. Inst.}}$
因为罪行	被投入	用阎浮河金子做成的			用脚镣
baddhas$^{\text{ppp. Nom.}}$	bhavati$^{\text{3. sg. pres. (138–2)}}$				
被捆绑	有				

王的儿子因为某些罪行被投入那里,被用阎浮河金子做成的脚镣捆绑。

[罗] 若有諸小王子得罪於王,輒內彼宮中,繫以金鎖。

[志] 譬如刹帝利王,其子犯法,幽之內宮……而以閻浮金鎖繫其兩足。

例(3)佛陀跋陀罗和菩提流志用“以颂”对译梵语工具格“gāthābhis”(用偈

颂),做状语,说明"赞"的工具。例(4)分别用"以金锁"和"以阎浮金锁"对译工具格"jāmbū-nada-suvarṇa-mayais nigaḍais"(阎浮河金子做成的脚铐),说明"系"的工具。佛陀跋陀罗本中"以金锁"位于"系"之后,做补语。

2.1.3 工具格表施事

2.1.3.1 句子主语

当施事是指人名词"佛""诸天人民""众生"或菩萨的"光明",受事是指物名词"经""阿那含道/果"或处所名词"须弥山""三千大千世界"时,四位译者都将工具格指示的施事译为句子的主语,受事译为宾语。

(1) asmin$^{\text{dem. Loc.}}$ khalu$^{\text{ind.}}$ punar$^{\text{ind.}}$ dharma-paryāye$^{\text{m. sg. Loc.}}$ bhagavatā$^{\text{m. sg. Inst.}}$
这 [表强调] 法门 世尊
bhāṣyamāṇe$^{\text{Loc. Abs.}}$ ... caturviṃśatyā$^{\text{num. Inst.}}$ koṭībhis$^{\text{f. pl. Inst.}}$ anāgāmi-phalam$^{\text{n. sg. Nom.}}$
被宣说时 二十四 千万 阿那含果
prāptam$^{\text{ppp. Nom. (153-1)}}$
被得到

当这法门被世尊宣说时,阿那含果被两亿四千万众生得到。

[谶] 佛説是經時……即二百億諸天人民皆得阿那含道。

[谦] 佛説是經時……則二百二十億諸天人民皆得阿那含道。

[罗] 爾時,世尊説此經法……二十二億諸天人民得阿那含①。

[志] 爾時,世尊説是經已……二十億眾生得阿那含果。

梵语工具格"bhagavatā"(世尊)和"catur-viṃśatyā koṭībhis"(两亿四千万)指示"bhāṣyamāṇe"(被宣说)和"prāptam"(被得到)的施事,"dharma-paryāye"(法门)和"anāgāmi-phalam"(阿那含果)分别是"被宣说"和"被得到"的受事。支谶和支谦用"佛",佛陀跋陀罗和菩提流志用"世尊"对译"bhagavatā","佛""世尊"是"说是经""说此经法"的主语。四位译者分别用"二百亿/二百二十亿/二十二亿诸天人民"和"二十亿众生"对译"catur-viṃśatyā koṭībhis",做"得阿那含(道/果)"的主语。

---

① "阿那含"三朝本作"阿那含果"。

（2）sthāpayitvā$^{\text{ind.}}$ dvau$^{\text{num. du. Nom.}}$ bodhisattvau$^{\text{m. du. Nom.}}$ yayos$^{\text{rel. du. Gen.}}$ prabhayā$^{\text{f. sg. Inst.}}$

除了 两位 菩萨 他们的 光明

sā$^{\text{dem. Nom.}}$ lokadhātus$^{\text{m. sg. Nom.}}$ satata-samitam$^{\text{ind.}}$ nitya-avabhāsa-sphuṭā$^{\text{ppp. Nom.}}$（101）

那 世界 连续地 被光永恒充满

除了两个菩萨，那世界被他们俩的光明连续地、永恒地充满。

［讖］ 項中光明各焰照他方千須彌山，佛國中常大明。

［谦］ 其兩菩薩項中光明①各焰照他方千須彌山，佛國常大明。

［罗］ 有二菩薩最尊第一，威神光明普照三千大千世界。

［志］ 除二菩薩，光明常照三千大千世界。

工具格“prabhayā”（光明）指示“nitya-avabhāsa-sphuṭā”（被光永恒地充满）的施事，四个译本中分别以“顶/项中光明”“威神光明”和“光明”对译，做句子主语。

佛陀跋陀罗和菩提流志的译本分别以“蒙 RV”和“蒙 R 所 V”被动式对译“ābhayā sphuṭās”（被光明照耀），凸显了梵语本的被动义。

（3）sacet$^{\text{ind.}}$ me$^{\text{1. sg. Gen.}}$ bhagavan$^{\text{m. sg. Voc.}}$ bodhiprāptasya$^{\text{Gen. Abs.}}$ ye$^{\text{rel. Nom.}}$

如果 我 世尊啊 得菩提后 那些

sattvās$^{\text{m. pl. Nom.}}$ aprameya-asaṃkhyeya-acintya-atulyeṣu$^{\text{m. pl. Loc.}}$ lokadhātuṣu$^{\text{m. pl. Loc.}}$

众生 无数无量无边 世界里

ābhayā$^{\text{f. sg. Inst.}}$ sphuṭās$^{\text{ppp. Nom.}}$ bhaveyus$^{\text{3. pl. opt.}}$ te$^{\text{dem. Nom.}}$ sarve$^{\text{m. pl. Nom.}}$ na

光明 被照耀 有 他们 所有 不

deva-manuṣya-samati-krāntena$^{\text{m. sg. Inst.}}$ sukhena$^{\text{m. sg. Inst.}}$ samanvāgatās$^{\text{ppp. Nom.}}$

超过天神和人 快乐 被赋予

bhaveyus$^{\text{3. pl. opt.}}$ mā$^{\text{ind.}}$ tāvat$^{\text{ind.}}$ aham$^{\text{1. sg. Nom.}}$ anuttarām$^{\text{f. sg. Acc.}}$

有 没有 我 无上

samyaksaṃbodhim$^{\text{f. sg. Acc.}}$ abhisaṃbudhyeyam$^{\text{1. sg. opt.}}$（28–33）

正等正觉 证得

世尊啊！如果我成佛后，无数无量无边世界的众生，被光明照耀，如果他们没有被赋予超过天人的快乐，我就没有证得无上正等正觉。

---

① “項”在元、明本中作“頂”，“項”疑为形讹。

［罗］ 設我得佛，十方無量不可思議諸佛世界衆生之類，蒙我光明觸其體①者，身心柔軟超過人天。若不爾者，不取正覺。

［志］ 若我成佛，周遍十方無量無數不可思議無等界衆生之輩，蒙佛威光所照觸者，身心安樂超過人天。若不爾者，不取正覺。

梵语本的被动结构“ābhayā sphuṭās”（被光明照耀）出现在限定“sattvās”（众生）的从句“ye sattvās aprameya-asaṃkhyeya-acintya-atulyeṣu lokadhātuṣu ābhayā sphuṭās bhaveyus”（那些在无数无量无边世界中被光照耀的众生）中，佛陀跋陀罗和菩提流志分别以“十方无量不可思议诸佛世界众生之类，蒙我光明触其体者”和“周遍十方无量无数不可思议无等界众生之辈，蒙佛威光所照触者”对译该从句。其中，“蒙我光明触其体”和“蒙佛威光所照触”对译被动结构“ābhayā sphuṭās”，以“蒙 RV”和“蒙 R 所 V”被动式凸显梵语本的被动义。

除了指人名词和菩萨的“光明”之外，佛陀跋陀罗和菩提流志还将表示施事的指物名词“应法妙服/法服”“莲华”等译为句子主语。这样的用例在佛陀跋陀罗本和菩提流志本中分别有 6 例和 8 例。

（4）

sacet$^{\text{ind.}}$	me$^{\text{1. sg. Gen.}}$	bhagavan$^{\text{m. sg. Voc.}}$	bodhiprāptasya$^{\text{Gen. Abs.}}$	kasyacit$^{\text{m. sg. Gen.}}$
如果	我	世尊啊	得菩提后	任何

bodhisattvasya$^{\text{m. sg. Gen.}}$	cīvara-dhāvana-śoṣaṇa-sīvana-rajana-karma$^{\text{n. sg. Nom.}}$
菩萨	浣洗、晾干、缝制衣服以及为衣服染色的事

kartavyam$^{\text{fpp. Nom.}}$	bhavet$^{\text{3. sg. opt.}}$	na	nava-nava-abhijāta-cīvara-ratnais$^{\text{n. pl. Inst.}}$
需要做	有	不	崭新的、漂亮的宝衣

prāvṛtam$^{\text{ppp. Acc.}}$	eva	ātmānam$^{\text{m. sg. Acc.}}$	saṃjānīyus$^{\text{3. pl. opt.}}$	saha-citta-utpādāt$^{\text{m. sg. Abl.}}$
被包裹		自己	感知	心中一想就产生

tathāgata-ājña-anujñātais$^{\text{m. pl. Inst.}}$	mā tāvat	aham$^{\text{1. sg. Nom.}}$	anuttarām$^{\text{f. sg. Acc.}}$
被如来赞许	没有	我	无上

samyaksaṃbodhim$^{\text{f. sg. Acc.}}$	abhisaṃbudhyeyam$^{\text{1. sg. opt. (28–37)}}$
正等正觉	证得

① “體”在三朝本中作“身”。

世尊啊！如果我得菩提后，有任何菩萨必须要做浣洗、晾干、缝制衣服以及为衣服染色之事，而没有感知自己被崭新的、漂亮的宝衣包裹，（这宝衣）心中一想就产生，被如来赞许，那么，我就没有证得无上正等正觉。

［罗］ 設我得佛，國中人天欲得衣服，隨念即至，如佛所讚應法妙服自然在身。若有裁縫、染治、浣濯者，不取正覺。

［志］ 若我成佛，國中眾生所須衣服，隨念即至，如佛命善来比丘，法服自然在體。若不爾者，不取菩提。

梵语工具格“nava-nava-abhijāta-cīvara-ratnais”（崭新的、漂亮的宝衣）是“prāvṛtam”（被包裹）的施事，“ātmānam”（自己）是受事。佛陀跋陀罗和菩提流志将表示施事的工具格译为“应法妙服”和“法服”，做句子的主语。

（5） samantatas$^{\text{ind.}}$　ca$^{\text{conj.}}$　sapta-ratna-mayais$^{\text{m. pl. Inst.}}$　padmais$^{\text{m. pl. Inst.}}$
全部的　又　七宝所成的　莲花
saṃcchannam$^{\text{ppp. Nom. (59)}}$
被充满

整个（世界）被七宝莲花充满。

［罗］ 又眾寶蓮華，周滿世界。

［志］ 彼佛國中，有七寶蓮花。

佛陀跋陀罗用“众宝莲华”翻译工具格“sapta-ratna-mayais padmais”（七宝而成的莲花），做句子主语。菩提流志则将其译为“七宝莲花”，做存现句的宾语。

2.1.3.2 兼语

汉译本中有1例将梵语工具格标记的佛的“光明”译为兼语的用例，做前句的宾语和后句的主语。“光明”同时承担前句当事和后句施事的功能。

（1） atha$^{\text{ind.}}$　tāvat$^{\text{ind.}}$　eva$^{\text{ind.}}$　sas$^{\text{dem. Nom.}}$　amitābhas$^{\text{m. sg. Nom.}}$　tathāgatas$^{\text{m. sg. Nom.}}$
那时　那位　无量光　如来
arhan$^{\text{m. sg. Nom.}}$　samyak-saṃbuddhas$^{\text{m. sg. Nom.}}$　sva-pāṇi-talāt$^{\text{m. sg. Abl.}}$　tathā-rūpām$^{\text{rel. Acc.}}$
阿罗汉　正等正觉　从自己的手掌　这样
prabhām$^{\text{f. sg. Acc.}}$　prāmuñcat$^{\text{3. sg. impf.}}$　yayā$^{\text{rel. Inst.}}$　idam$^{\text{dem. Nom.}}$　koṭī-śata-sahasra-tamam$^{\text{num. Nom.}}$
光　发出　这（光芒）　这（佛土）　百千千万

buddha-kṣetram$^{\text{n. sg. Nom.}}$	mahatā-avabhāsena$^{\text{m. sg. Inst.}}$	sphuṭam$^{\text{ppp. n. sg. Nom.}}$	abhūt$^{\text{3. sg. aor. (124–2)}}$
佛土	大光芒	被照耀	有

就在那时,阿弥陀佛从自己的手掌中发出这样的光,百千亿佛土都被这大光芒照耀。

[讖] 阿彌陀佛便大放光明威神,則遍八方上下諸無央數佛國。

[谦] 無量清淨佛便大放光明威神,則遍八方上下諸無央數佛國。

[罗] 説是語已,即時無量壽佛放大光明,普照一切諸佛世界。

[志] 時無量壽佛,即於掌中放大光明,遍照百千俱胝那由他刹。

梵语工具格"yayā mahatā-avabhāsena"(这大光芒)出现在限定"prabhām"(光明)的从句"yayā idam koṭī-śata-sahasra-tamam buddha-kṣetram mahatā-avabhāsena sphuṭam abhūt"(百千千万佛土被这大光芒照耀)中,做"sphuṭam"(被照耀)的施事。支讖本和支谦本以"光明威神"对译,"光明威神"既是前句"阿弥陀佛/无量清净佛便大放……"的宾语,又是后句"……则遍八方上下诸无央数佛国"的主语。佛陀跋陀罗和菩提流志以"大光明"对译,"大光明"既是前句"无量寿佛放……"的宾语,又是后句"……普照一切诸佛世界""……遍照百千俱胝那由他刹"的主语。"光明威神"和"大光明"同时承担了指示"大放/放"的当事和"则遍八方上下诸无央数佛国/普照一切诸佛世界/遍照百千俱胝那由他刹"施事的功能。

2.1.3.3 句子宾语

当指示施事的工具格是指物名词"光""光影",受事是指人名词"菩萨""人天"或处所名词时,佛陀跋陀罗和菩提流志将工具格译为句子宾语。这样的翻译方式在佛陀跋陀罗本中有6例,菩提流志本中有7例。

(1)

ye$^{\text{rel. Nom.}}$	sattvās$^{\text{m. pl. Nom.}}$	tasya$^{\text{dem. Gen.}}$	bodhivṛkṣasya$^{\text{m. sg. Gen.}}$	ābhayā$^{\text{f. sg. Inst.}}$
那些	众生	那棵	菩提树的	光
sphuṭās$^{\text{ppp. Nom.}}$	bhavanti$^{\text{3. pl. pres.}}$	teṣām$^{\text{3. pl. Gen.}}$	yāvat$^{\text{ind.}}$	bodhimaṇḍa-paryantam$^{\text{m. sg. Acc.}}$
被照耀	有	他们	直到	得菩提
na jātu$^{\text{ind.}}$	kāya-rogas$^{\text{m. sg. Nom.}}$	pratikāṃkṣitavyas$^{\text{fpp. Nom. (98–6)}}$		
绝不	身体的疾病	应该害怕		

那些众生被菩提树的光照耀,直到得菩提,都绝不害怕(得)身体的疾病。

[罗] 身觸其光,心以法緣,一切皆得甚深法忍,住不退轉至成佛道,六根清徹,無

諸惱患。

［志］ 若有衆生見菩提樹，聞聲、嗅香、嘗其果味，觸其光影，念樹功德，由此因緣，乃至涅槃，五根無患，心無散亂。

梵语工具格“ābhayā”（光）是“sphuṭās”（被照耀）的施事，“sattvās”（众生）是受事。佛陀跋陀罗和菩提流志将“身”和“众生”作为动作“触”的发出者，将对译工具格“ābhayā”的“光”“光影”做动作“触”的受事。

（2）

tāsām$^{\text{dem. Gen.}}$	khalu$^{\text{ind.}}$ punar$^{\text{ind.}}$	ānanda$^{\text{m. sg. Voc.}}$	mahānadīnām$^{\text{f. pl. Gen.}}$	ubhayatas$^{\text{ind.}}$
那些	［表强调］	阿难啊	大河的	两边
tīrāṇi$^{\text{n. pl. Nom.}}$	nānā-gandha-ratna-vṛkṣais$^{\text{m. pl. Inst.}}$	saṃtatāni$^{\text{ppp. Nom. (66–1)}}$		
岸	种种栴檀宝树	被布满		

阿难啊！那大河两边岸上，被种种栴檀宝树布满。

［罗］ 其池岸上有栴檀樹。

［志］ 居兩岸邊多栴檀樹。

梵语工具格“nānā-gandha-ratna-vṛkṣais”（种种栴檀宝树）是“saṃtatāni”（被布满）的施事，“tīrāṇi”（岸）是受事。佛陀跋陀罗和菩提流志用对译“tīrāṇi”的“岸上”和“两岸边”做句子的处所主语，对译工具格“nānā-gandha-ratna-vṛkṣais”的“栴檀树”做句子宾语。

2.1.4 工具格表原因

现存梵语本中表原因的工具格，在支讖本和支谦本中无对应。佛陀跋陀罗本用“NP 故”“因 VP 故”对译。菩提流志本用“NP 故”“VP 故”“由 VP”和“以 NP 故”对译。

（1）

tad$^{\text{dem. Nom.}}$	anena$^{\text{dem. Inst.}}$	ānanda$^{\text{m. sg. Voc.}}$	paryāyeṇa$^{\text{m. sg. Inst.}}$	sa$^{\text{dem. Nom.}}$
这	这个	阿难啊	原因	这位
tathāgatas$^{\text{m. sg. Nom.}}$	amitābhas$^{\text{m. sg. Nom.}}$	iti$^{\text{ind.}}$	ucyate$^{\text{3. sg. pres. (43–2)}}$	
如来	无量光		被称为	

阿难啊！因为这原因，这位如来被称为“无量光”。

［罗］ 是故，無量壽佛號無量光佛。

[志] 阿難！以是義故，無量壽佛復有異名，謂無量光。

佛陀跋陀罗用“是故”对译“anena paryāyeṇa”（这个原因），“是”和“故”分别对译工具格代词“anena”和工具格名词“paryāyeṇa”（原因）。此例的“故”是名词。菩提流志用框式结构“以 NP 故”标记原因，NP“是”和“义”分别对译“anena”和“paryāyeṇa”，此例的“故”是标记原因的后置词。

（2）tasya[dem. Gen.] eva[ind.] amitāyuṣas[m. sg. Gen.] tathāgatasya[m. sg. Gen.] pūrva-praṇidhāna-adhiṣṭhānena[m. sg. Inst.]
那位 无量寿 如来 因为护持前世誓愿
pūrva-jinakṛta-adhikāratayā[f. sg. Inst.] pūrva-praṇidhāna-paricaryayā[f. sg. Inst.] ca[conj.]
因为侍奉过去世的胜者 因为履行前世的誓愿 和
susamāptayā[f. sg. Inst.] subhāvitayā[f. sg. Inst.] anūna-avikalayā[f. sg. Inst.] (99–2)
因为认真修行 因为认真修习 因为圆满无缺陷

这是因为无量寿如来护持前世誓愿，侍奉过去世的胜者，履行前世的誓愿，认真修行，认真修习，圆满无缺陷。

[罗] 此皆無量壽佛威神力故，本願力故，満足願故，明了願故，堅固願故，究竟願故。

[志] 此皆無量壽佛本願威神見所加，及往修靜慮，無比喻故，無缺減故，善修習故，善攝受故，善成就故。

佛陀跋陀罗和菩提流志都用“NP 故”对译工具格，标记原因。

（3）na ca[conj.] tatra[ind.] lokadhātau[m. sg. Loc.] devānām[m. pl. Gen.] manuṣyāṇām[m. pl. Gen.]
不 那里 世界中 天神的 人的
vā[conj.] nānā-tvam[m. sg. Nom.] asti[3. sg. pres.] anyatra[ind.] saṃvṛti-vyavahāreṇa[m. sg. Inst.]
或 区别 有 除了 按照世俗的习惯用语
devās[m. pl. Nom.] manuṣyās[m. pl. Nom.] vā iti saṃkhyām[f. sg. Acc.] gacchanti[3. pl. pres.] (78)
天神 人 或 称呼 有

在那世界中，没有天神或人的区别，除了按照世俗的习惯用语称呼天神或人。

[罗] 咸同一類，形無異狀，但因順餘方故，有人天之名。

[志] 順餘方俗，有天人名。

梵语工具格“saṃvṛti-vyavahāreṇa”（按照世俗的习惯用语）表示“devās

manuṣyās vā iti saṃkhyām gacchanti”（称呼天神或人）的依据，也可理解为原因。佛陀跋陀罗用“因 VP 故”“因顺余方故”对译，是“有人天之名”的原因。菩提流志以“顺余方俗”对译，说明“有天人名”的原因。

（4）te$^{\text{3. pl. Nom.}}$ buddha-nāma-śravaṇena$^{\text{m. sg. Inst.}}$ tena$^{\text{dem. Inst.}}$ ca$^{\text{conj.}}$ citta-prasāda-mātreṇa$^{\text{m. sg. Inst.}}$

他们 因为听闻佛名 那 因为内心清净

atra$^{\text{ind.}}$ sukhāvatyām$^{\text{f. sg. Loc.}}$ lokadhātau$^{\text{m. sg. Loc.}}$ upapadyante$^{\text{3. pl. pres.}}$ na tu$^{\text{ind.}}$ khalu$^{\text{ind.}}$

那里 极乐 世界中 出现 不 但是

aupapādukās$^{\text{m. pl. Nom.}}$ padmeṣu$^{\text{m. sg. Loc.}}$ paryaṅkais$^{\text{m. pl. Inst.}}$ prādurbhavanti$^{\text{3. pl. pres.}}$（140–2）

自然 莲花中 盘腿 出现

他们因为听闻佛的名号，内心清净，而在那极乐世界中出现，但不是自然在莲花中盘腿出现。

［志］ 由聞佛名起信心故，雖生彼國，於蓮花中不得出現。

梵语工具格“buddha-nāma-śravaṇena”（因为听闻佛名）是“citta-prasāda-mātreṇa”（内心清净）的原因，工具格“citta-prasāda-mātreṇa”（因为内心清净）又是“sukhāvatyām lokadhātau upapadyante”（出现在极乐世界中）的原因。按照梵语本的意思，菩提流志本的“由 VP 故”结构应该分析为“［由闻佛名［起信心］］故”，“由闻佛名”而“起信心”，“起信心故”而“生彼国”。

2.1.5 小结

梵语工具格有指示伴随者、工具（方式、依据）、被动态施事和原因多种功能。佛经翻译者也采用不同的方式来翻译工具格的不同功能。

1. 支讖用“有 NP”翻译指示伴随者的工具格。支谦、佛陀跋陀罗和菩提流志则以“与 NP”指示伴随者。佛陀跋陀罗和菩提流志用“俱”对译梵语本义为“一起”的不变词“sārdham”，形成“与 NP 俱”结构。

（1）［讖］ 佛在羅閱祇耆闍崛山中，時有摩訶比丘僧萬二千人，皆阿羅漢。

［谦］ 佛在王舍國靈鷲山中，與大弟子眾千二百五十人。

［罗］ 一時，佛住王舍城耆闍崛山中，與大比丘眾萬二千人俱。

［志］ 一時，佛住王舍城耆闍崛山中，與大比丘眾萬二千人俱。

2. 支谶和支谦用“从 NP”对译表示依据的工具格,这一译法在佛陀跋陀罗和菩提流志本中被“以 NP”所取代。

(2) [谶] 賢者阿難!有諸天神教汝,若諸佛教汝,今問我者耶?汝自**從**善意出,問佛耶?

[谦] 有諸天來教汝,諸佛教汝,令問我耶?若自**從**智出乎?

[罗] 云何阿難,諸天教汝來問佛耶?自**以**慧見問威顏乎?

[志] 汝今云何能知此義?爲有諸天來告汝耶?爲**以**見我及自知耶?

3. 当指示施事的工具格是指人名词时,汉译本中将其译为句子主语。

(3) [谶] 佛説是經時……即二百億諸天人民,皆得阿那含道。

[谦] 佛説是經時……則二百二十億諸天人民,皆得阿那含道。

[罗] 爾時,世尊説此經法……二十二億諸天人民得阿那含。

[志] 爾時,世尊説是經已。……二十億衆生,得阿那含果。

佛陀跋陀罗和菩提流志的译本还分别以“蒙 RV”和“蒙 R 所 V”被动式对译“ābhayā sphuṭās”(被光明照耀),凸显了梵语本的被动义。

《无量寿经》汉译本中出现了 1 例兼语句,其中对译梵语工具格的成分做前句的宾语和后句的主语,同时承担了前句当事和后句施事的功能。

(4) [谶] 阿彌陀佛便大放光明威神,則遍八方上下諸無央數佛國。

[谦] 無量清淨佛便大放光明威神,則遍八方上下諸無央數佛國。

[罗] 説是語已,即時無量壽佛放大光明,普照一切諸佛世界。

[志] 時無量壽佛,即於掌中放大光明,遍照百千俱胝那由他剎。

当表示施事的工具格是指物名词,受事是指人名词或处所词时,佛陀跋陀罗和菩提流志将表施事的工具格译为句子宾语。

4. 表示原因的工具格在佛陀跋陀罗和菩提流志的译本中以“(因/以)NP故”对译。

(5) [罗] 此皆無量壽佛威神力**故**,本願力**故**,滿足願**故**,明了願**故**,堅固願**故**,究竟願**故**。

[志] 此皆無量壽佛本願威神見所加,及往修靜慮,無比喻**故**,無缺減**故**,善修習

故，善攝受**故**，善成就**故**。

2.2 《无量寿经》对梵语从格的翻译方式

梵语的从格（ablative case）表示时间的起始点和处所的起点。此外，还具有指示"非处所性来源"（刘丹青 2008：309）的功能，表示依据和原因。

表示起始处的用例，如：

（1） dvādaśa$^{\text{num. Nom.}}$ ca$^{\text{conj.}}$ śakra-sahasrāṇi$^{\text{n. pl. Nom.}}$ anya-anyebhyas$^{\text{n. pl. Abl.}}$

十二　一千天帝释　各个，种种

catur-mahā-dvīpakebhyas$^{\text{n. pl. Abl.}}$ abhyāgatāni$^{\text{ppp. Nom.}}$ . . . tatra$^{\text{ind.}}$ eva$^{\text{ind.}}$ parṣadi$^{\text{f. sg. Loc.}}$

从四大洲　来　这里　大众

saṃnipatitāni$^{\text{ppp. Nom.}}$ abhūvan$^{\text{3. pl. aor.}}$（维摩诘经1–11–5）

聚集　在，有

一万二千天帝释从四大洲来，在这大众中聚集。

［谦］ 彼天帝萬二千釋**從**四方，與他大尊神妙之天及諸龍神、揵沓和、阿須倫、迦留羅、甄陀羅、摩睺勒等并其眾皆來會。

［什］ 復有萬梵天王尸棄等，**從**餘四天下，來詣佛所而聽法。

［奘］ 復有萬二千天帝，各**從**餘方四大洲界，亦爲瞻禮供養世尊及聽法故，來在會坐。

支谦、鸠摩罗什和玄奘都用"从 NP"对译，表示起始处。

表示原因的用例如：

（2） śruta-maṇḍas$^{\text{m. sg. Nom.}}$ eṣas$^{\text{dem. Nom.}}$ pratipatti-sārakatvāt$^{\text{m. sg. Abl.}}$（维摩诘经3–65–9）

多闻座　这　因为感知本质

菩提座就是多闻之座，因为它能感知本质。

［谦］ 多聞之心是，從受成**故**。

［什］ 多聞是道場，如聞行**故**。

［奘］ 多聞是妙菩提，起真實行**故**。

支谦、鸠摩罗什和玄奘都用"VP 故"对译，表示原因。

梵语中，以"-a/ā"结尾的名词为例，从格的屈折变化如表 2–3 所示：

表 2-3

性 \ 数		单数	双数	复数
阳性	bodhimaṇḍa 菩提座	bodhimaṇḍāt	bodhimaṇḍābhyām	bodhimaṇḍebhyas
中性	dvīpaka 洲	dvīpakāt	dvīpakābhyām	dvīpakebhyas
阴性	diśā 方向	diśāyās	diśābhyām	diśābhyas

在上古和中古汉语中,"于"可以指示起始处和依据。"由"可以指示起始处、依据和原因。

(3) 師出於陳鄭之間,國必甚病。若出於東方,觀兵於東夷,循海而歸,其可也。(《左傳·僖公四年》)

(4) 夫四荒之外不安其生,封畿之內勤勞不處,二者之咎,皆自於朕之德薄而不能遠達也。(《史記·孝文本紀》)

"于陈郑之间""于东方"指示"出"的起始处,"于朕之德薄而不能远达也"指示"二者之咎"的原因。

(5) 今由千里之外,欲進美人,所效者庸必得幸乎?(《戰國策·魏策》)

(6) 驪姬既遠太子。乃生之言,太子由是得罪。(《國語·晉語》)

(7) 往古國家所以亂也,由主少母壯也。(《史記·外戚世家》)

"由千里之外"指示"欲进美人"的起始处。"由是"指示"得罪"的依据,"由主少母壮"指示"国家乱"的原因。

在《无量寿经》支谶和支谦译本中,以"从 NP"对译表示起始处的从格。在佛陀跋陀罗和菩提流志的译本中,除了"从 NP"之外,还采用介词短语"于 NP"和方位短语"NP 中"表示起点。此外,佛陀跋陀罗和菩提流志用框式结构"于 NP 中"和"从 NP 中"对译从格,指示起始处。

佛陀跋陀罗本用条件小句对译表示依据和原因的从格。菩提流志本以完成式"VP 已"和条件小句"若 VP"对译依据,用框式结构"由 VP 故"表示原因。

2.2.1 从格表起始处①

2.2.1.1 介词短语“从 NP”和“于 NP”

现存梵语本中表示起始处的从格，与支谶本和支谦本对应的分别有 2 例和 3 例，两位译者都用“从 NP”对译。支谦本中 3 例用“从 NP”对译的从格，在佛陀跋陀罗本中有 1 例被沿用，2 例被改为“于 NP”。在菩提流志本中 2 例被沿用，1 例被改为“于 NP”。

（1）	atha$^{\text{ind.}}$	khalu$^{\text{ind.}}$	āyuṣmāt$^{\text{m. sg. Nom.}}$	ānanda$^{\text{m. sg. Nom.}}$	utthāya$^{\text{ger.}}$
		又	尊者	阿难	站起来后
	āsanāt$^{\text{n. sg. Abl. (5-1)}}$				
	从座位				

这时，尊者阿难从座位上站起来。

［谶］ 阿難即起，更被袈裟。

［谦］ 賢者阿難即從座起。

［罗］ 尊者阿難承佛聖旨，即從座起。

［志］ 爾時，尊者阿難從坐而起。

梵语从格“āsanāt”（从座位）说明“utthāya”（站起来）的起始处。支谦和佛陀跋陀罗用“从座”对译从格“āsanāt”，菩提流志用“从坐”对译，表示“起”的起始处。

（2）	kiyantas$^{\text{m. pl. Nom.}}$	punar$^{\text{ind.}}$	bhagavan$^{\text{m. sg. Voc.}}$	bodhisattvās$^{\text{m. pl. Nom.}}$	itas$^{\text{ind.}}$
	多少	又	世尊啊	菩萨	从这里
	buddhakṣetrāt$^{\text{n. sg. Abl.}}$	pariniṣpannās$^{\text{ppp. m. pl. Nom.}}$	anyeṣām$^{\text{m. pl. Gen.}}$	vā$^{\text{conj.}}$	
	从佛土	得圆满	别的	或	
	buddhānām$^{\text{m. pl. Gen.}}$	bhagavatām$^{\text{m. pl. Gen.}}$	antikāt$^{\text{m. sg. Abl.}}$	ye$^{\text{rel. Nom.}}$	sukhāvatyām$^{\text{f. sg. Loc.}}$
	佛的	世尊的	从旁边		极乐

① 本小节和第三章 3.2.1 小节、第四章 4.1.1.1 小节已发表于《浙江师范大学学报》，2019 年第 2 期，第 27－35 页，题为《汉译佛经对梵语从格的翻译——以〈无量寿经〉和〈维摩诘经〉为例》。

lokadhātau[m. sg. Loc.] upapatsyante[3. pl. fut. pass. (143)]
世界中 将出生

世尊啊！多少得圆满的菩萨，从这个佛土或别的佛世尊的旁边（离开），出生在极乐世界中？

itas[ind.] hi[ind.] ajita[m. sg. Voc.] buddhakṣetrāt[n. sg. Abl.] dvā-saptati-koṭī-nayutāni[num. n. pl. Nom.]
从这里 弥勒啊 从佛土 七千二百亿
bodhisattvānām[m. pl. Gen.] parinispannāni[n. pl. Nom.] yāni[rel. n. pl. Nom.] sukhāvatyām[f. sg. Loc.]
菩萨 得圆满 极乐
lokadhātau[m. sg. Loc.] upapatsyante[3. pl. fut. pass. (144)]
世界中 将出生

弥勒啊！七千二百亿得圆满的菩萨，从这佛土（离开），将出生在极乐世界中。

［谶］ 今佛國土，從是間當有幾何阿惟越致菩薩往生阿彌陀佛國？……從我國當有七百二十億阿惟越致菩薩，皆當往生阿彌陀佛國。

［谦］ 今佛國，從是間當有幾阿惟越致菩薩往生無量清淨佛國？……從我國當有七百二十億阿惟越致菩薩，皆①往生無量清淨佛國。

［罗］ 世尊！於此世界有幾所不退菩薩生彼佛國？……於此世界有六十七億不退菩薩往生彼國。

［志］ 世尊！於此國界不退菩薩當生極樂國者，其數幾何？……阿逸多！從難忍如來佛國有十八億不退菩薩當生極樂世界。

梵语从格“itas buddhakṣetrāt”（从这佛土）表示菩萨离开的起始处。支谶和支谦用“从 NP”“从是间”“从我国”对译，佛陀跋陀罗采用“于 NP”“于此世界”对译，菩提流志则采用“于 NP”“于此国界”和“从 NP”“从难忍如来佛国”两种形式对译。按照汉语的语法规则，该句应译为“从 $N_{\text{起始处}}$ $V_{\text{起始}}$ $V_{\text{终到}}$ $N_{\text{终到处}}$”或“$V_{\text{起始}}$ 于 $N_{\text{起始处}}$ $V_{\text{终到}}$ $N_{\text{终到处}}$”。然而，汉译本中并没有与起始处“从是间/从我国”“从难忍佛国”和“于此世界/国界”搭配的动词，这可能是由于梵语本中没有出现与从格搭配的动词所致。此外，译者将“从 NP”和“于 NP”置于句首，做存现句“从 NP/于 NP，有 NP”的主语，形成不符合汉语语法

① “皆”三朝本作“皆當”。

规范的句子。

佛陀跋陀罗和菩提流志采用“于 NP”对译抽象名词，表示起始处。例如：

(3)

sacet$^{\text{ind.}}$	me$^{\text{1. sg. Gen.}}$	bhagavan$^{\text{m. sg. Voc.}}$	bodhiprāptasya$^{\text{Gen. Abs.}}$	tatra$^{\text{dem. Loc.}}$	buddhakṣetre$^{\text{n. sg. Loc.}}$
如果	我	世尊啊	得觉悟后	那里	佛土中

ye$^{\text{rel. Nom.}}$	bodhisattvās$^{\text{m. pl. Nom.}}$	mama$^{\text{1. sg. Gen.}}$	nāma-dheyam$^{\text{n. sg. Acc.}}$	śṛṇuyus$^{\text{3. pl. opt.}}$	te$^{\text{rel. Nom.}}$
那些	菩萨	我的	名字	听	他们

saha-nāma-dheya-śravaṇāt$^{\text{m. sg. Abl.}}$	na	prathama-dvitīya-tṛtīyās$^{\text{num. Acc.}}$	kṣāntīs$^{\text{f. pl. Acc.}}$
依靠听闻名字	不	第一、第二、第三	法忍

pratilabheran$^{\text{3. pl. opt. A.}}$	na	avaivartikās$^{\text{m. pl. Nom.}}$	bhaveyus$^{\text{3. pl. opt.}}$
获得	不	不退转	有

<u>buddha-dharmebhyas</u>$^{\text{m. pl. Abl.}}$	mā$^{\text{ind.}}$	tāvat$^{\text{ind.}}$	aham$^{\text{1. sg. Nom.}}$	anuttarām$^{\text{f. sg. Acc.}}$
从佛法	没有		我	无上

samyak-saṃbodhim$^{\text{f. sg. Acc.}}$	abhisaṃbudhyeyam$^{\text{1. sg. opt.}}$ (28–47)
正等正觉	觉悟

世尊啊！如果我得觉悟之后，我的佛土中的那些菩萨，如果听到我的名字，不能依靠听到名字，获得第一、第二、第三法忍，不能从佛法中不退转，我就没有觉悟无上正等正觉。

［罗］ 設我得佛，他方國土諸菩薩衆聞我名字，不即得至第一①、第二、第三法忍，<u>於諸佛法</u>不能即得不退轉者，不取正覺。

［志］ 若我成佛，餘佛國中所有菩薩，若聞我名，應時不獲一二三忍，<u>於諸佛法</u>不能現證不退轉者，不取菩提。

梵语从格“buddha-dharmebhyas”（从佛法）表示“na avaivartikās”（不 不退转）的起始处。佛陀跋陀罗和菩提流志以“于诸佛法”对译，表示“得不退转”和“现证不退转”的起始处。

在佛陀跋陀罗本和菩提流志本《无量寿经》中，表示起始处的“于”的用法与中土文献有所不同。

(4) 子墨子聞之，起<u>於齊</u>，行十日十夜，而至於郢，見公輸盤。（《墨子·公輸》）

① “第一”三朝本作“第一忍”。

(5) 蓋明者遠見於未萌而智者避危於無形，禍固多藏於隱微而發於人之所忽者也。(《史記·司馬相如列傳》)

(6) 六國從親以賓秦，則秦甲必不敢出於函谷以害山東矣。如此，則霸王之業成矣。(《史記·蘇秦列傳》)

对比例(4)—例(6)和例(3)可以看到，佛陀跋陀罗本和菩提流志本中表起始处的"于 NP"和 VP 的前后位置与中土文献不同。中土文献中，表示起始处的"于 NP"位于 VP 之后，佛陀跋陀罗本和菩提流志本中，"于 NP"位于 VP 之前。此外，中土文献中表示起点的"于""跟谓语动词和'于'的宾语乃至语境都有密切关系"(杨伯峻，何乐士 2001：413)，通过运行动词和"于"所搭配的名词来凸显起始义。但是，佛陀跋陀罗本和菩提流志本中表起始处的"于 NP"搭配的动词是非运行动词"得"和"现证"。

2.2.1.2 方位词短语"NP 中"

佛陀跋陀罗和菩提流志用方位短语"NP 中"对译从格，表示起始处。

(1) sarvatas$^{\text{m. sg. Abl.}}$ ca$^{\text{conj.}}$ ratna-padmāt$^{\text{m. sg. Abl.}}$ ṣaṭtriṃ-śad-raśmi-koṭī-sahasrāṇi$^{\text{n. pl. Nom.}}$

所有的 从宝莲中 三万六千亿光

niścaranti$^{\text{3. pl. pres.}}$ sarvatas$^{\text{m. sg. Abl.}}$ ca$^{\text{conj.}}$ raśmi-mukhāt$^{\text{m. sg. Abl.}}$

发出 所有的 从光线中

ṣaṭtriṃ-śad-buddha-koṭī-sahasrāṇi$^{\text{n. pl. Nom.}}$ niścaranti$^{\text{3. pl. pres. (60–2)}}$

三万六千亿佛 发出

从所有的宝莲中发出三万六千亿光线，从所有光线中出现三万六千亿佛。

[罗] 一一華中出三十六百千億光，一一光中出三十六百千億佛。

[志] 是一一花出三十六億那由他百千光明，一一光中出三十六億那由他百千諸佛。

(2) sas$^{\text{3. sg. Nom.}}$ evaṃ-rūpam$^{\text{rel. Acc.}}$ kuśalam$^{\text{n. sg. Acc.}}$ samudānayat$^{\text{prp. Acc.}}$ yad$^{\text{ind.}}$ asya$^{\text{dem. Gen.}}$

他 这样的 善业 修行 即

bodhisattvacaryām$^{\text{f. sg. Acc.}}$ caratas$^{\text{prp. Gen.}}$

菩萨行 奉行

aprameya-asaṃkhyeya-acinya-atulya-amāpya-aparimāṇa-anabhilāpyāni$^{\text{n. pl. Acc.}}$

无数无量、不可思议、不可等同、不可衡量、不可言状

kalpa-koṭī-nayuta-śata-sahasrāṇi^{n. pl. Acc.} surabhi-divyāti-krānta-candana-gandhas^{m. sg. Nom.}
百千千万那由他劫 胜过天国香气的栴檀香
mukhāt^{m. sg. Abl.} pravāti^{3. sg. pres.} sma^{ind. (39–1)}
从口中 吹、呼

他修行这样的善业，也就是他在无数无量、不可思议、不可等同、不可衡量、不可言状的百千千万那由他劫中，奉行菩萨行，从（他的）口中呼出胜过天国香气的栴檀香。

［罗］ 口氣香潔如優鉢羅華。

［志］ 口中常出栴檀妙香，其香普熏無量無數乃至億那由他百千世界。

例（1）佛陀跋陀罗用"一一华中"和"一一光中"对译梵语从格"sarvatas ratna-padmāt"（从所有宝莲中）和"sarvatas raśmi-mukhāt"（从所有光线中），表示"出"（niścaranti 发出）的起始处。例（2）菩提流志用"口中"对译从格"mukhāt"（从口中），表示"出"（pravāti 吹）的起点。

2.2.1.3 框式结构

佛陀跋陀罗采用框式结构"于 NP 中"对译表示起始处的从格。菩提流志用框式结构"从 NP 中""于 NP 中"和"于 NP 间"对译，表示起始处。

（1） sacet^{ind.} me^{1. sg. Gen.} bhagavan^{m. sg. Voc.} bodhiprāptasya^{Gen. Abs.} tatra^{dem. Loc.}
如果 我 世尊啊 得觉悟后 这里
buddhakṣetre^{n. sg. Loc.} ye^{rel. Nom.} bodhisattvās^{m. pl. Nom.} pratyājātās^{ppp. Nom.} te^{rel. Nom.}
佛土中 那些 菩萨 出生 他们
yathā-rūpam^{rel. Acc.} buddhakṣetra-guṇa-alamkāra-vyūham^{m. sg. Acc.} ākāṃkṣeyus^{3. pl. opt.}
这样 佛土的功德与庄严 希望
tathā-rūpam^{rel. Acc.} nānā-ratna-vṛkṣebhyas^{m. pl. Abl.} na saṃjānīyus^{3. pl. opt.}
这样 从种种宝树中（出现） 不 感知
mā^{ind.} tāvat^{ind.} aham^{1. sg. Nom.} anuttarām^{f. sg. Acc.} samyaksaṃbodhim^{f. sg. Acc.}
没有 我 无上 正等正觉
abhisaṃbudhyeyam^{1. sg. opt. (28–39)}
觉悟

世尊啊！如果我得觉悟后，出生在这佛土中的菩萨不能感知从各种宝树中（出现）如他们所希望的佛土功德庄严，那么，我就没有证得无上正等正觉。

［罗］ 設我得佛，國中菩薩隨意欲見十方無量嚴淨佛土，應時如願，於寶樹中皆悉照見，猶如明鏡覩①其面像。若不爾者，不取正覺。

［志］ 若我成佛，國中群生隨心欲見諸佛淨國殊勝莊嚴，於寶樹間悉皆出現，猶如明鏡見其面像。若不爾者，不取菩提。

梵语从格“nānā-ratna-vṛkṣebhyas”（从种种宝树中）表示“buddhakṣetra-guṇa-alamkāra-vyūham”（佛土的功德庄严）出现的起始处。佛陀跋陀罗将其理解为“saṃjānīyus”（感知）的起始处，译为“于宝树中，皆悉照见”。菩提流志增译了与从格搭配的动词“出现”，对译从格的“于宝树间”是“悉皆出现”的起始处，与梵语本的意思更接近。

菩提流志还用“于 NP 中”和“从 NP 中”对译从格，表示起始处。

（2）atha$^{\text{ind.}}$ tāvat$^{\text{ind.}}$ eva$^{\text{ind.}}$ sas$^{\text{dem. Nom.}}$ amitābhas$^{\text{m. sg. Nom.}}$ tathāgatas$^{\text{m. sg. Nom.}}$

那时 那位 无量光 如来

arhan$^{\text{m. sg. Nom.}}$ samyak-saṃbuddhas$^{\text{m. sg. Nom.}}$ sva-pāṇi-talāt$^{\text{m. sg. Abl.}}$ tathā-rūpām$^{\text{rel. Acc.}}$

阿罗汉 正等正觉 从自己的手掌中 这样的

prabhām$^{\text{f. sg. Acc.}}$ prāmuñcat$^{\text{3. sg. impf.}}$ yayā$^{\text{rel. Inst.}}$ idam$^{\text{dem. Nom.}}$ koṭī-śata-sahasra-tamam$^{\text{num. Nom.}}$

光 发出 这（佛土） 百千千万

buddhakṣetram$^{\text{n. sg. Nom.}}$ mahatā-avabhāsena$^{\text{m. sg. Inst.}}$ sphuṭam$^{\text{ppp. n. sg. Nom.}}$ abhūt$^{\text{3. sg. aor. (124–2)}}$

佛土 大光芒 被照耀 有

就在那时，阿弥陀佛从自己的手掌中发出光，百千千万佛土都被这大光芒照耀。

［罗］ 説是語已，即時無量壽佛放大光明，普照一切諸佛世界。

［志］ 時，無量壽佛即於掌中放大光明，遍照百千俱胝那由他刹。

（3）tasya$^{\text{3. sg. Gen.}}$ sarva-ratna-alaṃkārās$^{\text{m. pl. Nom.}}$ sarva-vastra-cīvara-abhinirhārās$^{\text{m. pl. Nom.}}$

他的 一切宝石饰物 一切衣服和布料

sarva-puṣpa-dhūpa-gandha-mālya-vilepana-chatra-dhvaja-patāka-abhinirhārās$^{\text{m. pl. Nom.}}$

一切鲜花、香料、花环、油膏、伞盖、旗帜和幢幡

sarva-vādya-saṃgīti-abhinirhārās$^{\text{m. pl. Nom.}}$ ca$^{\text{conj.}}$ sarva-romakūpebhyas$^{\text{m. pl. Abl.}}$

一切音乐和歌曲 从所有毛孔

① “覩”三朝本作“覩見”。

pāṇitalābhyām[n. du. Abl.] ca[conj.] niścaranti[3. pl. pres.] sma[ind. (39-4)]

从双手 发出

从他所有的毛孔和双手中发出一切宝物、袈裟、衣服、花、香、宝盖、旗帜、音乐。

［罗］ 其手常出無盡之寶，衣服、飲食、珍妙華香、諸蓋幢幡、莊嚴之具。

［志］ 所謂諸寶香花、幢幡繒蓋、上妙衣服、飲食湯藥、及諸伏藏珍玩所須，皆從菩薩掌中自然流出。

“sva-pāṇi-talāt”（从自己的手掌中）和“pāṇitalābhyām”（从双手中）分别表示“prāmuñcat”（发出）和“niścaranti”（发出）的起始处。菩提流志分别用“于掌中”和“从菩萨掌中”对译，表示“放大光明”和“自然流出”的起始处。

2.2.2 从格表依据、原因

佛陀跋陀罗将表示原因的从格译为假设条件小句“若 VP 者”。菩提流志用完成式“VP 已”和假设条件小句“若 VP”对译表示依据的从格，用“由 VP 故”对译原因。

（1） sacet[ind.] me[1. sg. Gen.] bhagavan[m. sg. Voc.] bodhiprāptasya[Gen. Abs.]

如果 我 世尊啊 得觉悟后

saha-nāma-dheya-śravaṇāt[m. sg. Abl.] tad-anyeṣu[m. pl. Loc.] loka-dhātuṣu[m. pl. Loc.]

依靠听闻名号 别的 世界中

bodhisattvās[m. pl. Nom.] na samanta-anugatam[m. sg. Acc.] nāma[ind.] samādhim[m. sg. Acc.]

菩萨 不 普遍 名为 定

pratilabheran[3. pl. opt. A.] yatra[rel. Loc.] sthitvā[ger.] bodhisattvās[m. pl. Nom.]

获得 那里 住 菩萨

eka-kṣaṇa-vyatihāreṇa[m. sg. Inst.] aprameya-asaṃkhyeya-acintya-atulya-aparimāṇān[m. pl. Acc.]

一刹那间 无量无数不可思议无比无限

buddhān[m. pl. Acc.] bhagavatas[m. pl. Acc.] satkurvanti[3. pl. pres.] sa[dem. Nom.] ca[conj.] eṣām[3. pl. Gen.]

佛 世尊 供养 这个 他们的

samādhis[m. sg. Nom.] antarā[ind.] vipraṇaśyet[3. pl. opt.] yāvat[ind.] bodhimaṇḍa-paryantam[m. sg. Acc.]

定 同时 消失 直到 达到菩提道场

mā$^{\text{ind.}}$ tāvat$^{\text{ind.}}$ aham$^{\text{1. sg. Nom.}}$ anuttarām$^{\text{f. sg. Acc.}}$ samyaksaṃbodhim$^{\text{f. sg. Acc.}}$

没有 我 无上 正等菩提

abhisaṃbudhyeyam$^{\text{1. sg. opt. (28–44)}}$

觉悟,证得

世尊啊!如果我证得菩提后,其他佛土的菩萨依靠听闻我的名号,不获得名为“普遍”的入定,菩萨处于这种入定,能一刹那间供奉无量无数、不可思议、无比无限的佛世尊。同时在达到菩提道场之前,他们的入定消失。那么,我就没有证得无上正等菩提。

[罗] 設我得佛,他方國土諸菩薩衆聞我名字,皆悉逮得普等三昧,住是三昧至于成佛。常見無量不可思議一切如來①。若不爾者,不取正覺。

[志] 若我成佛,他方菩薩聞我名已,皆得平等三摩地門,住是定中,常供無量無等諸佛,乃至菩提,終不退轉。若不爾者,不取正覺。

(2) sacet$^{\text{ind.}}$ me$^{\text{1. sg. Gen.}}$ bhagavan$^{\text{m. sg. Voc.}}$ bodhiprāptasya$^{\text{Gen. Abs.}}$ tatra$^{\text{dem. Loc.}}$ buddha-kṣetre$^{\text{n. sg. Loc.}}$

如果 我 世尊啊 得觉悟后 那里 佛土中

ye$^{\text{rel. Nom.}}$ bodhisattvās$^{\text{m. pl. Nom.}}$ mama$^{\text{1. sg. Gen.}}$ nāma-dheyam$^{\text{n. sg. Acc.}}$ śṛṇuyus$^{\text{3. pl. opt.}}$ te$^{\text{rel. Nom.}}$

那些 菩萨 我的 名字 听 他们

saha-nāma-dheya-śravaṇāt$^{\text{m. sg. Abl.}}$ na prathama-dvitīya-tṛtīyās$^{\text{num. Acc.}}$

依靠听到名字 不 第一、第二、第三

kṣāntīs$^{\text{f. pl. Acc.}}$ pratilabheran$^{\text{3. pl. opt. A.}}$ na avaivartikās$^{\text{m. pl. Nom.}}$ bhaveyus$^{\text{3. pl. opt.}}$

法忍 获得 不 不退转 有

buddha-dharmebhyas$^{\text{m. pl. Abl.}}$ mā$^{\text{ind.}}$ tāvat$^{\text{ind.}}$ aham$^{\text{1. sg. Nom.}}$ anuttarām$^{\text{f. sg. Acc.}}$

从佛法 没有 我 无上

samyak-saṃbodhim$^{\text{f. sg. Acc.}}$ abhisaṃbudhyeyam$^{\text{1. sg. opt. (28–47)}}$

正等正觉 觉悟

世尊啊!如果我得觉悟之后,我的佛土中的那些菩萨,如果听到我的名字,不能依靠听到名字,获得第一、第二、第三法忍,不能从佛法中不退转,我就没有觉悟无上正等正觉。

[罗] 設我得佛,他方國土諸菩薩衆聞我名字,不即得至第一、第二、第三法忍,於

① “如來”三朝本作“諸佛”。

諸佛法不能即得不退轉者，不取正覺。

［志］　若我成佛，餘佛國中所有菩薩，**若**聞我名，應時不獲一二三忍，於諸佛法不能現證不退轉者，不取菩提。

梵语从格"saha-nāma-dheya-śravaṇāt"（依靠听闻名字）表示"pratilabheran"（获得）"samādhim"（入定）和"kṣāntīs"（法忍）的依据。佛陀跋陀罗以"闻我名字"对译，说明"闻我名字"是"得普等三昧"和"得法忍"的条件。菩提流志分别用完成式"闻我名已"和假设条件小句"若闻我名"对译，说明"得平等三摩地门"和"获一二三忍"的条件。

梵语表示原因的从格，佛陀跋陀罗用假设条件小句"若 VP 者"对译，菩提流志以框式结构"由 VP 故"对译。

（3） sarve$^{\text{m. pl. Nom.}}$ ca$^{\text{conj.}}$ te$^{\text{dem. Nom.}}$ sattvās$^{\text{m. pl. Nom.}}$ saha-darśanāt$^{\text{m. sg. Abl.}}$
所有 那些 众生 因为看见
tasya$^{\text{dem. Gen.}}$ bodhi-vṛkṣasya$^{\text{m. sg. Gen.}}$ avaivartikās$^{\text{m. pl. Nom.}}$ saṃtiṣṭhante$^{\text{3. pl. pres. A.}}$
那棵 菩提树 不退转 住
yat$^{\text{ind.}}$ uta$^{\text{ind.}}$ anuttarāyās$^{\text{f. sg. Abl.}}$ samyak-saṃbodhes$^{\text{f. sg. Abl.}}$ tisras$^{\text{num. Acc.}}$ ca$^{\text{conj.}}$
即是 无上 从正等正觉 三
kṣāntīs$^{\text{f. pl. Acc.}}$ pratilabhante$^{\text{3. pl. pres. A. (99–1)}}$
法忍 获得

所有的众生因为看见那菩提树，住不退转，即不从无上正等正觉中退转，获得三法忍。

［罗］　阿難！**若**彼國①人天見此樹**者**，得三法忍。

［志］　復**由**見彼菩提樹**故**，獲三種忍。

梵语从格"saha-darśanāt"（看见）说明的是"avaivartikās saṃtiṣṭhante"（住不退转）和"tisras kṣāntīs pratilabhante"（获得三法忍）的原因。佛陀跋陀罗用"若见此树者"对译，把梵语本的原因译为假设条件。菩提流志用框式结构"由见彼菩提树故"对译，说明"见彼菩提树"是"获三种忍"的原因，与梵语本意义一致。

① "國"三朝本作"國土"。

2.2.3 小结

1.《无量寿经》四个汉译本对表示起始处从格的翻译方式如表 2－4 所示。在支谶本和支谦本中只有“从 NP”一种对译方式，在佛陀跋陀罗和菩提流志译本中还有“于 NP”“NP 中”“于 NP 中”等多种方式。

表 2－4

译者 \ 翻译方式	介词短语	方位短语	框式结构
支谶	从 NP	[无]	[无]
支谦	从 NP	[无]	[无]
佛陀跋陀罗	从 NP，于 NP	NP 中	于 NP 中
菩提流志	从 NP，于 NP	NP 中	于 NP 中/间，从 NP 中

2. 佛陀跋陀罗用假设条件小句“若 VP 者”对译表示原因的从格。菩提流志用完成式“VP 已”和假设条件小句“若 VP”对译表依据的从格，用“由 VP 故”对译表原因的从格。

佛陀跋陀罗和菩提流志的译本中，表示起始处的“于 NP”在语序和搭配的动词两方面都与中土文献有所差别。在中土文献中，指示起始处的“于 NP”出现在“$\mathrm{V}_{\text{运行}}$于$\mathrm{N}_{\text{起始处}}$”结构中，需要与运行动词搭配，并且位于动词之后。在佛陀跋陀罗和菩提流志的译本中，“于 NP”搭配非运行动词“得”“证”“照见”“出现”，而且“于 NP”都位于动词之前。

(1) [罗] 設我得佛，他方國土諸菩薩衆聞我名字，不即得至第一、第二、第三法忍，於諸佛法不能即得不退轉者，不取正覺。

[志] 若我成佛，餘佛國中所有菩薩，若聞我名，應時不獲一二三忍，於諸佛法不能現證不退轉者，不取菩提。

(2) [罗] 設我得佛，國中菩薩隨意欲見十方無量嚴淨佛土，應時如願，於寶樹中皆悉照見，猶如明鏡覩其面像。若不爾者，不取正覺。

[志] 若我成佛，國中群生隨心欲見諸佛淨國殊勝莊嚴，於寶樹間悉皆出現，猶如

明鏡見其面像。若不爾者,不取菩提。

此外,《无量寿经》汉译本还将表示起始处的“从 NP”和“于 NP”置于动作作者之前,这种用法在中土文献中也未出现。

(3)[讖] 今佛國土,從是間當有幾何阿惟越致菩薩往生阿彌陀佛國?……從我國當有七百二十億阿惟越致菩薩,皆當往生阿彌陀佛國。

[谦] 今佛國,從是間當有幾阿惟越致菩薩往生無量清淨佛國?……從我國當有七百二十億阿惟越致菩薩,皆往生無量清淨佛國。

[罗] 世尊!於此世界有幾所不退菩薩生彼佛國?……於此世界有六十七億不退菩薩往生彼國。

[志] 世尊!於此國界,不退菩薩當生極樂國者,其數幾何?……阿逸多!從難忍如來佛國有十八億不退菩薩當生極樂世界。

2.3 《无量寿经》对梵语处所格的翻译方式

梵语的处所格(locative case)表示事件发生的时间或处所,此外,梵语中还有一种被称为“独立依格”(locative absolute)的形式。当梵语的分词(participle)产生处所格变化时,被称为“独立依格”,独立依格指示条件,义为“在……情况下”“当……时”(Deshpande 1997/2007: 279 – 280)。

表示事件发生时间和处所的处所格用例在佛经的开篇就出现了。

(1) ekasmin$^{\text{num. Loc.}}$ samaye$^{\text{m. sg. Loc.}}$ bhagavān$^{\text{m. sg. Nom.}}$ rājagṛhe$^{\text{m. sg. Loc.}}$ viharati$^{\text{3. sg. pres.}}$
一个 时间 世尊 在王舍城中 住
sma$^{\text{ind.}}$ gṛdhakūṭe$^{\text{m. sg. Loc.}}$ parvate$^{\text{m. sg. Loc.}}$ (法华经1-1)
鹫峰 山

在某个时候,世尊住在王舍城鹫峰山中。

[护] 一時,佛遊①王舍城靈鷲山。

[什] 一時,佛住王舍城耆闍崛山中。

① “遊”三朝本作“遊於”。

句首的处所格“ekasmin samaye”（某个时候）表示时间，竺法护和鸠摩罗什用“一时”对译。句中的处所格“rājagṛhe”（王舍城）和句尾的处所格“gṛdhakūṭe parvate”（鹫峰山）表示世尊所在的处所，竺法护和鸠摩罗什分别以处所短语“王舍城灵鹫山”和方位短语“王舍城耆阇崛山中”对译。

表示条件的独立依格在佛经中同样常见。

（2）asmin[m. sg. Loc.] khalu[ind.] punas[ind.] pūrvayoga-parivarte[m. sg. Loc.] bhāṣyamāṇe[Loc. Abs.]
这 又 前世事迹品 被宣说时
caturaśītīnām[n. pl. Gen.] prāṇi-sahasrāṇām[n. pl. Gen.] virajas[n. sg. Nom.] vigata-malam[n. sg. Nom.]
八十四 千人 无尘 无垢
dharmeṣu[m. sg. Loc.] dharma-cakṣur-viśuddham[n. sg. Nom.]（法华经25–54）
诸法中 法眼清净

当（佛）在宣说这前世事迹品时，八万四千人远离尘垢，在诸法中获得清净法眼。

［护］ 佛說是往古宿世本所行時，八萬四千人遠塵離垢，諸法眼淨。

［什］ 佛説是妙莊嚴王本事品時，八萬四千人遠塵離垢，於諸法中得法眼淨。

“bhāṣyamāṇe”是“√bhāṣ”（宣说）的现在被动分词处所格变化，也就是独立依格，义为“当（前世事迹品）被宣说时”。竺法护和鸠摩罗什都用后置词短语“VP 时”对译，做条件小句。

梵语中，以“-a/ā”结尾的名词为例，处所格的屈折变化如表 2－5 所示：

表 2－5

性＼数		单数	双数	复数
阳性	bodhimaṇḍa 菩提座	bodhimaṇḍe	bodhimaṇḍayos	bodhimaṇḍeṣu
中性	dvīpaka 洲	dvīpake	dvīpakayos	dvīpakeṣu
阴性	diśā 方向	diśāyām	diśayos	diśāsu

在上古汉语中，“于”和“在”可以引入动作发生的时间和处所。

（3）故春蒐、夏苗、秋獮、冬狩，皆於農隙以講事也。（《左傳·隱公五年》）

（4）既罷，吕后側耳於東箱聽。（《史記·張丞相列傳》）

（5）昔匄之卒，自虞以上爲陶唐氏，在夏爲御龍氏，在商爲豕韋氏。（《左傳·襄公二十四年》）

(6) 古者天子守在四夷。(《左傳·昭公十二年》)

用"方(……时)""当(……时)"引入条件。

(7) 方臣之少也,進秉筆,贊爲名命,稱於前世,立義於諸侯,而主弗志。(《國語·晉語》)

(8) 方吾在縲紲中,彼不知我也。(《史記·管晏列傳》)

(9) 方辱我時,我寧不能殺之邪?(《史記·淮陰侯列傳》)

(10) 當堯之時,水逆行。(《孟子·滕文公下》)

(11) 當其貧困時,人莫省視。至其貴也,乃爭附之。(《史記·滑稽列傳》)

(12) 當魏齊辱我於廁中,公不止,罪二也。(《史記·范睢蔡澤列傳》)

在《无量寿经》的汉译本中,表示时间的处所格一般被译为时间词或时间短语。除此之外,佛陀跋陀罗和菩提流志用介词短语"于NP"对译表示时间的处所格。菩提流志还用"VP时"对译表示时间的处所格。

《无量寿经》的汉译本用方位短语和处所短语对译表示处所的处所格,做句子的主语、宾语和定语,以框式结构"于/在NP中"对译表示处所的处所格,做句子的状语。除此之外,在佛陀跋陀罗和菩提流志的译本中,出现了介词短语"于NP"做句子主语、宾语和定语的"破格用法"①。

支谶和支谦用"VP时"对译表示条件的独立依格,佛陀跋陀罗和菩提流志则用动词短语对译。

2.3.1 处所格表时间

《无量寿经》的汉译本用时间词、时间短语对译处所格,表示时间。此外,佛陀跋陀罗和菩提流志还采用介词短语"于NP"表示时间。

2.3.1.1 时间词或时间短语

(1) bhūta-pūrvam$^{m. sg. Acc.}$ ānanda$^{m. sg. Voc.}$ atīte$^{m. sg. Loc.}$ adhvani$^{m. sg. Loc.}$ itas$^{ind.}$
过去世 阿难啊 已过去 时 从此

① 朱庆之(2015:235)转引志村良治:"在汉译佛经盛行的过程中,破格的语法和文体任意地、无拘束地发展起来。""破格用法"指的是"译文中那些不合'地道的'汉语书面语(文言文)之用语规则或习惯的语句"。

asaṃkhyeye$^{\text{m. sg. Loc.}}$	kalpe$^{\text{m. sg. Loc.}}$	asaṃkhyeya-tare$^{\text{m. sg. Loc.}}$	vipule$^{\text{m. sg. Loc.}}$
不可数	劫	不可数	边际

aprameye$^{\text{m. sg. Loc.}}$	acintye$^{\text{m. sg. Loc.}}$	yad$^{\text{rel.}}$	āsīt$^{\text{3. sg. aor.}}$	tena$^{\text{dem. Inst.}}$	kālena$^{\text{m. sg. Inst.}}$	tena$^{\text{dem. Inst.}}$
不可数	不可思议		有	那	时	那

samayena$^{\text{m. sg. Inst.}}$	dīpaṃkaras$^{\text{m. sg. Nom.}}$	nāma$^{\text{ind.}}$	tathāgatas$^{\text{m. sg. Nom.}}$	arhan$^{\text{m. sg. Nom.}}$
时	锭光	名为	如来	阿罗汉

samyak-saṃbuddhas$^{\text{m. sg. Nom.}}$	loke$^{\text{m. sg. Loc.}}$	udapādi$^{\text{3. sg. aor. pass. A. (15-2)}}$
正等觉	在世间	出现

阿难啊！在过去世，距今无数劫，比无数劫更久远的，不可思议的无数劫过去世，那时，名为锭光的如来、阿罗汉、正等正觉在世间出现。

［讖］ 前，已過去事，摩訶僧祇已來①，其劫無央數不可復計。乃爾時，有過去佛，名提惒竭羅。

［谦］ 前，已過去劫，大眾多不可計，無邊幅不可議。及爾時②，有過去佛，名定光如來。

［罗］ 乃往，過去，久遠無量不可思議無央數劫，錠光如來興出於世。

［志］ 往昔，過，阿僧祇無數大劫，有佛出現，號曰然燈。

梵语本中表示时间的功能由宾格“bhūta-pūrvam”（过去世），处所格“atīte adhvani”（已过去时）、“itas asaṃkhyeye kalpe asaṃkhyeya-tare vipule aprameye acintye”（距今不可数、无边、无际、不可思议劫）和工具格“tena kālena tena samayena”（那时）③承担。

支讖和支谦用“前”对译梵语宾格“bhūta-pūrvam”（过去世），佛陀跋陀罗和菩提流志分别译为“往”和“往昔”。处所格“atīte adhvani”（已过去时）支讖译为“已过去事”，支谦译为“已过去劫”。佛陀跋陀罗和菩提流志只对译了“atīte”（过去），分别译为“过去”和“过”。处所格“itas asaṃkhyeye kalpe asaṃkhyeya-tare vipule aprameye acintye”（距今不可数、无边、无际、不可思议劫），支讖译为“摩诃僧祇已来”，“已来”将“itas”蕴含的时间距离义对译出来；

① “已来”三朝本作“以来”。

② “及尔时”三朝本作“乃尔时”。

③ 姜南（2011：73）引辻直四郎“格的用法”：“业格（宾格）指持续不断的时间段，具格（工具格）表达动作行为完成的期限。”

支谦译为“大众多,不可计,无边幅,不可议”;佛陀跋陀罗译为“久远,无量,不可思议,无央数劫”;菩提流志译为“阿僧祇无数大劫”。工具格“tena kālena tena samayena”,支谶译为“乃尔时”;支谦译为“及尔时”。除了用时间词和时间短语对译梵语中表示时间的成分之外,支谶、佛陀跋陀罗和支谦还分别用副词“乃”(乃尔时、乃往)和“及”(及尔时)引入指示时间的成分。

佛陀跋陀罗和菩提流志也采用时间词“尔时”对译表示时间的处所格。

(2) tasyām[dem. Loc.] ca[conj.] velāyām[f. sg. Loc.] ayam[dem. Nom.] trisāhasra-mahāsāhasras[m. sg. Nom.]
这 时间 这个 三千大千
loka-dhātus[m. sg. Nom.] ṣaḍvikāram[m. sg. Acc.] prākampat[3. sg. aor. (154-1)]
世界 六种 震动

这时,三千大千世界以六种方式震动。

[罗] 爾時,三千大千世界六種震動。

[志] 爾時,三千大千世界六種震動。

2.3.1.2 介词短语“于 NP”

除了时间词和时间短语之外,佛陀跋陀罗和菩提流志还用介词短语“于 NP”对译表示时间的处所格。

(1) ānanda[m. sg. Voc.] ākāṃkṣeta[3. sg. opt.] kula-putras[m. sg. Nom.] vā[conj.] kula-duhitās[f. sg. Nom.] vā
阿难啊 想 善男子 或 善女子
kim[inter.] iti[ind.] aham[1. sg. Nom.] dṛṣṭas[ppp. m. sg. Nom.] eva[ind.] dharme[m. sg. Loc.] tam[dem. m. sg. Acc.]
如何 我 看见 这 世 那位
amitābham[m. sg. Acc.] tathāgatam[m. sg. Acc.] paśyeyam[1. sg. opt.] . . . anuttarāyām[f. sg. Loc.]
无量光 如来 看见 无上
samyaksaṃbodhau[f. sg. Loc.] cittam[n. sg. Nom.] utpādya[f. sg. Inst. (92)]
正等菩提 心 生起

阿难啊!如果善男子或善女子心想:“我如何能在今世看见那无量光如来呢?”那么,就应该发起无上正等菩提心。

[罗] 是故,阿難!其有衆生欲於今世見無量壽佛,應發無上菩提之心。

[志] 是故,阿難!若有善男子、善女人願生極樂世界,欲見無量壽佛者,應發無上菩提心。

佛陀跋陀罗用介词短语“于今世”对译梵语表时间的处所格“eva dharme”（在这世），说明“见无量寿佛”的时间。

（2）yeṣām[3. pl. Gen.]	anāgate[m. sg. Loc.]	adhvani[m. sg. Loc.]	yāvat[ind.]	saddharma-vipralope[m. sg. Loc.]
他们	未来	世	乃至	正法毁灭时
vartamānas[m. sg. Nom.]	ime[dem. Nom.]	evaṃ-rūpās[m. pl. Nom.]	udārās[m. pl. Nom.]	dharma-paryāyās[m. pl. Nom.] …
现在的	这个	这样	美妙的	法门
kṣipram[ind.]	āhārakās[m. pl. Nom.]	śrotra-avabhāsam[n. sg. Nom.]	āgacchanti[3. pl. pres. (150–1)]	
迅速地	传达	耳朵	进入	

在未来世，甚至在正法毁灭时，他们将听到现在这样美妙的法门。

［罗］ 當來之世，經道滅盡。我以慈悲哀愍，特留此經，止住百歲。其有眾生值斯經者，隨意所願，皆可得度。

［志］ 若於來世，乃至正法滅時，當有眾生殖①諸善本，已曾供養無量諸佛。由彼如來加威力故，能得如是廣大法門。

菩提流志用“于来世”对译表时间的处所格“anāgate adhvani”（在未来世），用“正法灭时”对译处所格“saddharma-vipralope”（在正法毁灭时）。梵语“saddharma”义为“正法”，“vipralopa”义为“毁灭”，“saddharma-vipralope”的时间义由表时间的处所格变化承担。菩提流志本中“正法灭时”的“时”是标记表时间的处所格成分。与佛陀跋陀罗本的动词短语“经道灭尽”相比，菩提流志本的“正法灭时”凸显了梵语处所格指示的时间义。

2.3.2 处所格表处所

《无量寿经》汉译本用处所词、处所短语、方位短语、介词短语和框式结构对译表示处所的梵语处所格。因用例较多，以下将按照它们在句中的作用，分为主语、宾语、定语和状语讨论。

2.3.2.1 句子主语

当梵语本表示处所的处所格被译为句子主语时，支谶和支谦以方位短语“世间”和“NP 中”对译。佛陀跋陀罗和菩提流志采用处所短语对译。菩提流

① “殖”三朝本作“植”。

志本还用方位短语“NP 之内”和介词短语“于 NP”对译，做句子的主语。

在《无量寿经》汉译本中，方位短语或处所短语做句子主语时，句子的谓语是表存现的“有”“无有”，形成存现句。吕叔湘(1982/2002：64－65)将存现句的主语称为“准起词”，在“时地性起词有无句”的句首，“意义上是‘方所补词’，表示事物存在于某处”。

(1) tasmin[dem. Loc.] khalu[ind.] punar[ind.] ānanda[m. sg. Voc.] buddhakṣetre[n. sg. Loc.] sarvaśas[ind.]
那个 阿难啊 佛国中 任何
kāla-parvatās[m. pl. Nom.] na santi[3. pl. pres.] sarvatas[ind.] ratna-parvatās[m. pl. Nom.] sarvaśas[ind.]
黑山 没有 到处 宝山 任何
sumeravas[m. pl. Nom.] parvata-rājānas[m. pl. Nom.] sarvaśas cakravāḍa-mahācakravāḍās[m. pl. Nom.]
须弥山 山王 任何 轮围山，大轮围山
parvata-rājānas[m. pl. Nom.] mahā-samudrās[m. pl. Nom.] ca[conj.] na santi[3. pl. pres. (61–1)]
山王 大海 没有

阿难啊！那个佛国中没有黑山、宝山、山王须弥山和山王轮围山、大轮围山，也没有大海。

［讖］ 其國中無有須彌山。

［谦］ 其國中無有須彌山。

［罗］ 又其國土，無須彌山及金剛圍一切諸山，亦無大海。

［志］ 復次，阿難！彼極樂界，無諸黑山、鐵圍山、大鐵圍山、妙高山等。

梵语处所格“tasmin buddhakṣetre”(那佛国中)表示“na santi”(没有)黑山、宝山、须弥山等的处所。四个汉译本都将其译为句子主语，其中支讖和支谦以方位短语“其国中”对译，佛陀跋陀罗和菩提流志以处所短语“其国土”和“彼极乐界”对译。

(2) samyaksaṃbuddhānām[m. pl. Gen.] ānanda[m. sg. Voc.] loke[m. sg. Loc.] sudurlabhas[m. sg. Nom.]
正等正觉 阿难啊 在世间 难得
prādurbhāvas[m. sg. Nom.] tad yathā[ind.] udumbara-puṣpāṇām[m. pl. Gen.] loke[m. sg. Loc.]
出现 就像 优钵罗花 在世间
prādurbhāvas[m. sg. Nom.] sudurlabhas[m. sg. Nom.] bhavati[3. sg. pres.] evam[ind.] eva[ind.]
出现 难得 有 这样

tathāgatānām$^{m. pl. Gen.}$ arthakāmānām$^{m. pl. Gen.}$ hitaiṣiṇām$^{m. pl. Gen.}$ anukampakānām$^{m. pl. Gen.}$
如来 热爱义理 寻求 利益
mahākaruṇā-pratipannānām$^{m. pl. Gen.}$ sudurlabhas$^{m. sg. Nom.}$ prādurbhāvas$^{m. sg. Nom.}$ (12)
大慈大悲 难得 出现

阿难啊！正等正觉在世间出现是难得的，就像优钵罗花在世间出现一样难得。热爱义理，寻求利益，大慈大悲的如来的出现也难得。

［讖］ 如世間有優曇樹，但有實無有華也。天下有佛，乃有華出耳，世間有佛，甚難得值也。

［谦］ 如世間有優曇鉢樹，但有實無有華。天下有佛，乃有華出耳。世間有佛，甚難得值。

［罗］ 如來以無盡大悲，矜哀三界，所以出興於世。

［志］ 汝爲一切如來、應、正等覺，及安住大悲利益群生。如優曇花希有，大士出見①世間。

梵语本句子的主语是由主格标记的“prādurbhāvas”（出现），处所格“loke”（世间）说明“出现”的处所。支讖和支谦用“世间”对译处所格“loke”，做句子主语，说明“有优昙（钵）树”和“有佛”的处所。佛陀跋陀罗用介词短语“于世”对译，做句子的处所宾语。菩提流志也用“世间”对译处所格，但“世间”是句子的处所宾语。

菩提流志用方位短语“NP 之内”对译梵语处所格，做句子的处所主语。

（3）sacet$^{ind.}$ me$^{1. sg. Gen.}$ bhagavan$^{m. sg. Voc.}$ bodhiprāptasya$^{Gen. Abs.}$ tatra$^{ind.}$
如果 我 世尊啊 得觉悟后 那里
buddhakṣetre$^{n. sg. Loc.}$ dharaṇi-talam$^{m. sg. Acc.}$ upādāya$^{ind.}$ yāvat$^{ind.}$ antarīkṣāt$^{n. sg. Abl.}$
佛土中 地面 直到 天空
deva-manuṣya-viṣaya-atikrāntasya$^{n. sg. Gen.}$ abhijātasya$^{ppp. Gen.}$ dhūpasya$^{n. sg. Gen.}$
胜过的神界和人界 产生 香料
tathāgata-bodhisattva-pūjā-prati-arhasya$^{n. sg. Gen.}$ sarva-ratna-mayāni$^{n. pl. Nom.}$
天天供奉如来和菩萨 用各种宝石制成

① “見”三朝本作“現”。

nānā-surabhi-gandha-ghaṭikā-śata-sahasrāṇi[n. pl. Nom.]	sadā[ind.]	nirdhūpitāni[caus. ppp. Nom.]
数十万各种芳香的香罐	始终	熏习

eva[ind.]	na	syus[3. sg. opt.]	mā[ind.]	tāvat[ind.]	aham[1. sg. Nom.]	anuttarām[f. sg. Acc.]
	不	有	没有		我	无上

samyaksaṃbodhim[f. sg. Acc.]	abhisaṃbudhyeyam[1. sg. opt. (28–31)]
正等正觉	证悟

世尊啊！如果我得觉悟后，那佛土中如果没有用各种宝石制成的数十万各种芳香的香罐，（香罐）盛有胜过神界和人界出产的，天天供奉如来和菩萨的香料，从地面直到天空始终被熏习，那么，我就没有证悟无上正等正觉。

［志］　若我成佛，國界之內地及虛空，有無量種香，復有百千億那由他數眾寶香鑪①。香氣普熏遍虛空界，其香殊勝超過人天，珍奉如來及菩薩眾。若不爾者，不取菩提。

［罗］　設我得佛，自地以上至于虛空，宮殿樓觀、池流華樹，國土所有一切萬物，皆以無量雜寶百千種香而共合成，嚴飾奇妙超諸人天。其香普薰十方世界，菩薩聞者皆修佛行。若不爾者，不取正覺。

处所格"buddhakṣetre"（佛土中）说明"nānā-surabhi-gandha-ghaṭikā-śata-sahasrāṇi syus"（有数十万各种芳香的香罐）的处所。菩提流志用方位短语"国界之内"对译处所格，做句子主语，说明"有无量种香"和"有百千亿那由他数众宝香炉"的处所。

菩提流志还用介词短语"于 NP"对译处所格，做存现句的主语。

（4）

sacet[ind.]	me[1. sg. Gen.]	bhagavan[m. sg. Voc.]	bodhiprāptasya[Gen. Abs.]	ye[rel. Nom.]	sattvās[m. pl. Nom.]
如果	我	世尊啊	得觉悟后	那些	众生

anyeṣu[m. pl. Loc.]	lokadhātuṣu[m. pl. Loc.]	anuttarāyām[f. sg. Loc.]	samyaksaṃbodhau[f. sg. Loc.]
别的	世界	无上	正等正觉

cittam[n. sg. Nom.]	utpādya[ger.]	mama[1. sg. Gen.]	nāmadheyam[n. sg. Acc.]	śrutvā[ger.]
心	生起后	我的	名号	听闻后

prasanna-cittās[n. pl. Acc.]	mām[1. sg. Acc.]	anusmareyus[3. pl. opt.]	teṣām[3. pl. Gen.]	cet[ind.]
内心洁净	我	忆念	他们	如果

① "鑪"三朝本作"爐"。

aham[1. sg. Nom.]	maraṇa-kāla-samaye[m. sg. Loc.]	prati-upasthite[Loc. Abs.]				
我	死亡时	临近时				
bhikṣu-saṃgha-parivṛtas[ppp. m. sg. Nom.]	puraskṛtas[m. sg. Nom.]	na	puratas[ind.]			
被比丘众围绕	作礼	不	面前			
tiṣṭheyam[1. sg. opt.]	yad[ind.]	idam[ind.]	cittāvikṣepatāyai[f. sg. Dat.]	mā[ind.]	tāvat	aham[1. sg. Nom.]
站	即		心不迷乱	没有		我
anuttarām[f. sg. Acc.]	samyaksaṃbodhim[f. sg. Acc.]	abhisaṃbudhyeyam[1. sg. opt. (28–18)]				
无上	正等正觉	证悟				

世尊啊！如果我得觉悟后，别的世界的众生发起无上正等菩提心后，闻听我的名号，内心清净，忆念我。当他们临终时，如果我没有被众比丘围绕作礼，站在他们的面前，即让他们的心不迷乱，我就没有觉悟无上正等正觉。

[志] 若我成佛，於他刹土有諸眾生，發菩提心，及於我所起清淨念，復以善根迴向，願生極樂。彼人臨命終時，我與諸比丘眾，現其人前。若不爾者，不取正覺。

[罗] 設我得佛，十方眾生發菩提心，修諸功德，至心發願欲生我國。臨壽終時，假令不與大眾圍遶現其人前者，不取正覺。

梵语处所格"anyeṣu lokadhātuṣu"（别的世界）说明"sattvās"（众生）的所在处，菩提流志用介词短语"于他刹土"对译，说明"有诸众生"的处所。佛陀跋陀罗用处所短语"十方"对译，修饰小句主语"众生"。

2.3.2.2 句子宾语

《无量寿经》汉译本用方位短语"NP 中"和处所短语对译梵语处所格，做句子的宾语。佛陀跋陀罗本还用"于 NP"对译处所格，做句子的宾语。

（1）

bhagavān[m. sg. Nom.]	rājagṛhe[m. sg. Loc.]	viharati[3. sg. pres.]	sma[ind.]	gṛdhrakūṭe[m. sg. Loc.]
世尊	王舍城中	住		鹫峰
parvate[m. sg. Loc. (1–2–2)]				
山				

世尊住在王舍城鹫峰山中。

[讖] 佛在羅閱祇耆闍崛山中。

[谦] 佛在王舍國靈鷲山中。

[罗] 佛住王舍城耆闍崛山中。

［志］ 佛住王舍城耆闍崛山中。

梵语处所格“rājagṛhe gṛdhrakūṭe parvate”（王舍城鹫峰山）表示“bhagavān viharati”（世尊住）的处所。四个汉译本都用方位短语“NP 中”对译，说明“佛在/住”的处所。

《无量寿经》汉译本还用处所短语对译处所格，做句子的宾语。

（2）kiyantas[m. pl. Nom.] punar[ind.] bhagavan[m. sg. Voc.] bodhisattvās[m. pl. Nom.] itas[ind.]
多少 又 世尊啊 菩萨 从这里
buddhakṣetrāt[n. sg. Abl.] pariniṣpannās[ppp. m. pl. Nom.] anyeṣām[m. pl. Gen.] vā[conj.]
佛土 得圆满 别的 或
buddhānām[m. pl. Gen.] bhagavatām[m. pl. Gen.] antikāt[m. sg. Abl.] ye[rel. Nom.] sukhāvatyām[f. sg. Loc.]
佛的 世尊的 从旁边 极乐
lokadhātau[m. sg. Loc.] upapatsyante[3. pl. fut. pass. (143)]
世界中 出生

世尊啊！多少得圆满的菩萨，从这个佛土或别的佛世尊的旁边（离开），出生在极乐世界中？

［讖］ 今佛國土，從是間當有幾何阿惟越致菩薩往生阿彌陀佛國？

［谦］ 今佛國，從是間當有幾阿惟越致菩薩往生無量清淨佛國？

［罗］ 世尊！於此世界有幾所不退菩薩生彼佛國？

［志］ 世尊！於此國界不退菩薩當生極樂國者，其數幾何？

梵语处所格“sukhāvatyām lokadhātau”（极乐世界中）说明“bodhisattvās upapatsyante”（菩萨出生）的处所。四个汉译本分别用处所短语“阿弥陀佛国”“无量清净佛国”“彼佛国”和“极乐国”对译，说明“往生”“生”的处所。

佛陀跋陀罗本还用“于 NP”对译处所格，做句子的处所宾语。

（3）aprameya-asaṃkhyeyāni[n. pl. Nom.] sattva-koṭī-niyuta-śata-sahasrāṇi[n. pl. Nom.]
无数无量 百千千万众生
anuttarāyām[f. sg. Loc.] samyak-saṃbodhau[f. sg. Loc.] pratiṣṭhāpitāni[ppp. caus. n. pl. Nom. (37-1)]
无上 正等正觉中 使安住

（法藏比丘）使无数无量百千千万众生安住在无上正等正觉中。

［罗］ 教化安立無數衆生，住於無上正真之道。

［志］ 復令無量無數、不可思議、無等無邊諸眾生類，安住阿耨多羅三藐三菩提。

梵语处所格“anuttarāyām samyak-saṃbodhau”（无上正等正觉）说明“aprameya-asaṃkhyeyāni sattva-koṭī-niyuta-śata-sahasrāṇi”（无数无量百千千万众生）“pratiṣṭhāpitāni”（使安住）的处所。佛陀跋陀罗用“于无上正真之道”对译处所格，用“于 NP”引入“住”的处所。虽然从形式和位置而言，介词短语“于 NP”更像是补语，但是从功能而言，“于无上正真之道”是受处所动词“住”支配的论元。如果没有“于无上正真之道”，句子的信息就不完整，因此它是句子的宾语而不是补语。

2.3.2.3 句子定语

《无量寿经》汉译本用方位短语“NP 中”和处所短语对译梵语处所格，修饰句子主语和宾语。菩提流志还用框式结构“于 NP 中”对译处所格，做小句主语的定语。

（1） sacet^ind. me^1. sg. Gen. bhagavan^m. sg. Voc. bodhiprāptasya^Gen. Abs. tatra^ind.
如果 我 世尊啊 得觉悟后 那里
buddhakṣetre^n. sg. Loc. ye^rel. Nom. bodhisattvās^m. pl. Nom. pratyājāyeran^3. pl. opt. te^rel. Nom.
佛土中 那些 菩萨 出生 他们
sarve^m. pl. Nom. na dvātriṃśatā^num. Inst. mahāpuruṣalakṣaṇais^m. pl. Inst.
所有 不 三十二 大人相
sam-anu-āgatās^ppp. m. pl. Nom. bhaveyus^3. pl. opt. mā^ind. tāvat^ind. aham^1. sg. Nom.
具有 是 没有 我
anuttarām^f. sg. Acc. samyaksaṃbodhim^f. sg. Acc. abhisaṃbudhyeyam^1. sg. opt. (28–20)
无上 正等正觉 觉悟

世尊啊！如果我得觉悟后，在我的佛土中出生的那些菩萨，不是所有人都具有三十二大人相，我就没有觉悟无上正等正觉。

［讖］ 使某作佛時，令我國中諸菩薩，身皆紫磨金色，三十二相、八十種好，皆令如佛，得是願乃作佛，不得是願終不作佛。

［谦］ 我作佛時，我國諸菩薩，不悉三十二相者，我不作佛。

［罗］ 設我得佛，國中人天，不悉成滿三十二大人相者，不取正覺。

［志］ 若我成佛，國中菩薩，皆不成就三十二相者，不取菩提。

梵语处所格“buddhakṣetre”（佛土）出现在限定“bodhisattvās”（菩萨）的从句中，说明菩萨“pratyājāyeran”（出生）的处所。汉译本将“buddhakṣetre”译为“我国中”“我国”和“国中”，修饰小句主语“诸菩萨”“人天”“菩萨”。

佛陀跋陀罗和菩提流志还用方位词“东方”对译梵语处所格，做句子的定语。

（2）

api$^{\text{ind.}}$	tu$^{\text{ind.}}$	khalu$^{\text{ind.}}$	ānanda$^{\text{m. sg. Voc.}}$	saṃkṣiptena$^{\text{ind.}}$	pūrvasyām$^{\text{f. sg. Loc.}}$	diśi$^{\text{f. sg. Loc.}}$
			阿难啊	简略地	东方	方向

gaṅgā-nadī-vālikā-samāni$^{\text{n. pl. Nom.}}$	buddhakṣetra-koṭī-nayuta-śata-sahasrāṇi$^{\text{n. pl. Nom.}}$
恒河沙一样	百千千万那由他佛土

tayā$^{\text{dem. Inst.}}$	tasya$^{\text{dem. Gen.}}$	bhagavatas$^{\text{m. sg. Gen.}}$	amitābhasya$^{\text{m. sg. Gen.}}$	tathāgatasya$^{\text{m. sg. Gen.}}$
那（光明）	那位	世尊	无量光	如来的

prabhayā$^{\text{f. sg. Inst.}}$	sadā$^{\text{ind.}}$	sphuṭāni$^{\text{ppp. Nom.}}$（42-1）
光明	一直	被照耀

阿难啊！简略地说，东方恒河沙一样多百千千万那由他佛土，被无量光如来的光明一直照耀。

［罗］　取要言之，乃照東方恒沙佛刹。

［志］　我今略説，光照東方如恒河沙等國土。

梵语处所格“pūrvasyām diśi”（东方）说明“gaṅgā-nadī-vālikā-samāni buddhakṣetra-koṭī-nayuta-śata-sahasrāṇi”（恒河沙一样的百千千万那由他佛土）的所在之处。佛陀跋陀罗和菩提流志用“东方”对译“pūrvasyām diśi”，修饰“佛刹”和“国土”。

此外，菩提流志用“于 NP 中”对译梵语处所格，做修饰小句主语的定语。

（3）

sacet$^{\text{ind.}}$	me$^{\text{1. sg. Gen.}}$	bhagavan$^{\text{m. sg. Voc.}}$	bodhiprāptasya$^{\text{Gen. Abs.}}$	tatra$^{\text{ind.}}$
如果	我	世尊啊	得觉悟后	那里

buddhakṣetre$^{\text{n. sg. Loc.}}$	ye$^{\text{rel. Nom.}}$	sattvās$^{\text{m. pl. Nom.}}$	pratyājātās$^{\text{ppp. Nom.}}$	bhaveyus$^{\text{3. pl. opt.}}$
佛土中	那些	众生	出生	有

te$^{\text{3. pl. Nom.}}$	sarve$^{\text{m. pl. Nom.}}$	na	eka-jāti-baddhās$^{\text{m. pl. Nom.}}$	syus$^{\text{3. pl. opt.}}$
他们	全部	不	一生补处	在

anuttarāyām$^{\text{f. sg. Loc.}}$ samyaksaṃbodhau$^{\text{f. sg. Loc.}}$ . . . mā tāvat aham$^{\text{1. sg. Nom.}}$
无上 正等正觉 没有 我
anuttarām$^{\text{f. sg. Acc.}}$ samyaksaṃbodhim$^{\text{f. sg. Acc.}}$ abhisaṃbudhyeyam$^{\text{1. sg. opt. (28–21)}}$
无上 正等正觉 觉悟

世尊啊！如果我得觉悟后，在佛土中出生的众生，不全部处在离无上正等正觉的一生补处……那么，我就没有证得无上正等正觉。

［志］ 若我成佛，於彼國中所有菩薩，於大菩提咸悉位階一生補處。……若不爾者，不取菩提。

［罗］ 設我得佛，他方佛土諸菩薩眾來生我國，究竟必至一生補處。……若不爾者，不取正覺。

梵语处所格“buddhakṣetre”出现在限定“sattvās”（众生）的从句中，说明众生“pratyājātās”（出生）的处所。菩提流志用“于彼国中”对译，修饰小句主语“菩萨”。中土文献中，“于 NP 中”不能修饰名词或名词短语。菩提流志依据梵语处所格的功能，用对译处所格的“于 NP 中”修饰名词“菩萨”，形成不符合汉语书面语规则的搭配。

2.3.2.4 句子状语

《无量寿经》汉译本用框式结构“于/在 NP 中”对译处所格，修饰谓语，做句子的状语。

（1） puṣpapuṭas$^{\text{m. sg. Nom.}}$ utsṛṣtas$^{\text{ppp. m. sg. Nom.}}$ daśa-yojana-vistāram$^{\text{m. sg. Acc.}}$
花束 散开 十由旬广
puṣpa-chatram$^{\text{m. sg. Acc.}}$ prādur-bhavati$^{\text{3. sg. pres.}}$ upari$^{\text{ind.}}$ antarīkṣe$^{\text{n. sg. Loc. (107–1)}}$
花伞 变成 上方 天空中

花束散开，在空中变成了十由旬广的花伞。

［讖］ 華於虛空中下向。

［谦］ 華皆在虛空中下向。

［罗］ 在虛空中化成華蓋。

［志］ 其所散花，即於空中變成花蓋。

梵语处所格“antarīkṣe”（天空中）说明“puṣpapuṭas”（花束）“puṣpa-chatram prādur-bhavati”（变成花伞）的处所。四位译者以框式结构“于/在（虚）空中”对译，说明“下向”“化成华盖”“变成花盖”的处所。

除此之外，佛陀跋陀罗用介词短语“于世”对译处所格，做句子状语。菩提流志用框式结构“于世间”和“于 NP 内”对译处所格，做句子状语。

（2）tasya$^{\text{ind.}}$ me$^{\text{1. sg. Dat.}}$ bhagavān$^{\text{m. sg. Nom.}}$ sādhu$^{\text{ind.}}$ tathā$^{\text{rel.}}$ dharmam$^{\text{m. sg. Acc.}}$

为我 世尊 好好地 这样 法

deśayatu$^{\text{3. sg. caus. impv.}}$ yathā$^{\text{rel.}}$ aham$^{\text{1. sg. Nom.}}$ kṣipram$^{\text{ind.}}$ anuttarām$^{\text{f. sg. Acc.}}$

请开示 如此 我 迅速地 无上

samyaksaṃbodhim$^{\text{f. sg. Acc.}}$ abhisaṃbudhyeyam$^{\text{1. sg. opt.}}$ asama-samas$^{\text{m. sg. Nom.}}$

正等正觉 证得 无与伦比

tathāgatas$^{\text{m. sg. Nom.}}$ loke$^{\text{m. sg. Loc.}}$ bhaveyam$^{\text{1. sg. opt. (20–3)}}$

如来 世间 成为

请世尊好好地为我说法，让我迅速地证得无上正等正觉，成为在世间无与伦比的如来。

［罗］ 願佛爲我廣宣經法，我當修行，攝取佛國清淨莊嚴無量妙土，令我於世速成正覺。

［志］ 惟願如來爲我演説如是等法，令於世間得無等等成大菩提，具攝清淨莊嚴佛土。

梵语处所格“loke”（世间）修饰“asama-samas tathāgatas”（无与伦比的如来），说明如来的所在处。佛陀跋陀罗和菩提流志分别用介词短语“于世”和框式结构“于世间”对译，修饰动词短语“速成正觉”和“得无等等”“成大菩提”。

（3）te$^{\text{3. pl. Nom.}}$ aupapādukās$^{\text{m. pl. Nom.}}$ padmeṣu$^{\text{m. pl. Loc.}}$ paryaṅkais$^{\text{m. pl. Inst.}}$

他们 自然地 在莲花中 盘腿

prādur-bhavanti$^{\text{3. pl. pres. (135–2)}}$

出现

他们自然地盘腿出现在莲花中。

［罗］ 此諸衆生於七寶華中自然化生，加①趺而坐。

［志］ 此人於蓮華內結加趺坐，忽然化生。

① “加”三朝本作“跏”。

梵语处所格“padmeṣu”(在莲花中)说明“te prādur-bhavanti”(他们出现)的处所。佛陀跋陀罗和菩提流志分别用框式结构“于七宝华中”和“于莲华内”对译,修饰“自然化生,加趺而坐”和“结加趺坐,忽然化生”,做句子的状语。

2.3.3 独立依格

支谶和支谦用“VP 时”对译表示条件的独立依格。佛陀跋陀罗和菩提流志则用动词短语对译。菩提流志还用完成式“VP 已”翻译独立依格,说明一个动作已完成,另一个动作才发生,前一个动作的完结是后一个动作发生的条件。

(1) teṣām[3. pl. Gen.] cet[ind.] aham[1. sg. Nom.] maraṇa-kāla-samaye[m. sg. Loc.]
他们 如果 我 死亡时
prati-upasthite[Loc. Abs.] bhikṣu-saṃgha-parivṛtas[ppp. m. sg. Nom.] puraskṛtas[m. sg. Nom.]
临近时 被比丘众围绕 作礼
na puratas[ind.] tiṣṭheyam[1. sg. opt.] yad[ind.] idam[ind.] cittāvikṣepatāyai[f. sg. Dat.]
不 面前 站 即 心不迷乱
mā[ind.] tāvat aham[1. sg. Nom.] anuttarām[f. sg. Acc.] samyaksaṃbodhim[f. sg. Acc.]
没有 我 无上 正等正觉
abhisaṃbudhyeyam[1. sg. opt. (28-18)]
证悟

当他们临终时,如果我没有被众比丘围绕作礼,站在他们的面前,即让他们的心不迷乱,我就没有觉悟无上正等正觉。

[谶] 若其人壽欲終時,我即與諸菩薩、阿羅漢,共飛行迎之,即來生我國。

[谦] (諸佛國人民有作菩薩道者,常念我淨潔心。)壽終時,我與不可計比丘眾飛行迎之,共在前立,即還生我國。

[罗] (十方眾生發菩提心修諸功德,至心發願欲生我國。)臨壽終時,假令不與大眾圍遶現其人前者,不取正覺。

[志] (於他剎土有諸眾生發菩提心,及於我所起清淨念,復以善根迴向願生極樂。)彼人臨命終時,我與諸比丘眾現其人前。若不爾者,不取正覺。

“prati-upasthite”是“prati-upa-√sthā”(接近)的过去被动分词(past passive participle)的处所格变化,与表时间的处所格“maraṇa-kāla-samaye”(死亡时)组

成独立依格,意思是“当临近死亡时”。支谶、支谦、佛陀跋陀罗和菩提流志分别把独立依格译为“寿欲终时”“寿终时”“临寿终时”和“临命终时”。支谶还用“若”对译梵语本的假设词“cet”,与“寿欲终时”组成表假设的“若 VP 时”结构。但是,由于梵语本中出现了时间词“kāla-samaye”(时间),该用例“VP 时”中的“时”应该分析为对译梵语时间词的成分,是后置的时间词,而并非标记独立依格的成分。

支谶和支谦也用“VP 时”对译梵语本中未出现时间词的独立依格,表示条件。

(2) asmin[dem. Loc.] khalu[ind.] punar[ind.] dharma-paryāye[m. sg. Loc.] bhagavatā[m. sg. Inst.]
这 法门 由世尊
bhāṣyamāṇe[Loc. Abs.] dvādaśānām[num. Gen.] sattva-nayuta-koṭīnām[f. pl. Gen.]
被宣说时 十二 百万兆众生
virajas[m. sg. Nom.] vigatamalam[n. sg. Nom.] dharmeṣu[m. pl. Loc.] dharmacakṣus[m. sg. Nom.]
无垢 离垢 依法 法眼
viśuddham[n. sg. Nom. (153-1)]
清净

当这法门被佛宣说时,一千二百万兆众生依法获得无垢、离垢、清净法眼。

[谶] 佛說是經**時**,即萬二千億諸天人民皆得天眼徹視,悉一心皆爲菩薩道。

[谦] 佛說是經**時**,則萬二千億諸天人民皆得天眼徹視,悉一心皆爲菩薩道。

[罗] 爾時,世尊說此經法,無量眾生皆發無上正覺之心,萬二千那由他人得清淨法眼。

[志] 爾時,世尊說是經已,天人世間有萬二千那由他億眾生,遠塵離垢,得法眼淨。

“bhāṣyamāṇe”是“√bhāṣ”(说)的现在被动分词(present passive participle)处所格,与处所格“asmin dharma-paryāye”(这个法门)共同构成独立依格,义为“当这个法门被宣说时”。支谶和支谦以“VP 时”对译,译为“佛说是经时”。佛陀跋陀罗用动词短语“说此经法”对译,并在句首增译了时间短语“尔时”,凸显处所格表示时间的功能。菩提流志用完成式“说是经已”对译,说明“说是经”的完成是“万二千那由他亿众生,远离尘垢,得法眼净”的条件。

除了独立依格之外，支谶和支谦还用“VP 时”对译表示条件的独立属格（genitive absolute）。

（3）sacet[ind.] me[1. sg. Gen.] bhagavan[m. sg. Voc.] bodhiprāptasya[Gen. Abs.] tatra[ind.]
如果 我 世尊啊 得觉悟后 那里
buddhakṣetre[n. sg. Loc.] ye[rel. Nom.] bodhisattvās[m. pl. Nom.] pratyājāyeran[3. pl. opt.] te[rel. Nom.]
佛土中 那些 菩萨 出生 他们
sarve[m. pl. Nom.] na dvātriṃśatā[num. Inst.] mahāpuruṣalakṣaṇais[m. pl. Inst.]
所有 不 三十二 大人相
samanuāgatās[ppp. m. pl. Nom.] bhaveyus[3. pl. opt.] mā[ind.] tāvat[ind.] aham[1. sg. Nom.]
被赋予 有 没有 我
anuttarām[f. sg. Acc.] samyaksaṃbodhim[f. sg. Acc.] abhisaṃbudhyeyam[1. sg. opt. (28-20)]
无上 正等正觉 证得

世尊啊！如果我得觉悟后，出生在我的佛土中的那些菩萨，不是所有人都被赋予三十二大人相，我就没有证得无上正等正觉。

［讖］ 使某作佛時，令我國中諸菩薩，身皆紫磨金色，三十二相、八十種好，皆令如佛。得是願乃作佛，不得是願終不作佛。

［谦］ 我作佛時，我國諸菩薩，不悉三十二相者，我不作佛。

［罗］ 設我得佛，國中人天，不悉成滿三十二大人相者，不取正覺。

［志］ 若我成佛，國中菩薩，皆不成就三十二相者，不取菩提。

“bodhiprāptasya”是“bodhi-pra-√āp”（得觉悟）过去被动分词的属格形式，即独立属格，也表示条件，义为“当得觉悟后”。支谶和支谦同样用“VP 时”对译独立属格，译为“作佛时”。佛陀跋陀罗和菩提流志则以动词短语“得佛”和“成佛”对译。

2.3.4 小结

1.《无量寿经》的汉译本用时间词或时间短语对译表示时间的梵语处所格。在佛陀跋陀罗和菩提流志的译本中，还用介词短语“于 NP”对译处所格，表示时间。此外，菩提流志用“VP 时”对译表时间的处所格，凸显其指示动作发生的时间这一功能。详见表 2－6。

表 2-6

译者＼翻译方式	时间词、时间短语	于 NP	VP 时
支娄迦谶	1	0	0
支谦	1	0	0
佛陀跋陀罗	5	1	0
菩提流志	1	1	2

2.《无量寿经》的汉译本用方位短语和处所短语对译表示处所的梵语处所格,做句子的主语、宾语和定语,还用框式结构“于/在 NP 中”对译处所格,做句子的状语。详见表 2-7。

表 2-7

	主语	宾语	定语	状语
支娄迦谶	NP 中(3) 世间(2) 处所短语(1) 6 例	NP 中(2) 处所短语(8) 10 例	NP 中(10) 10 例	于 NP 中(1) 1 例
支谦	NP 中(2) 世间(2) 处所短语(1) 5 例	NP 中(2) 处所短语(15) 17 例	NP 中(7) 处所短语(4) 11 例	在 NP 中(1) 1 例
佛陀跋陀罗	NP 中(1) 处所短语(4) 5 例	NP 中(1) 处所短语(21) 于 NP(2) 24 例	NP 中(26) 处所短语(27) 53 例	于 NP(1) 于 NP 中(2) 在 NP 中(1) 4 例
菩提流志	NP 中(5) NP 之内(1) 处所短语(6) 于 NP(1) 13 例	NP 中(5) NP 之内(1) 处所短语(28) 34 例	NP 中(34) 处所短语(19) 于 NP 中(2) 55 例	于 NP(3) 于 NP 中(3) 于 NP 内(2) 于世间(1) 9 例

3. 支谶和支谦用“VP 时”对译表条件的独立依格和独立属格。佛陀跋陀罗和菩提流志则用动词短语对译。

在佛陀跋陀罗的译本中,对译处所格的“于 NP”做句子的处所宾语。在菩提流志的译本中,对译处所格的“于 NP”做句子的处所主语,而且用对译处所格的“于 NP 中”修饰名词性成分。上述用法都是不符合汉语书面语规范的“破格用法”。

(1)［罗］ 如来以無盡大悲,矜哀三界,所以出興於世。

［罗］ 教化安立無數眾生,住於無上正真之道。

(2)［志］ 若我成佛,於他刹土有諸眾生,發菩提心,及於我所起清淨念,復以善根迴向。願生極樂。彼人臨命終時,我與諸比丘眾,現其人前。若不爾者,不取正覺。

［志］ 若我成佛,於彼國中所有菩薩,於大菩提咸悉位階一生補處。

2.4 总　　结

《无量寿经》的汉译本采用汉语中已有的语法形式对译梵语中承担相同功能的格变化,用"与"引入伴随者,用"以"指示工具,用"故"表示原因,用"从"表示起始处,用"于"引入时间和处所。在此基础上,以多种形式的框式结构标记梵语的格变化,用"因/以/由 NP 故"指示原因,用"于 NP 中/之内"指示处所。

梵语工具格指示伴随者、工具、被动态的施事和原因。(1) 表伴随者的工具格在支谶的译本中以"有 NP"对译,在支谦、佛陀跋陀罗和菩提流志的译本中以"与 NP"对译。(2) 表示工具的工具格在支谶本和支谦本中以"从 NP"对译,佛陀跋陀罗和菩提流志用"以 NP"对译。(3) 表示被动态施事的工具格是指人名词时,译者将工具格译为句子的主语。当表示施事的工具格是指物名词,受事是指人名词或处所词时,佛陀跋陀罗和菩提流志将表施事的工具格译为句子宾语。《无量寿经》汉译本中还出现了 1 例兼语句,其中用于翻译工具格的成分是前句的宾语和后句的主语,同时承担了指示前句当事和后句施事的功能。(4) 佛陀跋陀罗本用"NP 故"和"因 VP 故"对译表示原因的工具格。菩提流志本用"NP 故""VP 故""由 VP"和"以 NP 故"对译。

梵语从格指示起始处和"非处所性来源",即依据和原因。(1) 支谶本和支谦本用介词短语"从 NP"对译指示起始处的从格。佛陀跋陀罗本和菩提流志本则采用介词短语"从 NP"和"于 NP",方位短语"NP 中"和框式结构"从/于 NP 中"对译指示起始处的从格。(2) 佛陀跋陀罗本用假设条件小句"若 VP 者"对译表示原因的从格。菩提流志本用完成式"VP 已"和假设条件小句"若 VP"对译表依据的从格,用"由 VP 故"对译原因。

梵语处所格表示事件发生的时间和处所。(1) 汉译本用时间词和时间短语对译表时间的处所格。佛陀跋陀罗和菩提流志还用介词短语"于NP"对译，表示时间。(2) 汉译本用方位短语、处所短语和介词短语对译表处所的处所格。方位短语和处所短语在句子中做主语、宾语和定语。介词短语主要做句子的状语。(3) 支谶和支谦用"VP时"对译表示条件的独立依格和独立属格，佛陀跋陀罗和菩提流志则用动词短语对译。

《无量寿经》汉译本对梵语格变化的翻译方式如表2-8所示：

表2-8

工具格				
	支谶	支谦	佛陀跋陀罗	菩提流志
伴随者	与NP	与NP	与NP；与NP俱	与NP；与NP俱
工具	从NP	从NP	以NP	以NP
施事	主语；兼语	主语；兼语	主语(蒙NV)； 兼语；宾语	主语(蒙N所V)； 兼语；宾语
原因	[无]	[无]	NP故；因VP故	NP故；VP故 由VP；以NP故
从格				
	支谶	支谦	佛陀跋陀罗	菩提流志
始发处	从NP	从NP	于NP；NP中 于NP中	从NP；于NP 从/于NP中
依据	[无]	[无]	条件小句	VP已；若VP
原因	[无]	[无]	若VP	由VP；VP故； 由/以……故
处所格				
	支谶	支谦	佛陀跋陀罗	菩提流志
时间	时间词； 时间短语	时间词； 时间短语	时间词； 时间短语； 于NP	时间词； 时间短语； 于NP；VP时
处所	NP中； 于NP中	NP中； 在NP中	NP中； 于NP； 于/在NP中	NP中/之内； 于NP； 于NP中
条件$^{独立依格/独立属格}$	VP时	VP时	VP	VP(已)

在《无量寿经》的汉译本中，“从”和“于”可以对译不同的梵语格变化，具有多种指示功能。（1）在支讖和支谦的译本中，“从”可以对译梵语工具格和从格，表示依据和起始处。（2）在佛陀跋陀罗和菩提流志的译本中，“于”可以对译梵语从格和处所格，指示起始处和所在处。

在中土文献中，“于”表起始处的意义需要通过与运行动词搭配来凸显，与宾语和语境有密切联系。在《无量寿经》的汉译本中，表示起始处的“于”可以与非运行动词搭配。此外，表示起始处的“从 NP”和“于 NP”在句中的位置与中土文献也不同。中土文献表示起始处的介词短语与其修饰的谓词性成分相连，即“从 $N_{\text{起始处}}$（$V_{\text{起始}}$）$V_{\text{终到}}$ $N_{\text{终到处}}$”或“$V_{\text{起始}}$ 于 $N_{\text{起始处}}$ $V_{\text{终到}}$ $N_{\text{终到处}}$”。在《无量寿经》的汉译本中，表示起始处的“从 NP”和“于 NP”位于动作作者之前，是不符合汉语书面语规则的“破格用法”。

（1）［讖］ 今佛國土，從是間當有幾何阿惟越致菩薩往生阿彌陀佛國？……從我國當有七百二十億阿惟越致菩薩，皆當往生阿彌陀佛國。

［谦］ 今佛國，從是間當有幾阿惟越致菩薩往生無量清淨佛國？……從我國當有七百二十億阿惟越致菩薩，皆往生無量清淨佛國。

［罗］ 世尊！於此世界有幾所不退菩薩生彼佛國？……於此世界有六十七億不退菩薩往生彼國。

［志］ 世尊！於此國界，不退菩薩當生極樂國者，其數幾何？……阿逸多！從難忍如來佛國有十八億不退菩薩當生極樂世界。

《无量寿经》汉译本中表示起始处的“于 NP”除了受到梵语本语序影响而出现在了特殊的位置之外，“于 NP”还可以与非运行动词“得”“证”搭配，表示起始处。

（2）［罗］ 設我得佛，他方國土諸菩薩眾聞我名字，不即得至第一、第二、第三法忍，於諸佛法不能即得不退轉者，不取正覺。

［志］ 若我成佛，餘佛國中所有菩薩，若聞我名，應時不獲一二三忍，於諸佛法不能現證不退轉者，不取菩提。

在《无量寿经》的汉译本中，由于对译梵语本的工具格变化，介词“从”可以与抽象名词搭配，表示依据。

(3)［識］ 無有諸天神教我，亦無諸佛教我，令問佛也，我自從善心知佛意，問佛爾。

［谦］ 亦無諸天，無諸佛教。我今問佛者，自從意出，來白佛耳。

综上所述，在《无量寿经》汉译本中，由于翻译梵语格变化而出现的特殊语法现象有：

1. 介词短语的特殊位置：汉译本受到梵语本语序的影响，表示起始处的介词短语“从 NP”和“于 NP”位于动作作者之前，而不是与指示终到处的动宾短语一起位于动作作者之后。

2. 介词搭配范围的扩大：表示起始处的“于”可以与非运行动词搭配。“从”不仅可以表示起始处，还可以与抽象名词搭配，表示依据。

叁

《无量寿经》与《维摩诘经》对梵语格变化翻译方式之比较

《无量寿经》汉译本的译者采用汉语中已有的语法形式对译梵语中承担相同功能的格变化，用“与”表示伴随者，用“以”表示工具，用“故”表示原因，用“从”表示起始处，用“于”表示时间和处所。在此基础上，随着时间的推移，译者以形式多样的框式结构标记梵语的格变化，用“因/以/由 NP 故”表示原因，用“于 NP 中”表示起始处和所在处。

此外，在《无量寿经》的汉译本中，由于翻译梵语的格变化，介词短语出现了一些特殊的用法：(1) 介词短语的特殊位置。受到梵语本语序的影响，表示起始处的介词短语“从 NP”和“于 NP”位于动作作者之前，而不是与表示终到处的动宾短语一起位于动作作者之后。(2) 介词搭配范围的扩大。指示起始处的“于”可以与非运行动词搭配。介词“从”不仅可以指示起始处，还可以与抽象名词搭配，表示依据。

在同一历史时期其他的汉译佛经中，对梵语格变化的翻译方式与《无量寿经》有何相同之处，又有何不同呢？《无量寿经》中因对译梵语格变化而出现的特殊语言现象，在其他汉译佛经中是否也出现了？这个问题值得我们进一步探究。

本章我们以支谦本、佛陀跋陀罗本和菩提流志本《无量寿经》与支谦本、鸠摩罗什本和玄奘本《维摩诘经》(第 1—4 品)①为比较对象，考察两部佛经对梵

---

① 《维摩诘经》(Vimalakīrtinirdeśa Sūtra)的梵汉对勘资料引自“汉译佛经梵汉对比分析语料库”(http://ckc.eduhk.hk:8080/intro)。《维摩诘经》又称《维摩诘所说经》《维摩诘经》《净名经》《不可思议解脱经》等。“维摩诘”是梵语 Vimalakīrti 之音译，Vimala 即“净”“无垢”，kīrti 即“名”“称”，故《维摩诘经》又名《净名经》或《说无垢称经》。Vimalakīrti 意译为“净名”“无垢称”，意思是“以洁净、没有染污而称的人”。维摩诘是一个在家的大乘佛教的居士，是著名的在家菩萨。他是古印度毗舍离的一个富翁，家有万贯，奴婢成群。但是，维摩诘勤于攻读，虔诚修行，能够处相而不住相，对境而不生境，得圣果成就，被称为菩萨，又号“金粟如来”。维摩诘才智超群，享尽人间富贵又善论佛法，深得佛祖尊重。《维摩诘经》所代表的精神，是佛法在世间，不离世间本位而解脱成佛的法门，也指出了十方三世诸佛如何证道，如何得到解脱，如何证得菩提之路。《维摩诘经》是与中国文化关系最大，对中国文化影响最深的佛教经典之一。

此经成立的年代大概在公元 1—2 世纪，梵语本大部已散失，只有一些残卷。汉译有多个版本，其中最为常见的有三种译本，按先后顺序分别是三国时期吴国支谦(约 221—281)译《维摩诘经》、姚秦鸠摩罗什(约 343—413)译《维摩诘所说经》、唐代玄奘(602—664)译《说无垢称经》。直到二十世纪九十年代，日本大正大学综合研究所的学者在西藏布达拉宫发现了《维摩诘经》的梵语本，在 2004 年该研究所出版了《梵藏汉对照〈维摩经〉》，内容包括梵语《维摩诘经》的拉丁字体转写本、藏译本以及支谦、鸠摩罗什和玄奘的汉译本。其中梵语《维摩诘经》的拉丁字体转写完全按照抄本的原貌，不做任何文字改动。2006 年，该研究所又出版了《梵文维摩经》校订本。“《维摩诘经》梵汉对比分析语料库”使用的梵语版本是 2006 年的校订本。

语工具格、从格和处所格的翻译方式。从共时角度，考察同一时期不同译者对同一梵语格变化的翻译方式之异同。从历时角度，考察汉译佛经在古译、旧译和新译时期对梵语格变化翻译方式的演变。基于以上出发点，将比较对象分为三组：(1) 三国吴支谦译《无量清净平等觉经》与《维摩诘经》；(2) 东晋-刘宋佛陀跋陀罗译《无量寿经》与姚秦鸠摩罗什译《维摩诘所说经》；(3) 唐菩提流志译《大宝积经·无量寿如来会》与唐玄奘译《说无垢称经》。详见表3-1。

表3-1

汉译本 / 时期	《无量寿经》汉译本	《维摩诘经》汉译本
古译	支谦《无量清净平等觉经》	支谦《维摩诘经》
旧译	佛陀跋陀罗《无量寿经》	鸠摩罗什《维摩诘所说经》
新译	菩提流志《大宝积经·无量寿如来会》	玄奘《说无垢称经》

3.1 《无量寿经》与《维摩诘经》对梵语工具格翻译方式之比较

《无量寿经》和《维摩诘经》的汉译本都采用汉语中已有的语法形式对译梵语中工具格承担的相同功能，用“与”和“以”引入伴随者和工具，用后置词“故”标记原因。在翻译方式上，支谦本《无量寿经》承袭支谶本的译法，不如其所译的《维摩诘经》丰富。支谦本《维摩诘经》的翻译方式为鸠摩罗什本和玄奘本所继承。对梵语工具格的翻译方式鸠摩罗什本和玄奘本《维摩诘经》比佛陀跋陀罗本和菩提流志本《无量寿经》更加多样。

3.1.1 工具格表伴随

支谦本《无量寿经》用“与 NP”引入伴随者，佛陀跋陀罗本、菩提流志本《无量寿经》和《维摩诘经》的三个汉译本，用“与 NP”翻译表伴随的梵语工具格，用“俱”翻译义为“一起”的不变词“sārdham”，形成“与 NP 俱”结构。详见表3-2。

表 3－2

	《无量寿经》	《维摩诘经》
古译	与 NP	与 NP(俱)
旧译	与 NP(俱)	与 NP(俱)
新译	与 NP(俱)	与 NP(俱)

(1) ekasmin[num. Loc.] samaye[m. sg. Loc.] bhagavān[m. sg. Nom.] rājagṛhe[m. sg. Loc.] viharati[3. sg. pres.]

一 时间 世尊 王舍城中 住

sma[ind.] gṛdhrakūṭe[m. sg. Loc.] parvate[m. sg. Loc.] mahatā[m. sg. Inst.] bhikṣu-saṃghena[m. sg. Inst.]

鹫峰 山 庞大的 比丘众

sārdham[ind.] dvā-triṃ-śatā[num. f. sg. Inst.] bhikṣu-sahasrais[m. pl. Inst.] (无量寿经2-1)

一起 三十二 一千比丘

世尊住在王舍城鹫峰山中,和三万二千比丘大众一起。

[谦] 佛在王舍國靈鷲山中,與大弟子眾千二百五十人。

[罗] 一時,佛住王舍城耆闍崛山中,與大比丘眾萬二千人俱。

[志] 一時,佛住王舍城耆闍崛山中,與大比丘眾萬二千人俱。

(2) ekasmin[num. Loc.] samaye[m. sg. Loc.] bhagavān[m. sg. Nom.] vaiśālyām[f. sg. Loc.] viharati[3. sg. pres.]

一 时间 世尊 广严城中 住

sma[ind.] āmrapālīvane[n. sg. Loc.] mahatā[m. sg. Inst.] bhikṣu-saṃghena[m. sg. Inst.] sārdham[ind.]

菴罗卫林 庞大的 比丘众 一起

aṣṭābhis[num. f. pl. Inst.] bhikṣu-sahasrais[m. pl. Inst.] (维摩诘经1-1)

八 一千比丘

世尊和八千比丘大众一起住在广严城菴罗卫林中。

[谦] 佛遊於維耶離奈氏樹園,與大比丘眾俱,比丘八千。

[什] 佛在毗耶離菴羅樹園,與大比丘眾八千人俱。

[奘] 薄伽梵住廣嚴城菴羅衛林,與大苾芻眾八千人俱。

梵语本以工具格和不变词的组合“mahatā bhikṣu-saṃghena sārdham”(和大比丘众一起)表示伴随者。支谦本《无量寿经》以“与 NP”表示伴随者。佛陀跋陀罗本和菩提流志本,以及《维摩诘经》的三个汉译本用“与 NP”对译工具格,用后置词“俱”对译义为“一起”的不变词“sārdham”，形成“与 NP 俱”结构。支谦本《维摩诘经》用“与大比丘众俱”翻译“mahatā bhikṣu-saṃghena sārdham”，然后用“比丘八千”翻译说明大比丘众数量的工具格“aṣṭābhis bhikṣu-sahasrais”（八千比丘）。其他几个译本直接用“与 NP 俱”结构中的名词短语“大比丘众万二千人”“大比丘/苾刍众八千人”说明和世尊在一起的“大比丘/苾刍众”数量。

3.1.2 工具格表工具、依据

《无量寿经》和《维摩诘经》都用“以 NP”对译表示工具的工具格。《维摩诘经》还以“用 NP”和“从/依 NP”对译工具格，表示依据。详见表 3－3。

表 3－3

	《无量寿经》	《维摩诘经》
古译	从 NP	从 NP；用 NP；以 NP
旧译	以 NP	从 NP；用 NP；以 NP
新译	以 NP	用 NP；以 NP；依 NP

（1） sādhu$^{\text{ind.}}$ sādhu$^{\text{ind.}}$ ānanda$^{\text{m. sg. Voc.}}$ kim$^{\text{inter.}}$ punar$^{\text{ind.}}$ te$^{\text{dem. Nom.}}$
很好 很好 阿难啊 如何 那些
devatās$^{\text{f. pl. Nom.}}$ etam$^{\text{dem. Acc.}}$ artham$^{\text{m. sg. Acc.}}$ ārocayanti$^{\text{3. pl. pres.}}$ uta$^{\text{ind.}}$ āhas$^{\text{m. pl. Nom.}}$
诸天神 这 事情 告诉 还是 告诉
buddhās$^{\text{m. pl. Nom.}}$ bhagavantas$^{\text{m. pl. Nom.}}$ atha$^{\text{ind.}}$ tena$^{\text{dem. Inst.}}$
诸佛 诸世尊 还是 那
prati-ātma-mīmāṃsā-jñānena$^{\text{m. sg. Inst.}}$ evam$^{\text{ind.}}$ prajānāsi$^{\text{2. sg. pres.}}$ iti$^{\text{ind.}}$（无量寿经7－2）
依靠通过自己的思考产生的知识 这样 你知道

阿难啊！很好很好！你是如何知道这事情的呢？是天神告诉你的，是佛世尊告诉你的，还是你依靠通过自己思考产生的知识知道的呢？

［谦］ 有諸天來教汝，諸佛教汝，令問我耶？若自從智出乎？

［罗］ 云何阿難，諸天教汝來問佛耶？自以慧見問威顏乎？

［志］ 汝今云何能知此義？爲有諸天來告汝耶？爲以見我及自知耶？

(2) tat^ind. katham^inter. Nom. tvam^2. sg. Nom. maitreya^m. sg. Voc. vyākṛtas^ppp. Nom.
那么 怎样 你 弥勒啊 被预言
tathatā-utpādena^m. sg. Inst. tathatā-nirodhena^m. sg. Inst. vā^conj. (维摩诘经3-59-1)
依靠从真实中出现 依靠从真实中灭亡 或

那么,弥勒啊!你是依靠从真实中出现而被预言,还是依靠从真实中灭亡而被预言?

[谦] 彌勒!決從如起耶,從如滅耶?

[什] 云何彌勒受一生記乎?爲從如生得受記耶,爲從如滅得受記耶?

[奘] 云何慈氏得授記耶?爲依如生得授記耶,爲依如滅得授記耶?

例(1)支谦翻译的"自从智"与梵语工具格"prati-ātma-mīmāṃsā-jñānena"并未一一对应,"智"对译"jñānena"(智慧),但"智"的来源"prati-ātma-mīmāṃsā"(自己的思考)只对译了"自"。支谦以"从智"对译工具格,说明"智"是"出"的依据。佛陀跋陀罗和菩提流志用"以慧见"和"以自知"对译,用"以"凸显梵语工具格表示依据的意义。

例(2)梵语工具格"tathatā-utpādena"(从真实中出生)和"tathatā-nirodhena"(从真实中灭亡)说明"vyākṛtas"(被预言)的依据,义为"依靠从真实中出生/灭亡"而"被预言"。支谦用"从如起"和"从如灭"翻译,说明"决"的依据是"如起"和"如灭"。鸠摩罗什用"从如生"和"从如灭"对译,说明"如生""如灭"是"得受记"的依据。玄奘用"依如生"和"依如灭"翻译,说明"得授记"的依据,用"依"取代支谦本和鸠摩罗什本的"从"。

《维摩诘经》的汉译本还用"以NP"和"用NP"对译表示工具、依据的梵语工具格。

(3) ekena^num. Inst. ca^conj. piṇḍa-pātena^m. sg. Inst. sarva-satvān^m. pl. Acc.
一 用饭团布施 一切众生
pratipādayet^3. sg. caus. opt. (维摩诘经3-19-4)
给予

(他)用一块饭团给予一切众生。

[谦] 以是所乞,敬一切人。

[什] 以一食施一切。

[奘] 以一搏食施于一切。

梵语工具格“ekena piṇḍa-pātena”（用一块饭团布施）表示“pratipādayet”（给予）的工具，支谦、鸠摩罗什和玄奘分别用“以是所乞”“以一食”“以一抟食”对译，用“以”表示工具。

（4）tat[ind.] katamayā[inter. Inst.] asi[2. sg. pres.] maitreya[m. sg. Voc.] jātyāu[f. sg. Loc.] vyākṛtas[ppp. Nom.]
那么 凭借哪个 是 弥勒 生 被预言
kim[inter.] atītayā[f. sg. Inst.] vā anāgatayā[f. sg. Inst.] uta[ind.] pratyutpannayā[f. sg. Inst.]（维摩诘经3-58-2）
哪个 过去世 或者 未来世 还是 现在世

那么，弥勒！你凭借哪一生被预言的呢？是凭借过去世，现在世还是未来世？

［谦］ 爲用何生得？彌勒！決用過去耶？當來耶？現在耶？

［什］ 爲用何生得受記乎？過去耶？未來耶？現在耶？

［奘］ 爲用何生得授記乎？過去耶？未來耶？現在耶？

梵语工具格“katamayā”（哪个）和“atītayā”（过去世）“anāgatayā”（未来世）“pratyutpannayā”（现在世）询问弥勒“vyākṛtas”（被预言）的依据，即“凭借哪一生”而被预言。支谦、鸠摩罗什和玄奘都用“用何生”翻译工具格“katamayā”（凭借哪个）。支谦还以“用过去”把工具格“atītayā”（过去世）表依据的涵义翻译了出来。

3.1.3 工具格表施事

《维摩诘经》汉译本用“S 令 OV”“S_1，S_2 所 V”和“S 以 O_1 与 O_2”等多种句式对译梵语本的被动式，将工具格表示的施事译为句子主语。《无量寿经》的支谦译本中没有用特殊句式凸显梵语本的被动义，佛陀跋陀罗和菩提流志的译本分别用“S_1 蒙 S_2V”和“S_1 蒙 S_2 所 V”被动式体现梵语的被动义。详见表 3-4。

表 3-4

	《无量寿经》	《维摩诘经》
古译	［无特殊句式］	S 令 OV；S_1，S_2 所 V；S 以 O_1 与 O_2
旧译	S_1 蒙 S_2V	S 令 OV；S_1，S_2 所 V；S 以 O_1 与 O_2
新译	S_1 蒙 S_2 所 V	S 令 OV；S_1，S_2 所为 V；S 以 O_1 与 O_2

《无量寿经》和《维摩诘经》的汉译本分别将梵语工具格表示的施事菩萨的“光明”、佛的“威神”译为句子的主语。

(1) sthāpayitvā$^{\text{ind.}}$ dvau$^{\text{num. du. Nom.}}$ bodhisattvau$^{\text{m. du. Nom.}}$ yayos$^{\text{rel. du. Gen.}}$ prabhayā$^{\text{f. sg. Inst.}}$

除了 两个 菩萨 他们的 光明

sā$^{\text{dem. Nom.}}$ lokadhātus$^{\text{m. sg. Nom.}}$ satata-samitam$^{\text{ind.}}$ nitya-avabhāsa-sphuṭā$^{\text{ppp. Nom.}}$（无量寿经101）

那 世界 连续地 被光永恒充满

除了两个菩萨，那世界被他们俩的光明连续地、永恒地充满。

［谦］ 其兩菩薩項中光明，各焰照他方千須彌山，佛國常大明。

［罗］ 有二菩薩最尊第一，威神光明普照三千大千世界。

［志］ 除二菩薩，光明常照三千大千世界。

(2) atha$^{\text{ind.}}$ tāvat$^{\text{ind.}}$ eva$^{\text{ind.}}$ buddha-anubhāvena$^{\text{m. sg. Inst.}}$ ekam$^{\text{num. Nom.}}$

然后 佛的威力 一个

mahā-ratna-chatram$^{\text{n. sg. Nom.}}$ saṃsthitam$^{\text{ppp. Nom.}}$ tena$^{\text{dem. Inst.}}$ ca$^{\text{conj.}}$

大宝盖 被做成 那个

mahā-ratna-chatreṇa$^{\text{m. sg. Inst.}}$ ayam$^{\text{dem. Nom.}}$ trisahasra-mahāsahasras$^{\text{m. sg. Nom.}}$

大宝盖 这 三千大千

lokadhātus$^{\text{m. sg. Nom.}}$ sarvas$^{\text{m. sg. Nom.}}$ saṃcchāditas$^{\text{ppp. Nom.}}$ saṃdṛśyate$^{\text{3. sg. pres. pass.}}$

世界 一切 被覆盖 被看见

sma$^{\text{ind.}}$（维摩诘经1-14-2）

一个大宝盖被佛的威力形成。三千大千世界被那宝盖覆盖，一切都在其中显现。

［谦］ 佛之威神令一寶蓋覆此三千大千佛國。

［什］ 佛之威神令諸寶蓋合成一蓋，遍覆三千大千世界。

［奘］ 佛之威神令諸寶蓋合成一蓋，遍覆三千大千世界。

例(1)《无量寿经》用“光明”“威神光明”对译梵语工具格“prabhayā”（光明），做句子主语，是动作“焰照/普照/常照”的发出者。例(2)《维摩诘经》梵语本有两个施受关系：前句的工具格“buddha-anubhāvena”（佛的威神）是施事，“mahā-ratna-chatram”（大宝盖）是受事；后句的工具格“mahā-ratna-chatreṇa”（大宝盖）是施事，“trisahasra-mahāsahasras lokadhātus”（三千大千世界）是受事。汉译本用“佛之威神令……”将前句的施受关系转译为致使关系。“佛之威神”

的处置对象"一宝盖""一盖"是后句"覆此三千大千佛国""遍覆三千大千世界"的施事。

除了用"S 令 OV"句式将梵语本的被动义转译为汉译本的致使义之外，《维摩诘经》用"S_1，S_2 所 V"被动式凸显梵本中的被动义。

（3）

ayam[dem. Nom.]	mārṣās[m. pl. Voc.]	kāyas[m. sg. Nom.]	tatra[ind.]	paṇḍitena[m. sg. Inst.]	niśrayas[m. sg. Nom.]
这	贤者们啊	身体	因此	智者	依靠
na	kartavyas[fpp. sg. Nom.]（维摩诘经2-8-7）				
不	被作为				

贤者们啊！因此，这身体不被智者作为依靠。

［谦］ 諸仁者！如此身，明智者所不怙。

［什］ 諸仁者！如此身，明智者所不怙。

［奘］ 諸仁者！如此之身，其聰慧者所不爲怙。

梵语工具格"paṇḍitena"（智者）表示施事，"ayam kāyas"（这身体）是受事。支谦和鸠摩罗什用"如此身"对译"ayam kāyas"，做受事主语，以"S 所 V"被动式，即"明智者所不怙"凸显梵语本的被动义，用"明智者"对译工具格"paṇḍitena"。玄奘用"S 所为 V"被动式"其聪慧者所不为怙"凸显被动义，用"其聪慧者"对译表施事的工具格。

在《无量寿经》的汉译本中，凸显梵语本被动义的"S_1 蒙 S_2V"和"S_1 蒙 S_2 所 V"式翻译在佛陀跋陀罗本和菩提流志本中才出现，在支谦本中未见。

（4）

sacet[ind.]	me[1. sg. Gen.]	bhagavan[m. sg. Voc.]	bodhiprāptasya[Gen. Abs.]	ye[rel. Nom.]	
如果	我	世尊啊	得觉悟后	那些	
sattvās[m. pl. Nom.]	aprameya-asaṃkhyeya-acintya-atulyeṣu[m. pl. Loc.]	lokadhātuṣu[m. pl. Loc]			
众生	无数无量无边	世界			
ābhayā[f. sg. Inst.]	sphuṭās[ppp. Nom.]	bhaveyus[3. pl. opt.]	te[dem. Nom.]	sarve[m. pl. Nom.]	na
光明	被照耀	有	他们	所有	不
deva-manuṣya-samati-krāntena[m. sg. Inst.]	sukhena[m. sg. Inst.]	samanvāgatās[ppp. Nom.]			
超过天人	快乐	被赋予			
bhaveyus[3. pl. opt.]	mā[ind.]	tāvat[ind.]	aham[1. sg. Nom.]	anuttarām[f. sg. Acc.]	
有	没有		我	无上	

samyaksaṃbodhim^(f. sg. Acc.) abhisaṃbudhyeyam^(1. sg. opt.)（无量寿经28-33）
正等正觉 证得

世尊啊！如果我成佛后，无数无量无边世界的众生，被光明照耀，如果他们没有被赋予超过天人的快乐，我就没有证得无上正等正觉。

［罗］ 設我得佛，十方無量不可思議諸佛世界眾生之類，**蒙**我光明觸其體者，身心柔軟超過人天。若不爾者，不取正覺。

［志］ 若我成佛，周遍十方無量無數不可思議無等界眾生之輩，**蒙**佛威光**所**照觸者，身心安樂，超過人天。若不爾者，不取正覺。

佛陀跋陀罗和菩提流志分别用“蒙我光明触其体”和“蒙佛威光所照触”翻译梵语本的被动式，用“我光明”“佛威光”对译表施事的梵语工具格“ābhayā”。

当梵语本涉及施事（agent）、受事（patient）和接受者（recipient）三个论元时，《维摩诘经》用“S 以 O_1 与/施 O_2”对译，形成广义处置式“A 以 P 与/施 R”。

（5） niryātitās^(ppp. caus. pl. Nom.) yūyam^(2. pl. Nom.) mahyam^(1. sg. Dat.) māreṇa^(m. sg. Inst.) pāpīyasā^(m. sg. Inst.)
被赠送 你们 给我 魔鬼 波旬
utpādayata^(2. pl. impv.) idānīm^(ind.) anuttarāyām^(f. sg. Loc.) samyaksaṃbodhau^(f. sg. Loc.)
应该发起 现在 无上 正等正觉
cittam^(n. sg. Acc.)（维摩诘经3-73-2）
心

你们被魔鬼波旬赠送给我，现在你们应该发起无上正等正觉之心。

［谦］ 魔**以**女與我，今①汝當發無上正真道意。

［什］ 魔**以**汝等與我，今汝皆當發阿耨多羅三藐三菩提心。

［奘］ 是惡魔怨**以**汝施我，今諸姊等當發無上正等覺心。

梵语工具格“māreṇa pāpīyasā”（魔鬼波旬）表示施事，主格“yūyam”（你们）表示受事，为格“mahyam”（给我）表示接受者。汉译本将施事“魔/是恶魔怨”译为处置者，受事“女/汝等/汝”译为处置对象，“我”译为接受者，形成“A 以 P 与/施 R”处置式。蒋绍愚、曹广顺（2005）指出：“‘以’字结构的例子显示着工

① “今”三朝本作“令”。“今”对译“idānīm”（现在），与梵语本的意思更一致。

具式与广义处置式之间具有密切的语义关系。”《维摩诘经》用“以”引入的处置对象“女/汝等/汝”在语义上也可以理解为“与我”“施我”的工具。

3.1.4 工具格表原因

表原因的梵语工具格在支谦本《无量寿经》中无对译。在佛陀跋陀罗和菩提流志的译本中以后置词“故”标记。支谦本《维摩诘经》用后置词“故”、框式结构“为/以/从……故”和假设条件“若 VP 者”对译表示原因的工具格。鸠摩罗什本用后置词“故”和假设条件“若 VP”对译。玄奘本在鸠摩罗什本两种翻译方式的基础上，增加了框式结构“由/用……故”。详见表 3－5。

表 3－5

	《无量寿经》	《维摩诘经》
古译	［无］	……故；为/以/从……故；若 VP 者
旧译	……故	……故；若 VP
新译	……故	……故；由/用……故；若 VP

（1）tasya$^{\text{dem. Gen.}}$ eva$^{\text{ind.}}$ amitāyuṣas$^{\text{m. sg. Gen.}}$ tathāgatasya$^{\text{m. sg. Gen.}}$
那位 这样 无量寿 如来
pūrva-praṇidhāna-adhiṣṭhānena$^{\text{m. sg. Inst.}}$ pūrva-jinakṛta-adhikāratayā$^{\text{f. sg. Inst.}}$
因为护持前世的誓愿 因为侍奉过去世的胜者
pūrva-praṇidhāna-paricaryayā$^{\text{f. sg. Inst.}}$ ca$^{\text{conj.}}$ susamāptayā$^{\text{f. sg. Inst.}}$
因为履行前世的誓愿 因为认真修行
subhāvitayā$^{\text{f. sg. Inst.}}$ anūna-avikalayā$^{\text{f. sg. Inst.}}$（无量寿经99–2）
因为认真修习 因为圆满无缺陷

这是因为无量寿如来护持前世誓愿，侍奉过去世的胜者，履行前世的誓愿，认真修行，认真修习，圆满无缺陷。

［罗］ 此皆無量壽佛威神力**故**，本願力**故**，滿足願**故**，明了願**故**，堅固願**故**，究竟願**故**。

［志］ 此皆無量壽佛本願威神見所加，及往修靜慮，無比喻**故**，無缺減**故**，善修習**故**，善攝受**故**，善成就**故**。

（2）bodhimaṇḍas[m. sg. Nom.] iti[ind.] kula-putra[m. sg. Voc.] āśaya-maṇḍas[m. sg. Nom.] eṣas[dem. Nom.]
菩提座 所说 大家子啊 意愿之座 这
akṛtrimatayā[f. sg. Inst.] maitrī-maṇḍas[m. sg. Nom.] eṣas[dem. Nom.]
因为非人工 仁慈之座 这
sarva-satva-samacittatayā[f. sg. Inst.] sarva-satva-maṇḍas[m. sg. Nom.] eṣas[dem. Nom.]
因为视一切众生平等 一切众生之座 这
satva-asvabhāvatayā[f. sg. Inst.] sarva-dharma-maṇḍas[m. sg. Nom.]
因为众生无自性 一切事物之座
eṣas[dem. Nom.] śūnyatā-abhisaṃbodhanatayā[f. sg. Inst.]（维摩诘经3-65-1，66-1&2）
这 因为意识到空性

大家子啊！我所说的菩提座就是意愿之座，因为它是非人工的。（菩提座）是仁慈之座，因为视一切众生平等。（菩提座）是一切众生之座，因为众生无自性。（菩提座）是一切事物之座。因为意识到空性。

［谦］ 道場者，無生之心是，檢一惡意**故**。……慈心則是，爲等意**故**。……眾生之心是，以人物自然**故**。諸法之心是，從空最正覺**故**。

［什］ 直心是道場，無虛假**故**。……慈是道場，等眾生**故**。……眾生是道場，知無我**故**。一切法是道場，知諸法空**故**。

［奘］ 淳直意樂是妙菩提，由此意樂不虛假**故**。……慈是妙菩提，於諸有情心平等**故**。……一切有情是妙菩提，皆用無我爲自性**故**。一切諸法是妙菩提，隨覺一切皆性空**故**。

例（1）《无量寿经》的佛陀跋陀罗和菩提流志译本用“……故”翻译梵语本表原因的工具格。这也是例（2）《维摩诘经》的三个汉译本采用的翻译方式，即用后置词“故”表原因。此外，支谦本《维摩诘经》用框式结构“为/以/从……故”，玄奘本用“由/用……故”翻译梵语工具格，表示原因。

除了使用汉译佛经中常见的后置词“故”和框式结构之外，《维摩诘经》的汉译本还用“若 VP（者）”对译梵语工具格，将梵语本的原因转译为汉译本的假设条件。

（3）evam[ind.] eva[ind.] śāriputra[m. sg. Voc.] ekabuddhakṣetra-upapannās[m. pl. Nom.] yathā[ind.]
这样 舍利弗啊 在一个佛土中出生 这样

citta-pariśuddhyā f. sg. Inst. 因为心意清净 sattvās m. pl. Nom. 众生 buddhānām m. pl. Gen. 佛的

buddhakṣetra-guṇavyūhān m. pl. Acc. 佛土的功德庄严 paśyanti 3. pl. pres.（维摩诘经1-35-2）看见

舍利弗啊！就是这样，在一个佛土中出生的众生，因为心意清净，所以看见佛土的功德庄严。

［谦］ 如是，舍利弗！若人意清淨者，便自見諸佛佛國清淨。

［什］ 如是，舍利弗！若人心淨，便見此土功德莊嚴。

［奘］ 如是，舍利子！無量有情生一佛土，隨心淨穢，所見有異。若人心淨，便見此土無量功德妙寶莊嚴。

梵语工具格“citta-pariśuddhyā”（心意清净）说明“sattvās buddhānām buddhakṣetra-guṇavyūhān paśyanti”（众生看见佛的佛土功德庄严）的原因。支谦用“若VP者”“若人意清净者”，鸠摩罗什和玄奘用“若VP”“若人心净”对译，将梵语本的因果关系转译为汉译本的假设条件关系。

3.1.5 小结

综上所述，《无量寿经》和《维摩诘经》的汉译本都使用汉语中前置词“与”“以”“用”和后置词“故”表达梵语工具格指示的相应意义。在此基础上，发展出“与……俱”“以/从……故”等汉译佛经中特有的框式结构，准确表达了梵语工具格蕴含的语法意义。

除了中土文献常用的“以”和“用”之外，在支谦和鸠摩罗什的译作中，还使用“从”对译表示依据的工具格。

（1）［谦］ 有諸天來教汝，諸佛教汝，令問我耶？若自從智出乎？

（2）［谦］ 彌勒！決從如起耶，從如滅耶？

［什］ 云何彌勒受一生記乎？爲從如生得受記耶，爲從如滅得受記耶？

《无量寿经》和《维摩诘经》运用汉语中的各种句式对译梵语本中的受事主语句。《维摩诘经》用致使式“S令OV”和处置式“S以O_1与/施O_2”翻译梵语本的受事主语句，将梵语本以工具格标记的施事译为句子主语。《维摩诘经》

和《无量寿经》分别以"S_1,S_2 所(为)V"和"S_1 蒙 S_2(所)V"被动式,以受事 S_1 做主语,以对译工具格的 S_2 做施事,并用"所 V"被动式凸显梵语本的被动义。

3.2 《无量寿经》与《维摩诘经》对梵语从格翻译方式之比较

《无量寿经》和《维摩诘经》的汉译本都运用汉语中已有的语法形式对译梵语从格的相同指示功能,用介词"从"和"于"引入起始处,用后置词"故"表示原因。由于梵语本中与从格搭配的动词可以是运行动词和非运行动词,从格表示的起始处可以是具体的处所和抽象的起点,《无量寿经》和《维摩诘经》中表示起始处的"于"搭配的动词和名词类型较中土文献有所扩大。

3.2.1 从格表起始处

《无量寿经》和《维摩诘经》的汉译本都用介词短语"从 NP"和"于 NP"对译梵语表起始处的从格。支谦本和鸠摩罗什本《维摩诘经》以及佛陀跋陀罗本《无量寿经》用框式结构"于 NP 中"翻译从格。菩提流志本《无量寿经》和玄奘本《维摩诘经》分别用框式结构"于 NP 间"和"于 NP 内"翻译从格。详见表 3-6。

表 3-6

	《无量寿经》	《维摩诘经》
古译	从 NP	从 NP;于 NP;于 NP 中
旧译	从 NP;于 NP;于 NP 中	从 NP;于 NP;于 NP 中
新译	从 NP;于 NP;于 NP 间	从 NP;于 NP;于 NP 内

(1) atha$^{ind.}$ khalu$^{ind.}$ āyuṣmāt$^{m.\ sg.\ Nom.}$ ānanda$^{m.\ sg.\ Nom.}$ utthāya$^{ger.}$

又 尊者 阿难 起立

<u>āsanāt</u>$^{n.\ sg.\ Abl.}$(无量寿经5-1)

从座位

尊者阿难又从座位上站起来。

[谦] 賢者阿難,即從座起。

[罗] 尊者阿難承佛聖旨,即從座起。

[志] 爾時,尊者阿難從坐而起。

(2)

daśabhis[num. Inst.] ca[conj.]	brahma-sahasrais[m. pl. Inst.]	jaḍibrahma-pramukhais[m. pl. Inst.]	
十	千婆罗门	以结髻婆罗门为首	
anekāt[m. sg. Abl.]	catur-mahādvīpakāt[m. sg. Abl.]	lokadhātos[m. sg. Abl.]	abhi-āgatais[ppp. Inst.] ...
众多的	从四大洲	从世界	来
tatra[ind.] eva[ind.]	parṣadi[f. sg. Loc.]	saṃnipatitāni[ppp. Nom.]	abhūvan[3. pl. aor.] (维摩诘经1-11-1&2)
这里	会众中	聚集	有

数万以结髻婆罗门为首的婆罗门从四大洲来,在此聚会。

[谦] 復有萬婆羅門,皆如編髮等,從四方境界來詣佛所而聽法。

[什] 復有萬梵天王尸棄等,從餘四天下,來詣佛所而聽法。

[奘] 復有萬梵,持髻梵王而爲上首,從本無憂四大洲界,爲欲瞻禮供養世尊及聽法故,來在會坐。

例(1)梵语从格"āsanāt"(从座位)说明"utthāya"(起立)的起点,《无量寿经》汉译本以介词短语"从座""从坐"翻译,说明"起"的起点。例(2)梵语从格"catur-mahādvīpakāt lokadhātos"(从四大洲界)说明"abhi-āgatais"(来)的起始处,《维摩诘经》汉译本分别用"从四方境界""从余四天""从本无忧四大洲界"翻译,说明"来""下"的起始处。

《维摩诘经》和佛陀跋陀罗本、菩提流志本《无量寿经》用介词短语"于 NP"对译表起始处的梵语从格。"于 NP"和非运行动词"求""得""现证"搭配,表示来源。

(3)

āha[3. sg. perf.]	śūnyatā[f. sg. Nom.]	gṛhapate[m. sg. Voc.]	kutas[inter. Abl.]	mārgitavyā[fpp. Nom.]
说	空性	居士啊	从哪里	应该寻求
āha[3. sg. perf.]	śūnyatā[f. sg. Nom.]	mañjuśrīs[m. sg. Voc.]	dvā-ṣaṣṭibhyas[num. Abl.]	
说	空性	文殊师利啊	六十二	
dṛṣṭi-gatebhyas[f. pl. Abl.]	mārgitavyā[fpp. Nom.]	āha[3. sg. perf.]	dvā-ṣaṣṭis[num. Nom.]	
从见解中	应该寻求	说	六十二	

punar$^{\text{ind.}}$ dṛṣṭi-gatāni$^{\text{n. pl. Nom.}}$ kutas$^{\text{inter. Abl.}}$ mārgitavyāni$^{\text{fpp. Nom.}}$
又 见解 从哪里 应该寻求

āha$^{\text{3. sg. perf.}}$ tathāgata-vimuktitas$^{\text{f. sg. Abl.}}$ mārgitavyāni$^{\text{fpp. Nom.}}$
说 从如来解脱中 应该寻求

āha$^{\text{3. sg. perf.}}$ tathāgata-vimuktis$^{\text{f. sg. Nom.}}$ punar$^{\text{ind.}}$ kutas$^{\text{inter. Abl.}}$ mārgitavyā$^{\text{fpp. Nom.}}$
说 如来解脱 又 从哪里 应该寻求

āha$^{\text{3. sg. perf.}}$ sarva-satva-citta-caritebhyas$^{\text{n. pl. Abl.}}$ mārgitavyā$^{\text{fpp. Nom.}}$（维摩诘经4-11&12&13）
说 从众生的心意和行为中 应该寻求

（文殊师利）问："居士啊！空性应该从哪里寻求?"维摩诘答道："文殊师利啊！空性应该从六十二种见解中寻求。"问："六十二见又从哪里寻求呢?"答："从如来解脱中寻求。"问："如来解脱从哪里寻求?"答："从众生的心意和行为中寻求。"

［谦］ 又問："空者當於何求?"答曰："空者當於六十二見中求。"又問："六十二見當於何求?"答曰："當於如來解脱中求。"又問："如來解脱者當於何求?"答曰："當於眾人意行中求。"

［什］ 又問："空當於何求?"答曰："當於六十二見中求。"又問："六十二見當於何求?"答曰："當於諸佛解脱中求。"又問："諸佛解脱當於何求?"答曰："當於一切眾生心行中求。"

［奘］ 又問："此空當於何求?"答曰："此空當於六十二見中求。"又問："六十二見當於何求?"答曰："當於諸佛解脱中求。"又問："諸佛解脱當於何求?"答曰："當於一切有情心行中求。"

（4） sacet$^{\text{ind.}}$ me$^{\text{1. sg. Gen.}}$ bhagavan$^{\text{m. sg. Voc.}}$ bodhiprāptasya$^{\text{Gen. Abs.}}$ tatra$^{\text{dem. Loc.}}$ buddha-kṣetre$^{\text{n. sg. Loc.}}$
如果 我 世尊啊 得觉悟后 那里 佛土中

ye$^{\text{rel. Nom.}}$ bodhisattvās$^{\text{m. pl. Nom.}}$ mama$^{\text{1. sg. Gen.}}$ nāma-dheyam$^{\text{n. sg. Acc.}}$ śṛṇuyus$^{\text{3. pl. opt.}}$
那些 菩萨 我的 名字 听

te$^{\text{rel. Nom.}}$ saha-nāma-dheya-śravaṇāt$^{\text{m. sg. Abl.}}$ na prathama-dvitīya-tṛtīyās$^{\text{num. Acc.}}$
他们 依靠听闻名字 不 第一、第二、第三

kṣāntīs$^{\text{f. pl. Acc.}}$ pratilabheran$^{\text{3. pl. opt. A.}}$ na avaivartikās$^{\text{m. pl. Nom.}}$ bhaveyus$^{\text{3. pl. opt.}}$
法忍 获得 不 不退转 是

buddha-dharmebhyas$^{\text{m. pl. Abl.}}$ mā$^{\text{ind.}}$ tāvat$^{\text{ind.}}$ aham$^{\text{1. sg. Nom.}}$ anuttarām$^{\text{f. sg. Acc.}}$
从佛法中 没有 我 无上

samyak-saṃbodhim$^{f. sg. Acc.}$ abhisaṃbudhyeyam$^{1. sg. opt.}$ (无量寿经28-47)

正等正觉 觉悟

世尊啊！如果我得觉悟之后，我的佛土中的那些菩萨，如果听到我的名字，不能依靠听到名字，获得第一、第二、第三法忍，不能从佛法中不退转，我就没有觉悟无上正等正觉。

［罗］ 設我得佛，他方國土諸菩薩衆聞我名字，不即得至第一、第二、第三法忍，於諸佛法不能即得不退轉者，不取正覺。

［志］ 若我成佛，餘佛國中所有菩薩，若聞我名，應時不獲一二三忍，於諸佛法不能現證不退轉者，不取菩提。

例(3)梵语从格"kutas"(从哪里)询问"śūnyatā"(空性)"dvā-ṣaṣṭis dṛṣṭi-gatāni"(六十二种见解)"tathāgata-vimuktis"(如来解脱)的来源，也就是"mārgitavyā"(寻求)的起始处。《维摩诘经》汉译本用介词短语"于何"翻译，说明"求"的来源。梵语从格"dvā-ṣaṣṭibhyas dṛṣṭi-gatebhyas"(从六十二种见解中)、"tathāgata-vimuktitas"(从如来的解脱中)和"sarva-satva-citta-caritebhyas"(从众生的心意和行为中)分别回答了"空性""六十二种见解"和"如来解脱"的来源。汉译本用框式结构"于NP中"对译，"于六十二见中""于如来/诸佛解脱中""于众人意行/一切众生心行/一切有情心行中"，说明"求"的来源。

例(4)梵语从格"buddha-dharmebhyas"(从佛法中)说明"avaivartikās bhaveyus"(得不退转)的起始处。佛陀跋陀罗和菩提流志用"于诸佛法"翻译，表示"得不退转""现证不退转"的起始处。

如例(3)所示，《维摩诘经》用框式结构"于NP中"翻译梵语从格。用于对译从格的框式结构"于NP中"在佛陀跋陀罗本《无量寿经》中也出现了。玄奘本《维摩诘经》和菩提流志本《无量寿经》分别用框式结构"于NP内"和"于NP间"翻译表起始处的梵语从格。值得注意的是，与例(3)和例(4)一样，框式结构"于NP中/内/间"搭配的动词也是非运行动词，包括看视动词"见""照见"和存现动词"现""出现"。

(5) sā$^{dem. Nom.}$ api$^{ind.}$ tasmāt$^{dem. Abl.}$ eva$^{ind.}$ eka-mahā-ratna-chatrāt$^{n. sg. Abl.}$

这 从那个 从一个大宝盖中

niścarantī$^{\text{prp. Nom.}}$ śrūyate$^{\text{3. sg. pass. pres.}}$ sma$^{\text{ind. (维摩诘经1-14-20)}}$

显现 被听到

这(佛法)从那一个大宝盖中显现并被听到。

[谦] 十方諸佛佛國嚴淨,及十方佛在所說法,皆現於寶蓋中,悉遙見聞。

[什] 又,十方諸佛,諸佛說法,亦現於寶蓋中。

[奘] 又,十方界諸佛如來所說正法,皆如響應,於此蓋內無不見聞。

(6) sacet$^{\text{ind.}}$ me$^{\text{1. sg. Gen.}}$ bhagavan$^{\text{m. sg. Voc.}}$ bodhiprāptasya$^{\text{Gen. Abs.}}$ tatra$^{\text{dem. Loc.}}$

如果 我 世尊啊 得觉悟后 这里

buddhakṣetre$^{\text{n. sg. Loc.}}$ ye$^{\text{rel. Nom.}}$ bodhisattvās$^{\text{m. pl. Nom.}}$ pratyājātās$^{\text{ppp. Nom.}}$

佛土中 菩萨 出生

te$^{\text{rel. Nom.}}$ yathā-rūpam$^{\text{rel. Acc.}}$ buddhakṣetra-guṇa-alamkāra-vyūham$^{\text{m. sg. Acc.}}$

他们 这样 佛土的功德与庄严

ākāṃkṣeyus$^{\text{3. pl. opt.}}$ tathā-rūpam$^{\text{rel. Acc.}}$ nānā-ratna-vṛkṣebhyas$^{\text{m. pl. Abl.}}$

希望 这样 从种种宝树(产生)

na saṃjānīyus$^{\text{3. pl. opt.}}$ mā$^{\text{ind.}}$ tāvat$^{\text{ind.}}$ aham$^{\text{1. sg. Nom.}}$ anuttarām$^{\text{f. sg. Acc.}}$

不 感知 没有 我 无上

samyaksaṃbodhim$^{\text{f. sg. Acc.}}$ abhisaṃbudhyeyam$^{\text{1. sg. opt. (无量寿经28-39)}}$

正等正觉 觉悟

世尊啊!如果我得觉悟后,出生在这佛土中的菩萨不能感知从各种宝树中(产生)如他们所希望的佛土功德庄严,那么,我就没有证得无上正等正觉。

[罗] 設我得佛,國中菩薩隨意欲見十方無量嚴淨佛土,應時如願,於寶樹中皆悉照見,猶如明鏡覩其面像。若不爾者,不取正覺。

[志] 若我成佛,國中群生隨心欲見諸佛淨國殊勝莊嚴,於寶樹間悉皆出現,猶如明鏡見其面像。若不爾者,不取菩提。

例(5)梵语从格"eka-mahā-ratna-chatrāt"(从一个大宝盖中)说明"niścarantī"(显现)的起始处。支谦和鸠摩罗什用"于宝盖中"翻译,说明"现"的起始处。玄奘用"于此盖内"翻译,说明"见闻"的起始处。

例(6)梵语从格"nānā-ratna-vṛkṣebhyas"(从种种宝树中)说明"buddhakṣetra-guṇa-alamkāra-vyūham"(佛土的功德与庄严)产生的起始处。但梵语本中未出现与从格搭配的动词,因此佛陀跋陀罗和菩提流志将其理解为"saṃjānīyus"

(感知)的起始处,分别用“于宝树中”和“于宝树间”翻译,说明“照见(十方无量严净佛土)”和“出现(诸佛净国殊胜庄严)”的起始处。

3.2.2 从格表原因

《维摩诘经》用“VP 故”对译表示原因的梵语从格。鸠摩罗什本和玄奘本《维摩诘经》还用“由 VP”翻译。佛陀跋陀罗本和菩提流志本《无量寿经》分别用“若 VP 者”和“由 VP 故”对译表原因的从格。详见表 3-7。

表 3-7

	《无量寿经》	《维摩诘经》
古译	[无]	VP 故
旧译	若 VP 者	VP 故;由 VP
新译	由 VP 故	VP 故;由 VP

(1) bala-vaiśāradya-āveṇika-sarva-buddha-dharma-maṇḍas$^{\text{m. sg. Nom.}}$ eṣas$^{\text{dem. Nom.}}$

力量、无畏和菩萨的威神法座 这

sarvatas$^{\text{dem. Abl.}}$ anupākruṣṭatvāt$^{\text{n. sg. Abl.}}$(维摩诘经3-66-6)

一切 因为无可指责

菩提座就是力量、无畏和菩萨的威神法之座,因为它在所有方面都无可指责。

śrutamaṇḍas$^{\text{m. sg. Nom.}}$ eṣas$^{\text{dem. Nom.}}$ pratipatti-sārakatvāt$^{\text{n. sg. Abl.}}$(维摩诘经3-66-9)

多闻座 这 因为感知本质

菩提座就是多闻之座,因为它能感知本质。

[谦] 力無畏場是,一切無難**故**。……多聞之心是,從受成**故**。

[什] 力無畏不共法是道場,無諸過**故**。……多聞是道場,如聞行**故**。

[奘] 諸力無畏不共佛法是妙菩提,普於一切無訶厭**故**。……多聞是妙菩提,起真實行**故**。

(2) yas$^{\text{rel. Nom.}}$ ayam$^{\text{dem. Nom.}}$ vyādhis$^{\text{m. sg. Nom.}}$ nāma$^{\text{n. sg. Nom.}}$ na ayam$^{\text{dem. Nom.}}$

这 疾病 名字 没有 这

parama-arthatas$^{\text{ind.}}$ upalabhyate$^{\text{3. sg. pres. pass.}}$ anyatra$^{\text{ind.}}$

真实地 被感受 除了

ātma-abhiniveśāt[n. sg. Abl.]（维摩诘经4-16-9）

贪着于自我

除了贪着于自我，这（病）没有真实地被感受到。因此，这疾病只是名义上的。

［什］ 又此病起，皆**由**著我。

［奘］ 此病若起，要**由**執我。

例（1）梵语从格“sarvatas anupākruṣṭatvāt”（因为所有方面无可指责）和“pratipatti-sārakatvāt”（因为感知本质）分别说明菩提座是威神法之座和多闻之座的原因。《维摩诘经》汉译本用“VP 故”翻译梵语从格，用后置词“故”标记原因。

例（2）梵语不变词“anyatra”（除了）需要与梵语从格相搭配，从格说明排除的对象是“ātma-abhiniveśāt”（贪着于自我）。鸠摩罗什和玄奘将从格理解为原因，用“由著我”和“由执我”翻译，说明“病起”的原因。

与鸠摩罗什本和玄奘本《维摩诘经》用后置词短语“VP 故”和介词短语“由 VP”不同，佛陀跋陀罗本和菩提流志本《无量寿经》分别用假设短语“若 VP 者”和框式结构“由 VP 故”翻译表示原因的梵语从格。

（3） sarve[m. pl. Nom.] ca[conj.] te[dem. Nom.] sattvās[m. pl. Nom.] saha-darśanāt[m. sg. Abl.] tasya[dem. Gen.]

所有 那些 众生 因为看见 那

bodhi-vṛkṣasya[m. sg. Gen.] avaivartikās[m. pl. Nom.] saṃtiṣṭhante[3. pl. pres. A.] yat[ind.] uta[ind.]

菩提树 不退转 住 即是

anuttarāyās[f. sg. Abl.] samyak-saṃbodhes[f. sg. Abl.] tisras[num. Acc.] ca[conj.] kṣāntīs[f. pl. Acc.]

无上 正等正觉 三 法忍

pratilabhante[3. pl. pres. A.]（无量寿经99-1）

获得

所有的众生因为看见那菩提树，住不退转，即不从无上正等正觉中退转，获得三法忍。

［羅］ 阿難！**若**彼國人天見此樹**者**，得三法忍。

［志］ 復**由**見彼菩提樹**故**，獲三種忍。

梵语从格“saha-darśanāt”（看见）说明“avaivartikās saṃtiṣṭhante”（住不退转）和“tisras kṣāntīs pratilabhante”（获得三法忍）的原因。佛陀跋陀罗和菩提流志分别用“若见此树者”和“由见彼菩提树故”翻译从格。佛陀跋陀罗把梵语本的因果关系转译为汉译本的假设条件关系，菩提流志用框式结构“由 VP 故”说明原因。

3.2.3 小结

《无量寿经》和《维摩诘经》的汉译本运用汉语已有的形式对译承载相同功能的梵语从格变化：用介词“从”“于”和框式结构“于……中/间/内”对译表示起始处的从格。《维摩诘经》汉译本用后置词“故”和介词“由”翻译表示原因的从格。

在 2.2.3 节已指出，中土文献中表示起始处的“于 NP”需要与运行动词搭配，并且位于动词之后，用“$V_{运行}$ 于 $N_{起始处}$”结构说明从起始处离开。在梵语佛经中，与表示起始处的从格搭配的动词可以是运行动词和非运行动词，从格表示的起始处可以是具体处所和抽象起点。由于翻译表起始处的梵语从格，《无量寿经》和《维摩诘经》的汉译本中，表示起始处的“于 NP”可以和非运行动词“现”“出现”“求”“得”搭配，“于”可以指示抽象起点“六十二见”“如来解脱”“诸佛法”。

(1) [谦]　十方諸佛佛國嚴淨，及十方佛在所説法皆現**於**寶蓋**中**，悉遙見聞。

[什]　又十方諸佛，諸佛説法亦現**於**寶蓋**中**。

[奘]　又十方界諸佛如來所説正法皆如響應，**於**此蓋**內**無不見聞。

(2) [谦]　又問：“空者當**於**何求？”答曰：“空者當**於**六十二見**中**求。”又問：“六十二見當**於**何求？”答曰：“當**於**如來解脱**中**求。”又問：“如來解脱者當**於**何求？”答曰：“當**於**衆人意行**中**求。”

[什]　又問：“空當**於**何求？”答曰：“當**於**六十二見**中**求。”又問：“六十二見當**於**何求？”答曰：“當**於**諸佛解脱**中**求。”又問：“諸佛解脱當**於**何求？”答曰：“當**於**一切衆生心行**中**求。”

[奘]　又問：“此空當**於**何求？”答曰：“此空當**於**六十二見**中**求。”又問：“六十二見當**於**何求？”答曰：“當**於**諸佛解脱**中**求。”又問：“諸佛解脱當**於**何求？”答曰：“當**於**一切有情心行**中**求。”

(3) [罗]　設我得佛，國中菩薩隨意欲見十方無量嚴淨佛土，應時如願，**於**寶樹**中**皆悉照見，猶如明鏡覩其面像。若不爾者，不取正覺。

[志] 若我成佛,國中群生隨心欲見諸佛淨國殊勝莊嚴,於寶樹間悉皆出現,猶如明鏡見其面像。若不爾者,不取菩提。

(4) [罗] 設我得佛,他方國土諸菩薩眾聞我名字,不即得至第一、第二、第三法忍,於諸佛法不能即得不退轉者,不取正覺。

[志] 若我成佛,餘佛國中所有菩薩,若聞我名,應時不獲一二三忍,於諸佛法不能現證不退轉者,不取菩提。

上述四例与对译梵语从格的"于 NP(中/间/内)"搭配的动词都是非运行动词。"于"表示的起始处有具体处所"宝盖""宝树",也有抽象起点"六十二见""如来解脱""诸佛法"。此外,"于 NP"的位置也不受中土文献"$V_{运行}$于$N_{起始处}$"的语序限制。表示起始处的"于 NP"可以位于动词前,也可位于动词之后,且位于动词前的用例多于位于动词后的用例,例(2)、例(3)、例(4)的"于 NP"都位于动词之前。

3.3 《无量寿经》与《维摩诘经》对梵语处所格翻译方式之比较

3.3.1 处所格表时间

《无量寿经》和《维摩诘经》汉译本以时间词"昔""时"对译梵语本中表示时间的梵语处所格。佛陀跋陀罗本和菩提流志本《无量寿经》,以及玄奘本《维摩诘经》用介词短语"于 NP"翻译表时间的处所格。菩提流志本《无量寿经》用后置词短语"VP 时"对译表时间的处所格,这种翻译方式是其所独有的。详见表 3-8。

表 3-8

	《无量寿经》	《维摩诘经》
古译	时间词;时间短语	时间词
旧译	时间词;时间短语;于 NP	时间词
新译	时间词;时间短语;于 NP;VP 时	时间词;于 NP

(1)

bhūta-pūrvam[m. sg. Acc.]	ānanda[m. sg. Voc.]	atīte[m. sg. Loc.]	adhvani[m. sg. Loc.]	itas[ind.]
过去世	阿难啊	已过去	时	从此
asaṃkhyeye[m. sg. Loc.]	kalpe[m. sg. Loc.]	asaṃkhyeya-tare[m. sg. Loc.]	vipule[m. sg. Loc.]	
不可数	劫	不可数	边际	
aprameye[m. sg. Loc.]	acintye[m. sg. Loc.]	yad[rel.] āsīt[3. sg. aor.]	tena[dem. Inst.]	kālena[m. sg. Inst.]
不可数	不可思议	有	那	时
tena[dem. Inst.]	samayena[m. sg. Inst.]	dīpaṃkaras[m. sg. Nom.]	nāma[ind.]	tathāgatas[m. sg. Nom.]
那	时	锭光	名为	如来
arhan[m. sg. Nom.]	samyak-saṃbuddhas[m. sg. Nom.]	loke[m. sg. Loc.]	udapādi[3. sg. aor. pass. A.] (无量寿经15-2)	
阿罗汉	正等觉	在世间	出现	

阿难啊！在过去世，距今无数劫，比无数劫更久远的，不可思议的无数劫过去世，那时，名为锭光的如来、阿罗汉、正等正觉在世间出现。

［谦］ 前，已過去劫，大眾多不可計，無邊幅不可議。及爾時，有過去佛，名定光如來。

［罗］ 乃往過去，久遠無量不可思議無央數劫。錠光如來，興出於世。

［志］ 往昔，過，阿僧祇無數大劫，有佛出現，號曰然燈。

(2)

abhijānāmi[1. sg. pres.]	aham[1. sg. Nom.]	bhagavan[m. sg. Voc.]	ekasmin[num. Loc.]	samaye[m. sg. Loc.]
记得	我	世尊啊	一	时间
vaiśālyām[f. sg. Loc.]	mahā-nagaryām[f. sg. Loc.]	anyatamasmin[dem. Loc.]	vīthī-mukhe[n. sg. Loc.]	
毗舍离	大城	某个	街道口	
gṛhapatibhyas[m. pl. Dat.]	dharmam[m. sg. Acc.]	deśayāmi[1. sg. pres.]	tatra[ind.]	mām[1. sg. Acc.]
为居士	法	说	那时	我
vimalakīrtis[m. sg. Nom.]	licchavis[m. sg. Nom.]	upasaṃkrāmya[ger.]	evam[ind.]	āha[3. sg. perf.] (维摩诘经3-8-5)
维摩诘	离车族	接近后	这样	说

世尊啊！记得某个时间，我在大城毗舍离某个街道口为居士们说法，那时，离车族的维摩诘靠近我，说。

［谦］ 憶念我昔爲諸少年居士說法，時維摩詰來謂我言。

［什］ 憶念我昔，入毗耶離大城，於里巷中爲諸居士說法。時維摩詰來謂我言。

［奘］ 憶念我昔，於一時間入廣嚴城，在四衢道爲諸居士演說法要，時無垢稱來到彼所，而作是言。

例(1)《无量寿经》汉译本用时间短语“已过去劫”“往过去”和时间词

“过”翻译梵语本表时间的处所格“atīte adhvani”(已过去时)。例(2)支谦本和鸠摩罗什本《维摩诘经》用时间词“昔”翻译表时间的梵语处所格“ekasmin samaye”(某个时间);用“时”翻译“tatra”(那时),回指前文“昔”所指的过去时间。玄奘本用介词短语“于一时间”翻译“ekasmin samaye”,说明“昔”所指的具体时间。

与玄奘本《维摩诘经》一样,佛陀跋陀罗本和菩提流志本《无量寿经》用“于NP”翻译表时间的梵语处所格。

(3) ānanda$^{\text{m. sg. Voc.}}$ ākāṃkṣeta$^{\text{3. sg. opt.}}$ kula-putras$^{\text{m. sg. Nom.}}$ vā$^{\text{conj.}}$ kula-duhitās$^{\text{f. sg. Nom.}}$ vā

阿难啊 想 善男子 或 善女子

kim$^{\text{inter.}}$ iti$^{\text{ind.}}$ aham$^{\text{1. sg. Nom.}}$ dṛṣṭas$^{\text{ppp. m. sg. Nom.}}$ eva$^{\text{ind.}}$ dharme$^{\text{m. sg. Loc.}}$

如何 我 看见 这 世

tam$^{\text{dem. m. sg. Acc.}}$ amitābham$^{\text{m. sg. Acc.}}$ tathāgatam$^{\text{m. sg. Acc.}}$ paśyeyam$^{\text{1. sg. opt.}}$ . . .

那 无量光 如来 看见

anuttarāyām$^{\text{f. sg. Loc.}}$ samyaksaṃbodhau$^{\text{f. sg. Loc.}}$ cittam$^{\text{n. sg. Nom.}}$ utpādyā$^{\text{f. sg. Inst.}}$ (无量寿经92)

无上 正等菩提 心 生起

阿难啊!如果善男子或善女子心想:“我如何能在今世看见那无量光如来呢?”那么,就应该发起无上正等菩提心。

[罗] 是故,阿難!其有眾生欲於今世見無量壽佛,應發無上菩提之心。

(4) yeṣām$^{\text{3. pl. Gen.}}$ anāgate$^{\text{m. sg. Loc.}}$ adhvani$^{\text{m. sg. Loc.}}$ yāvat$^{\text{ind.}}$ saddharma-vipralope$^{\text{m. sg. Loc.}}$

他们 未来 世 乃至 正法毁灭时

vartamānas$^{\text{m. sg. Nom.}}$ ime$^{\text{dem. Nom.}}$ evaṃrūpās$^{\text{m. pl. Nom.}}$ udārās$^{\text{m. pl. Nom.}}$ dharma-paryāyās$^{\text{m. pl. Nom.}}$ . . .

现在的 这个 这样 美妙的 法门

kṣipram$^{\text{ind.}}$ āhārakās$^{\text{m. pl. Nom.}}$ śrotra-avabhāsam$^{\text{n. sg. Nom.}}$ āgacchanti$^{\text{3. pl. pres.}}$ (无量寿经150-1)

迅速地 传达 耳朵 进入

在未来世,甚至在正法毁灭时,他们将听到现在这样美妙的法门。

[志] 若於來世,乃至正法滅時,當有眾生殖諸善本,已曾供養無量諸佛。由彼如來加威力故,能得如是廣大法門。

例(3)佛陀跋陀罗用介词短语“于今世”对译梵语本表时间的处所格“eva dharme”(在这世),说明“见无量寿佛”的时间。例(4)菩提流志用介词短语

“于来世”翻译表时间的梵语处所格“anāgate adhvani”(在未来世),用后置词短语“VP时”翻译“saddharma-vipralope”(正法毁灭时),凸显梵语处所格表达的时间义。

3.3.2 处所格表处所

与2.3.2一样,本节也依照与梵语处所格对应的形式在汉译本句中的功能,将汉译本的对应形式分为句子主语、宾语、定语和状语讨论。《无量寿经》和《维摩诘经》汉译本都用方位短语和处所短语翻译梵语处所格,做句子的主语、宾语或定语;用介词短语和框式结构对译梵语处所格,做句子的状语。

3.3.2.1 句子主语

支谦本《无量寿经》和《维摩诘经》用方位短语“NP中”对译处所格,做句子的处所主语。在支谦本、鸠摩罗什本《维摩诘经》和佛陀跋陀罗本、菩提流志本《无量寿经》中出现了处所短语做句子主语的用例。菩提流志本《无量寿经》还用方位短语“NP之内”和介词短语“于NP”做存现句的处所主语。详见表3-9。

表3-9

	《无量寿经》	《维摩诘经》
古译	NP中	NP中;处所短语
旧译	处所短语	NP中;处所短语
新译	处所短语;NP之内;于NP	NP中

(1) tasmin$^{\text{dem. Loc.}}$ khalu$^{\text{ind.}}$ punar$^{\text{ind.}}$ ānanda$^{\text{m. sg. Voc.}}$ buddhakṣetre$^{\text{n. sg. Loc.}}$ sarvaśas$^{\text{ind.}}$
那个 阿难啊 佛国中 任何
kāla-parvatās$^{\text{m. pl. Nom.}}$ na santi$^{\text{3. pl. pres.}}$ sarvatas$^{\text{ind.}}$ ratna-parvatās$^{\text{m. pl. Nom.}}$ sarvaśas$^{\text{ind.}}$
黑山 没有 到处 宝山 任何
sumeravas$^{\text{m. pl. Nom.}}$ parvata-rājānas$^{\text{m. pl. Nom.}}$ sarvaśas$^{\text{ind.}}$ cakravāḍa-mahācakravāḍās$^{\text{m. pl. Nom.}}$
须弥山 山王 任何 轮围山,大轮围山
parvata-rājānas$^{\text{m. pl. Nom.}}$ mahā-samudrās$^{\text{m. pl. Nom.}}$ ca$^{\text{conj.}}$ na santi$^{\text{3. pl. pres.}}$ (无量寿经61-1)
山王 大海 没有

阿难啊！那个佛国中没有黑山、宝山、山王须弥山和山王轮围山、大轮围山，也没有大海。

［谦］ 其國中無有須彌山。

［罗］ 又其國土，無須彌山及金剛圍一切諸山，亦無大海。

［志］ 復次，阿難！彼極樂界，無諸黑山、鐵圍山、大鐵圍山、妙高山等。

（2） vaiśālyām^f. sg. Loc.^ mahā-nagaryām^f. sg. Loc.^ vimalakīrtis^m. sg. Nom.^ nāma^ind.^
毗舍离 大城中 维摩诘 名为
licchavis^m. sg. Nom.^ prativasati^3. sg. pres.^ sma^ind.（维摩诘经2-1）^
离车族 住

当时，名叫维摩诘的离车族人住在毗舍离大城中。

［谦］ 是時，維耶離大城中有長者名曰維摩詰。

［什］ 爾時，毘耶離大城中有長者名維摩詰。

［奘］ 爾時，廣嚴城中有大菩薩，離呫毘種，名無垢稱。

例（1）梵语处所格“tasmin buddhakṣetre”（那佛国中）说明“na santi”（没有）“ratna-parvatās sumeravas cakravāḍa-mahācakravāḍās mahā-samudrās”（宝山、须弥山、铁围山、大铁围山、大海）的处所。支谦用方位短语“其国中”翻译，做存现句“无有须弥山”的处所主语。佛陀跋陀罗和菩提流志分别用处所短语“其国土”和“彼极乐界”翻译，做存现句“无……”的处所主语。例（2）梵语处所格“vaiśālyām mahā-nagaryām”（毗舍离大城中）说明“vimalakīrtis prativasati”（维摩诘住）的处所。支谦、鸠摩罗什和玄奘用方位短语“NP 中”“维耶离大城中”“毗耶离大城中”和“广严城中”对译，做存现句“有长者”“有大菩萨”的处所主语。

支谦本和鸠摩罗什本《维摩诘经》中出现了指代所有场合的“一切”做句子主语的用例。

（3） sarva-saṃgaṇikāsu^f. pl. Loc.^ ca saṃdṛśyate^3. sg. pass. pres.^ sarvatra^ind.^ ca
所有场合 被看见 所有地方
agra-pūjitas^ppp. m. sg. Nom.（维摩诘经2-3-10）^
最受尊敬

（维摩诘长者）出现在所有场合中，在所有地方都最受尊敬。

[谦] 一切見敬，爲供養中最。

[什] 一切見敬，爲供養中最。

[奘] 雖現一切邑會衆中，而恒爲最①説法上首。

梵语处所格“sarva-saṃgaṇikāsu”（所有场合）说明维摩诘长者“saṃdṛśyate”（被看见）的处所。不变词“sarvatra”可以理解为“sarva”（所有、全部）的处所格变化，意思是“所有地方”。支谦和鸠摩罗什用“一切”对译“sarvatra”，说明维摩诘长者“见敬”“为供养中最”的处所。玄奘用“一切邑会众中”翻译“sarva-saṃgaṇikāsu”，做句子的处所宾语。

3.3.2.2 句子宾语

《无量寿经》的汉译本用方位短语“NP 中”和处所短语对译处所格，做句子的处所宾语。《维摩诘经》的汉译本用处所短语翻译梵语处所格，做句子的处所宾语。如前文例（3）所示，玄奘本也用方位短语“NP 中”做处所宾语。《维摩诘经》通过增译动词的方法，用动宾短语“至/诣 NP”“入 NP 中”和“在 NP”翻译表示处所的处所格。支谦本、鸠摩罗什本《维摩诘经》和佛陀跋陀罗本《无量寿经》用“于 NP（中）”翻译梵语处所格，说明“现”“立”“住”的处所。详见表 3－10。

表 3－10

	《无量寿经》	《维摩诘经》
古译	NP 中；NP	NP；入 NP 中；至 NP；于 NP（中）
旧译	NP 中；NP；于 NP	NP；诣 NP；在 NP；于 NP（中）
新译	NP 中；NP	NP 中；NP；诣 NP；在 NP

（1） bhagavān$^{m. sg. Nom.}$ rājagṛhe$^{m. sg. Loc.}$ viharati$^{3. sg. pres.}$ sma$^{ind.}$ gṛdhrakūṭe$^{m. sg. Loc.}$
世尊 王舍城 住 鹫峰
parvate$^{m. sg. Loc.}$ (无量寿经1-2-2)
山中

① “爲最”三朝本作“最爲”。

世尊住在王舍城鹫峰山中。

［谦］ 佛在王舍國靈鷲山中。

［罗］ 佛住王舍城耆闍崛山中。

［志］ 佛住王舍城耆闍崛山中。

（2） vaiśālyām[f. sg. Loc.]	mahānagaryām[f. sg. Loc.]	piṇḍāya[m. sg. Dat.]	carāmi[1. sg. pres.]（维摩诘经3-21-7）
毗舍离	大城中	为了饭食	我行走

我为了（乞讨）饭食，行走在毗舍离大城中。

［谦］ 憶念我昔入其舍，欲乞食。

［什］ 憶念我昔入其舍從乞食。

［奘］ 憶念我昔，於一時間，入廣嚴城而行乞食。

例（1）梵语处所格“rājagṛhe gṛdhrakūṭe parvate”（王舍城鹫峰山）说明“bhagavān viharati”（世尊住）的处所。《无量寿经》汉译本用方位短语“NP 中”“王舍国灵鹫山中”“王舍城耆阇崛山中”翻译处所格，说明“佛在/住”的处所。例（2）梵语处所格“vaiśālyām mahānagaryām”（毗舍离大城）说明“carāmi”（我行走）的处所，《维摩诘经》汉译本用处所短语“其舍”“广严城”对译，说明“我入”的处所。

《维摩诘经》汉译本通过增译动词的方式，用动宾短语翻译梵语本的处所格。

（3） āmātyeṣu[m. pl. Loc.]	ca	āmātya-saṃmatas[ppp. Nom.]
大臣中		被大臣尊敬

sarva-rājakārya-sahadharma-niyojanāya[n. sg. Dat.]（维摩诘经2-5-5）

依法处理一切行政事务

（维摩诘）在大臣中，被大臣尊敬，因为他依法处理一切行政事务。

［谦］ 入人臣中，正群臣意，爲作端首，使入正道。

［什］ 若在大臣，大臣中尊，教以正法。

［奘］ 若在大臣，大臣中尊，教以正法。

（4） sas[dem. Nom.]	aham[1. sg. Nom.]	anyatamasmin[dem. Loc.]	brāhmaṇa-mahāśālasya[m. sg. Gen.]
	我	一个	婆罗门大宅的
gṛhamūle[n. sg. Loc.]	pātram[n. sg. Acc.]	gṛhītvā[ger.]	sthitas[ppp. Nom.]（维摩诘经3-50-9）
家门前	饭钵	拿	站

我就拿着碗，站在一个婆罗门大宅的门前。

[谦] 我時晨朝入維耶離，至大姓梵志門下，住。

[什] 我即持鉢，詣大婆羅門家門下，立。

[奘] 我於晨朝，整理常服執持衣鉢，詣廣嚴城婆羅門家，竚①立門下。

例(3)梵语处所格“āmātyeṣu”(大臣中)说明维摩诘的所在之处。虽然梵语本中没有出现与处所格搭配的动词，但是处所格和其后的分词“āmātya-saṃmatas”(被大臣尊敬)已经蕴含了被尊敬的对象维摩诘在大臣中这一动作。因此，支谦用动宾短语“入大臣中”对译处所格，鸠摩罗什和玄奘用动宾短语“在大臣”翻译，说明维摩诘的所在处。例(4)梵语处所格“anyatamasmin brāhmaṇa-mahāśālasya gṛhamūle”(一个婆罗门大宅的门前)说明“aham sthitas”(我站)的处所。支谦和鸠摩罗什分别用动宾短语“至大姓梵志门下”和“诣大婆罗门家门下”翻译梵语处所格，用“住”和“立”翻译“sthitas”(站)，将梵语本的一个动作“站在某个婆罗门大宅的门前”变为前后发生的两个动作“至/诣”和“住/立”。玄奘用动宾短语“诣广严城婆罗门家”翻译“anyatamasmin brāhmaṇa-mahāśālasya”(一个婆罗门大宅)，增译了动词“诣”，用“门下”翻译“gṛhamūle”(家门前)，说明“伫立”的处所。

支谦本、鸠摩罗什本《维摩诘经》和佛陀跋陀罗本《无量寿经》中，还用“于NP(中)”对译梵语处所格，做句子的处所宾语。

(5) ye^rel. Nom. ca iha trisāhasramahāsāhasre^num. Loc. lokadhātau^m. sg. Loc. sumeravas^m. pl. Nom.

三千大千 世界 须弥山

mahāparvatarājās^m. pl. Nom. himavan-mucilinda-mahāmucilinda-gandhamādana-ratna-parvatās^m. pl. Nom.

大山之王 雪山、目真邻陀山、大目真邻陀山、香山和宝山

vā cakravāḍa-mahācakravāḍās^m. pl. Nom. te^rel. Nom. api sarve^m. pl. Nom. tasmin^dem. Loc.

轮围山和大轮围山 所有 这个

eva eka-mahā-ratna-chatre^n. sg. Loc. saṃdṛśyante^3. pl. pres. pass. sma^ind.

一个大宝盖中 被看见

---

① “竚”三朝本作“伫”。

ye$^{\text{rel. Nom.}}$ api iha trisāhasramahāsāhasre$^{\text{num. Loc.}}$ lokadhātau$^{\text{m. sg. Loc.}}$
三千大千 世界

mahāsamudrās$^{\text{m. pl. Nom.}}$ vā saras-taḍāgāni$^{\text{n. pl. Nom.}}$ vā nadī-kunadyas$^{\text{f. pl. Nom.}}$
大海 或 湖和池 河和小河

sravantyas$^{\text{f. pl. Nom.}}$ vā pravahanti$^{\text{3. pl. pres.}}$ tās$^{\text{rel. Nom.}}$ api sarvās$^{\text{f. pl. Nom.}}$ tasmin$^{\text{dem. Loc.}}$
河流 流动 所有 这个

eva eka-mahā-ratna-chatre$^{\text{n. sg. Loc.}}$ saṃdṛśyante$^{\text{3. pl. pres. pass.}}$ sma
一个大宝盖中 被看见

yāni$^{\text{rel. Nom.}}$ api iha trisāhasramahāsāhasre$^{\text{num. Loc.}}$ lokadhātau$^{\text{m. sg. Loc.}}$ sūryā-
三千大千 世界 太阳

candramasām$^{\text{m. du. Nom.}}$ vimānāni$^{\text{n. pl. Nom.}}$ tārārūpāṇi$^{\text{n. pl. Nom.}}$ vā deva-bhavanāni$^{\text{n. pl. Nom.}}$
月亮 宫殿 星星 神的居所

vā nāga-bhavanāni$^{\text{n. pl. Nom.}}$ vā yakṣa-bhavanāni$^{\text{n. pl. Nom.}}$ vā
龙的居所 夜叉的居所

gandharva-asura-garuḍa-kinnara-mahoraga-bhavanāni$^{\text{n. pl. Nom.}}$
乾闼婆、阿修罗、迦楼罗、紧那罗、摩睺罗伽的住所

vā cāturmahārāja-bhavanāni$^{\text{n. pl. Nom.}}$ vā grāma-nagara-nigama-rāṣṭra-rājadhānyas$^{\text{f. pl. Nom.}}$
四大天王的住所 村庄、城市、市镇、王国、王都

vā tāni$^{\text{rel. Nom.}}$ api sarvāṇi$^{\text{n. pl. Nom.}}$ tasmin$^{\text{dem. Loc.}}$ eva eka-mahā-ratna-chatre$^{\text{n. sg. Loc.}}$
所有 这个 一个大宝盖中

saṃdṛśyante$^{\text{3. pl. pres. pass.}}$ sma（维摩诘经1–14）
被看见

三千大千世界中的大山之王须弥山、雪山、目真邻陀山、大目真邻陀山、香山和宝山、轮围山和大轮围山都在这个宝盖中显现。三千大千世界中的那些大海、湖泊、池塘、河流的流动，都在这个大宝盖中显现。三千大千世界的太阳、月亮、星星、神宫、龙宫、夜叉、乾闼婆、阿修罗、迦楼罗、紧那罗和摩睺罗迦的居所，以及四大王宫、村庄、城、镇、王国和都城，一切都出现在这个大宝盖中。

［谦］ 諸須彌、目鄰①、大目鄰山、雪山、寶山、黑山、鐵圍山、大鐵圍山，悉現於寶蓋

① “須彌、目鄰”三朝本作“須彌山、目鄰山”。

中。此三千世界，大海、江河、川流、泉源及上日、月、星辰、天宫、龍宫、諸尊神宫，悉現於寶蓋中。

［什］　又此三千大千世界諸須彌山、雪山、目真鄰陀山、摩訶目真鄰陀山、香山、寶山、金山、黑山、鐵圍山、大鐵圍山、大海、江河、川流、泉源及日、月、星辰、天宫、龍宫、諸尊神宫悉現於寶蓋中。

［奘］　又此三千大千世界所有大寶妙高山王、一切雪山、目真鄰陀山、摩訶目真鄰陀山、香山、寶山、金山、黑山、輪圍山、大輪圍山、大海、江河、陂泉、池沼及百俱胝四大洲渚，日、月、星辰、天宫、龍宫、諸尊神宫，并諸國邑、王都、聚落，如是皆現此寶蓋中。

梵语处所格“tasmin eka-mahā-ratna-chatre”（这一个大宝盖）在梵语本的三句话中都出现了，说明三千大千世界中的山川河流、日月星辰、天龙八部和四大天王的宫殿都在这个大宝盖中出现。支谦和鸠摩罗什用框式结构“于宝盖中”翻译，做“现”的处所宾语。玄奘用方位短语“此宝盖中”翻译，做“现”的处所宾语。

（6）

pratyakṣa[ind.]	deva-manuja-adbhuta-dharma-rājā[m. sg. Inst.]	ratnāni[n. pl. Nom.]	trīṇi[num. Nom.]
眼前	天神和人难得的法王	宝	三
upadarśita[ppp. pl. Nom.]	tatra[ind.]	kāle[m. sg. Loc.]（维摩诘经1-18-2）	
使出现	这	世间	

他作为天神和人的难得的大法王出现在眼前，使三宝出现在这世间。

［谦］　天人得見從解法，爲現三寶於世間。

［什］　天人得道此爲證，三寶於是現世間。

［奘］　希有法智天人證，三寶於是現世間。

（7）

samyaksaṃbuddhānām[m. pl. Gen.]	ānanda[m. sg. Voc.]	loke[m. sg. Loc.]	sudurlabhas[m. sg. Nom.]
正等正觉	阿难啊	在世间	难得
prādurbhāvas[m. sg. Nom.]	tad yathā[ind.]	udumbara-puṣpāṇām[m. pl. Gen.]	loke[m. sg. Loc.]
出现	就像	优钵罗花	在世间
prādurbhāvas[m. sg. Nom.]	sudurlabhas[m. sg. Nom.]	bhavati[3. sg. pres.]	evam[ind.] eva[ind.]
出现	难得	有	这样
tathāgatānām[m. pl. Gen.]	arthakāmānām[m. pl. Gen.]	hitaiṣiṇām[m. pl. Gen.]	
如来	热爱义理	寻求	
anukampakānām[m. pl. Gen.]	mahākaruṇā-pratipannānām[m. pl. Gen.]	sudurlabhas[m. sg. Nom.]	
利益	大慈大悲	难得	

prādurbhāvas$^{\text{m. sg. Nom.（无量寿经12）}}$

出现

阿难啊！正等正觉在世间的出现是难得的，就像优钵罗花在世间的出现一样难得。热爱义理，寻求利益，大慈大悲的如来的出现也难得。

［罗］ 如來以無盡大悲，矜哀三界，所以出興於世。

例(6)梵语处所格“kāle”说明“ratnāni trīṇi upadarśita”（使三宝出现）的处所。支谦用介词短语“于世间”翻译，说明“现三宝”的处所。鸠摩罗什和玄奘用方位短语“世间”翻译，说明“三宝现”的处所。例(7)梵语处所格“loke”指示“tathāgatānām prādurbhāvas”（如来出现）的处所，佛陀跋陀罗用介词短语“于世”对译，说明“如来出兴”的处所。

(8) sarve$^{\text{m. pl. Nom.}}$ te$^{\text{3. pl. Nom.}}$ bodhi-maṇḍāt$^{\text{m. sg. Abl.}}$ āgacchanti$^{\text{3. pl. pres.}}$

所有 他们 从菩提座 来

buddha-dharmebhyas$^{\text{m. pl. Abl.}}$ āgacchanti$^{\text{3. pl. pres.}}$ buddha-dharmeṣu$^{\text{m. pl. Loc.}}$ ca$^{\text{conj.}}$

从佛法 来 在佛法中

pratiṣṭhante$^{\text{3. pl. pres.（维摩诘经3-67-2）}}$

停留

他们都从菩提座中来，从佛法中来，停留在佛法中。

［谦］ 是爲一切從佛心來，立於一切佛法矣。

［什］ 當知皆從道場來，住於佛法矣。

［奘］ 一切皆從妙菩提來，一切皆從諸佛法來，安住一切諸佛妙法。

(9) aprameya-asaṃkhyeyāni$^{\text{n. pl. Nom.}}$ sattva-koṭī-niyuta-śata-sahasrāṇi$^{\text{n. pl. Nom.}}$

无数无量 百千千万众生

anuttarāyām$^{\text{f. sg. Loc.}}$ samyak-saṃbodhau$^{\text{f. sg. Loc.}}$ pratiṣṭhāpitāni$^{\text{ppp. caus. n. pl. Nom.（无量寿经37-1）}}$

无上 正等正觉中 使停留

（法藏比丘）使无数无量百千千万众生停留在无上正等正觉中。

［罗］ 教化安立無數衆生，住於無上正真之道。

例(8)梵语处所格“buddha-dharmeṣu”（佛法中）说明“pratiṣṭhante”（他们停留）的处所。支谦和鸠摩罗什用介词短语“于一切佛法”和“于佛法”翻译，做“立”和“住”的处所宾语。例(9)佛陀跋陀罗用介词短语“于无上正真之道”对译梵语处所格“anuttarāyām samyak-saṃbodhau”（无上正等正觉中），说明“住”（pratiṣṭhāpitāni）的处所。

3.3.2.3 句子定语

《无量寿经》和《维摩诘经》的汉译本用处所短语翻译梵语处所格，修饰名词短语。佛陀跋陀罗本和菩提流志本《无量寿经》用方位短语“NP 中”对译梵语处所格，做处所定语。在菩提流志本《无量寿经》和玄奘本《维摩诘经》中，分别用“于 NP 中”和“于 NP”翻译梵语处所格，做处所定语。详见表 3－11。

表 3－11

	《无量寿经》	《维摩诘经》
古译	NP	NP
旧译	NP 中；NP	NP
新译	NP 中；NP；于 NP 中	NP；于 NP

（1）sacet$^{\text{ind.}}$ me$^{\text{1. sg. Gen.}}$ bhagavan$^{\text{m. sg. Voc.}}$ bodhiprāptasya$^{\text{Gen. Abs.}}$ tatra$^{\text{ind.}}$
如果 我 世尊啊 得觉悟后 那里
buddhakṣetre$^{\text{n. sg. Loc.}}$ ye$^{\text{rel. Nom.}}$ bodhisattvās$^{\text{m. pl. Nom.}}$ pratyājāyeran$^{\text{3. pl. opt.}}$ te$^{\text{rel. Nom.}}$
佛土中 那些 菩萨 出生 他们
sarve$^{\text{m. pl. Nom.}}$ na dvātriṃśatā$^{\text{num. Inst.}}$ mahāpuruṣalakṣaṇais$^{\text{m. pl. Inst.}}$
所有 不 三十二 大人相
sam-anu-ā-gatās$^{\text{ppp. m. pl. Nom.}}$ bhaveyus$^{\text{3. pl. opt.}}$ mā$^{\text{ind.}}$ tāvat$^{\text{ind.}}$ aham$^{\text{1. sg. Nom.}}$
具有 有 没有 我
anuttarām$^{\text{f. sg. Acc.}}$ samyaksaṃbodhim$^{\text{f. sg. Acc.}}$ abhisaṃbudhyeyam$^{\text{1. sg. opt.}}$（无量寿经28-20）
无上 正等正觉 觉悟

世尊啊！如果我得觉悟后，在我的佛土中出生的那些菩萨，不是所有人都具有三十二大人相，我就没有觉悟无上正等正觉。

［谦］ 我作佛時，我國諸菩薩，不悉三十二相者，我不作佛。

［罗］ 設我得佛，國中人天，不悉成滿三十二大人相者，不取正覺。

［志］ 若我成佛，國中菩薩，皆不成就三十二相者，不取菩提。

（2）sacet$^{\text{ind.}}$ me$^{\text{1. sg. Gen.}}$ bhagavan$^{\text{m. sg. Voc.}}$ bodhiprāptasya$^{\text{Gen. Abs.}}$ tatra$^{\text{ind.}}$
如果 我 世尊啊 得觉悟后 那里
buddhakṣetre$^{\text{n. sg. Loc.}}$ ye$^{\text{rel. Nom.}}$ sattvās$^{\text{m. pl. Nom.}}$ pratyājātās$^{\text{ppp. Nom.}}$ bhaveyus$^{\text{3. pl. opt.}}$
佛土中 那些 众生 出生 有
te$^{\text{3. pl. Nom.}}$ sarve$^{\text{m. pl. Nom.}}$ na eka-jāti-baddhās$^{\text{m. pl. Nom.}}$ syus$^{\text{3. pl. opt.}}$
他们 全部 不 一生补处 在
anuttarāyām$^{\text{f. sg. Loc.}}$ samyaksaṃbodhau$^{\text{f. sg. Loc.}}$ . . . mā tāvat aham$^{\text{1. sg. Nom.}}$
无上 正等正觉 没有 我
anuttarām$^{\text{f. sg. Acc.}}$ samyaksaṃbodhim$^{\text{f. sg. Acc.}}$ abhisaṃbudhyeyam$^{\text{1. sg. opt.}}$（无量寿经28-21）
无上 正等正觉 觉悟

世尊啊！如果我得觉悟后，在佛土中出生的众生，不是全部处在离无上正等正觉的一生补处……那么，我就没有证得无上正等菩提。

［罗］ 設我得佛，他方佛土諸菩薩衆來生我國，究竟必至一生補處。……若不爾者，不取正覺。

［志］ 若我成佛，於彼國中所有菩薩，於大菩提咸悉位階一生補處。……若不爾者，不取菩提。

例（1）和例（2）梵语处所格“tatra buddhakṣetre”（那佛土中）分别说明“bodhisattvās”（菩萨）和“sattvās”（众生）“pratyājāyeran/pratyājātās”（出生）的处所。支谦和佛陀跋陀罗分别用处所短语“我国”和“他方佛土”翻译例（1）和例（2）的梵语处所格，修饰小句主语“诸菩萨”和“诸菩萨众”。佛陀跋陀罗和菩提流志用方位短语“国中”翻译例（1）的处所格，分别修饰小句主语“人天”和“菩萨”。菩提流志用框式结构“于彼国中”翻译例（2）的处所格，修饰小句主语“所有菩萨”。

（3）sarva-satvānām$^{\text{m. pl. Gen.}}$ ca$^{\text{conj.}}$ sarva-kleśa-vyādhi-prahāṇāya$^{\text{n. sg. Dat.}}$
所有众生 为了断除一切烦恼和病痛
anuttarāyām$^{\text{f. sg. Loc.}}$ samyak-saṃbodhau$^{\text{f. sg. Loc.}}$ cittāni$^{\text{n. pl. Acc.}}$
无上 正等正觉 心
utpādayitavyāni$^{\text{caus. fpp. pl. Nom.}}$（维摩诘经2-11-9）
使产生

为了去除众生的一切烦恼和病痛，应当使无上正等正觉心产生。

［谦］ 欲除一切病者，當發行大道。

［什］ 諸仁者欲得佛身斷一切眾生病者，當發阿耨多羅三藐三菩提心。

［奘］ 汝等欲得如是之身，息除一切有情病者，當發阿耨多羅三藐三菩提心。

（4） kas^inter. Nom. anuttarāyām^f. sg. Loc. samyaksaṃbodhau^f. sg. Loc. cittam^n. sg. Acc. na
谁 无上 正等正觉 心 不
utpādayet^3. sg. opt. caus. （维摩诘经3-20-4）
使产生

（听了他的话）谁能不使无上正等正觉之心产生呢？

［谦］ 乃以此辯，勸發道意。

［什］ 其誰聞此不發阿耨多羅三藐三菩提心？

［奘］ 誰有智者得聞斯説，而不發於阿耨多羅三藐三菩提心？

例（3）和例（4）梵语处所格"anuttarāyām samyaksaṃbodhau"（无上正等正觉）说明"cittāni/cittam"（心）所在的处所。支谦分别用"大道"和"道"翻译"anuttarāyām samyaksaṃbodhau"。鸠摩罗什用"阿耨多罗三藐三菩提"对译梵语处所格，修饰"心"。玄奘分别用形容词短语"阿耨多罗三藐三菩提"和介词短语"于阿耨多罗三藐三菩提"对译处所格，修饰"心"。

3.3.2.4 句子状语

《无量寿经》的汉译本用框式结构"在/于 NP 中"翻译梵语处所格，做句子的处所状语。支谦本《维摩诘经》用介词短语"于/在 NP"翻译处所格，鸠摩罗什用"于 NP（中）"翻译处所格，玄奘用框式结构"在 NP 中"翻译，做句子的处所状语。详见表 3-12。

表 3-12

	《无量寿经》	《维摩诘经》
古译	在 NP 中	于 NP；在 NP
旧译	在 NP 中	于 NP（中）
新译	于 NP 中	在 NP 中

（1） puṣpapuṭas[m. sg. Nom.] utsṛṣṭas[ppp. m. sg. Nom.] daśa-yojana-vistāram[m. sg. Acc.]
花束 散开 十由旬广
puṣpa-chatram[m. sg. Acc.] prādur-bhavati[3. sg. pres.] upari[ind.] antarīkṣe[n. sg. Loc.（无量寿经107-1）]
花伞 变成 上方 在天空中

花束散开，在空中变成了十由旬广的花伞。

［谦］ 華皆在虛空中下向。

［罗］ 在虛空中化成華蓋。

［志］ 其所散花即於空中變成花蓋。

梵语处所格“antarīkṣe”（天空中）说明“puṣpapuṭas”（花束）“puṣpa-chatram prādur-bhavati”（变成花伞）的处所。支谦和佛陀跋陀罗用框式结构“在虚空中”翻译处所格，说明“下向”和“化成华盖”的处所。菩提流志用框式结构“于空中”翻译，说明“变成花盖”的处所。

（2） abhijānāmi[1. sg. pres.] aham[1. sg. Nom.] bhagavan[m. sg. Voc.] daridra-vīthyām[f. sg. Loc.]
记得 我 世尊啊 贫穷的街区中
piṇḍāya[m. sg. Dat.] carāmi[1. sg. pres.（维摩诘经3-16-4）]
为了饭食 行走

世尊啊！我记得为了（乞讨）饭食，在贫穷的街区中行走。

［谦］ 憶念我昔於貧聚而行乞。

［什］ 憶念我昔於貧里而行乞。

［奘］ 憶念我昔，於一時間，入廣嚴城遊貧陋巷而巡①乞食。

（3） abhijānāmi[1. sg. pres.] aham[1. sg. Nom.] bhagavan[m. sg. Voc.] ekasmin[num. Loc.] samaye[m. sg. Loc.]
记得 我 世尊 一 时间
vanasya[n. sg. Gen.] anyatamasmin[dem. sg. Loc.] pṛthivī-pradeśe[m. sg. Loc.] ādikarmikāṇām[m. pl. Gen.]
树林的 某个 地方 开始学习的
bhikṣūṇām[m. pl. Gen.] dharmam[m. sg. Acc.] deśayāmi[1. sg. caus. pres.（维摩诘经3-29-5）]
比丘 法 说

世尊啊！记得在某一个时间，我在树林的某个地方为开始学习的比丘说法。

［谦］ 憶念我昔在他方大樹下爲阿夷行比丘說死畏之法。

① “巡”三朝本作“循”。

［什］ 憶念我昔，於大林中，在一樹下爲諸新學比丘説法。

［奘］ 憶念我昔於一時間在大林中爲諸新學苾芻説法。

例(2)梵语处所格“daridra-vīthyām”(贫穷的街区)说明“piṇḍāya carāmi”(我为了乞食而行走)的处所。支谦和鸠摩罗什分别用“于贫聚”“于贫里”翻译,说明“行乞”的处所。例(3)梵语处所格“vanasya anyatamasmin pṛthivī-pradeśe”(树林的某个地方)说明“dharmam deśayāmi”(我说法)的处所。支谦用“在他方大树下”翻译处所格,说明“说死畏之法”的处所。鸠摩罗什用“于大林中”和“在一树下”翻译处所格,说明“说法”的处所。玄奘用框式结构“在大林中”翻译处所格,说明“说法”的处所。

3.3.2.5 “诣佛所”考

如前所述,《维摩诘经》中出现了通过增译动词“至/诣”来翻译梵语处所格的现象,“至/诣 NP”表示“去某个处所”。汉译佛经中常用“……(往/来)诣/到/至佛所”说明弟子或信众去佛所在之处,听佛说法,或者向佛请教。例如:

(1) 復有十二天神、將軍、將諸官屬四十萬人,來詣佛所,稽首于地,畢,各分部住佛左右立侍。(東漢支曜譯《成具光明定意經》)

(2) 梵志二女,長名難陀、次名難陀波羅,見光喜悦,尋詣佛所,禮拜請佛。(東漢康孟詳譯《中本起經·化迦葉品》)

(3) 三千大千國土諸四天王、諸釋梵及諸尊天,一切皆來到佛所,前爲佛作禮,遶竟三匝,各住一面。(東漢支婁迦讖譯《道行般若經·清淨品》)

(4) 是時,大愛道瞿曇彌行到佛所,稽首作禮,却住一面,叉手白佛言:“我聞女人精進,可得沙門四道,願得受佛法律。我以居家有信,欲出家爲道。”(東漢康孟詳譯《中本起經·瞿曇彌來作比丘尼品》)

(5) 弟子禮師,即至佛所,稽首畢,具陳師請,向佛歎其師曰:“國師梵摩渝,博通衆經,貫綜祕讖,靖居齋房,豫知天文,圖書吉凶,靡不逆照,豫明斯世,當有天師,巨容丈六,天姿紫金,相有三十二,好有八十章,天中之天,衆聖中王。今故馳詣,歸命三尊,近在林樹之外,未敢自進,願欲覲見,恭稟神化。”(三國吳支謙譯《梵摩渝經》)

“诣/到/至”是趋向动词,说明弟子或信众的动作,“佛所”义为佛所在之处,“诣/到/至佛所”的意思就是“去佛的所在之处”“到佛的所在之处”。这一表述看上去没什么特别之处,其实不然。Miyazaki(2007:1103)以菩提流志译

《大宝积经·富楼那会·大悲品》“(帝释)时即自化作婆罗门,往诣王所”和义净译《金光明最胜王经·序品》“如是等诸大声闻,各于晡时,从定而起,往诣佛所,顶礼佛足”为例,指出“往诣王所”和“往诣佛所”是对梵语处所关系代词结构“yena ... tena”的意译。这一说法对不对?汉译佛经中的“(往/来)诣/到/至佛所”在梵语平行本中的对应成分是什么?本小节尝试对这一问题做出解答。

汉译佛经中的“(往/来)诣/到/至佛所”多用于对译梵语平行本中表示“去世尊所在之处”的“yena ... tena+趋向动词”。“佛所”还可对译梵语平行本中的远指处所代词、方位词或处所格变化。当它们出现在趋向动词做谓语的句子中时,译者用“(往/来)诣/到/至佛所”翻译,做句子的谓语和宾语。

1. “yena ... tena”结构+动词

佛经汉译者常用“诣佛所”或“往诣佛所”对译梵语平行本中表示“去世尊所在之处”的“yena bhagavān tena+动词”。“bhagavān”即“世尊”,是佛的尊号之一。“yena bhagavān tena”是表处所的关系代词结构,义为“世尊所在之处”。跟在“yena bhagavān tena”之后的动词绝大部分是趋向动词“upa-sam-√kram”的屈折变化形式,如“upasaṃkrāntās”是过去分词,“upasaṃkrāmat”是不定过去时。词缀“upa-”义为“靠近”,“sam-”义为“一起”,词根“√kram”义为“走、去”,“upa-sam-√kram”的意思是“一起走向、一起去”。译者用“诣”或“往诣”对译趋向动词,用“佛所”对译“yena bhagavān tena”。以西晋竺法护译《正法华经》为例:

(6)(五百百千億諸梵天人)即詣佛所,稽首于地,繞無數匝,手執大華如須彌山,供養散佛。

dṛṣṭvā[已看见] ca punar yena sa[这位] bhagavān[世尊] tena upasaṃkrāntās[去] upasaṃkramya[已去] tasya bhagavatas[世尊的] pādau[双足] śirobhis[用头] vanditvā[已行礼] tam bhagavantam[世尊] aneka-śata-sahasra-kṛtvas[数百千次] pradakṣiṇī-kṛtya[从左向右绕] tais ca sumeru-mātrais[累积似须弥山] puṣpa-puṭais[花堆] tam bhagavantam[世尊] abhyavakiranti[撒] sma[表过去] abhiprakiranti[撒] sma tam[那棵] ca bodhi-vṛkṣam[菩提树] daśa-yojana-pramāṇam[十由旬高]

看到(世尊)后,他们走近这位世尊。走近后,俯首向世尊行触足礼,向世尊右绕百千匝,将累积似须弥山的鲜花撒向这位世尊,撒向高达十由旬的菩提树。①

① 《法华经》的现代汉语翻译引自黄宝生译注(2018)《梵汉对勘妙法莲华经》。

(7) 爾時,五百無著目見耳聞如來授決,歡喜踴躍,往詣佛所,自投于地,稽首作禮。

atha khalu tāni[这] pañca-arhat-śatāni[五百阿罗汉] bhagavatas[世尊的] saṃmukham[面前] ātmanas[为自己] vyākaraṇāni[授记] śrutvā[已听闻] tuṣṭās[满意] udagrās[激动] ātta-manasas[喜悦] pramuditās[高兴] prīti-saumanasya-jātās[欢喜愉快] yena bhagavān[世尊] tena upasaṃkrāntās[去] upasaṃkramya[已去] bhagavatas[世尊的] pādayos[双足] śirobhis[用头] nipātya[行礼]

这时,这五百位阿罗汉听到世尊当面为自己授记后,满意、激动、喜悦、高兴、欢喜、愉快,走近世尊。走近后,俯首向世尊行触足礼。

竺法护分别用"诣"和"往诣"对译"upa-sam-√kram"的过去分词"upasaṃkrāntās",用"佛所"对译"yena bhagavān tena"。例(6)"诣佛所"表示五百百千亿诸梵天人去世尊所在的地方,例(7)"往诣佛所"说明五百无著去往世尊的所在之处。

鸠摩罗什译《维摩诘所说经》和玄奘译《说无垢称经》用"往诣佛所"对译"yena bhagavān tena upasaṃkrāmat",说明维摩诘去世尊所在的地方。

(8) [什] 維摩詰即以神力持諸大眾并師子座,置於右掌,往詣佛所。到已著地,稽首佛足,右遶七匝,一心合掌,在一面立。

[奘] 時無垢稱現神通力,令諸大眾不起本處,并師子座住右掌中,往詣佛所,到已置地,恭敬頂禮世尊雙足,右繞七匝却住一面,向佛合掌,儼然而立。

atha vimalakīrtis[维摩诘] licchavis[离车族] tādṛśam[这样的] ṛddhi-abhisaṃskāram[神通] abhisaṃskaroti[施展] sma yathā[这样] tām sarvāvatīm[所有] parṣadam[大众] sārdham[一起] tais siṃhāsanais[狮子座] dakṣiṇe[右边] pāṇau[手掌中] pratiṣṭhāpya[已放置] yena bhagavān[世尊] tena upasaṃkrāmat[去] upasaṃkramya[已去] tām parṣadam[会众] dharaṇitale[地上] pratiṣṭhāpya[已放置] bhagavatas[世尊的] pādau[双足] śirasā[用头] vanditvā[已行礼] bhagavantam[世尊] saptakṛtvas[七次] pradakṣiṇīkṛtya[从左向右绕] ekānte[一边] asthāt[站]

于是,离车族维摩诘施展这样的神通,将所有会众连同狮子座置于右掌中,来到世尊那里。来到后,他将那些会众放在地上,俯首向世尊行触足礼,右绕世尊七匝,侍立一旁。①

《法华经》和《维摩诘经》的梵语平行本中还出现了"yena bhagavān tena upasaṃkrāmat"的扩展形式"yena ... yena bhagavān tena upasaṃkrāmat"。第一

---

① 《维摩诘经》的现代汉语翻译引自黄宝生译注(2011)《梵汉对勘维摩诘所说经》。

个“yena”说明具体处所，第二个“yena”，即“yena bhagavān tena”表示第一个“yena”所指的处所即是佛的所在之处。动词“upasaṃkrāmat”统摄两个“yena”所指的处所。如例（9）《法华经》的梵语平行本“yena gṛdhrakūṭas parvarājas yena ca bhagavān tena upasaṃkrāmat”，“yena gṛdhrakūṭas parvarājas”表示去的地方是灵鹫山，“yena bhagavān tena”说明灵鹫山就是世尊所在的地方。这句话的意思是“（普贤菩萨）去灵鹫山，世尊所在的地方”。

（9）至靈鷲山，往詣佛所，稽首足下，繞佛七匝。

sa[他，即普贤菩萨] yena gṛdhrakūṭas[灵鹫山] parva-rājas[山王] yena ca bhagavān[世尊] tena upasaṃkrāmat[去] upasaṃkramya[已去] bhagavatas[世尊的] pādau[双足] śirasā[用头] abhivandya[已行礼] sapta-kṛtvas[七次] pradakṣiṇī-kṛtya[从左向右绕]

他走近山王灵鹫山，走近世尊。走近后，向世尊俯首行触足礼，右绕七匝。

竺法护将“yena gṛdhrakūṭas parvarājas yena ca bhagavān tena upasaṃkrāmat”译为“至灵鹫山，往诣佛所”，用“至灵鹫山”对译“yena gṛdhrakūṭas parvarājas（upasaṃkrāmat）”，用“往诣佛所”对译“yena bhagavān tena upasaṃkrāmat”。

例（10）《维摩诘经》的梵语平行本“yena āmrapālīvana yena ca bhagavān tena upasaṃkrāmat”义为“（宝积菩萨和五百个离车族童子一起）去菴罗卫园林，世尊所在之处”，“yena āmrapālīvana”说明去的地方是菴罗卫园林，“yena ca bhagavān tena upasaṃkrāmat”表示菴罗卫园林即是世尊所在的地方。

（10）［谦］ 於是，維耶離國有長者子，名羅隣那竭，漢言曰寶事，與五百長者子俱，皆有決於無上正真之道，持七寶蓋來詣佛所，稽首佛足，以其寶蓋，共覆佛上。

［什］ 爾時，毗耶離城有長者子，名曰寶積，與五百長者子俱，持七寶蓋來詣佛所，頭面禮足，各以其蓋共供養佛。

［奘］ 時，廣嚴城有一菩薩，離呫毗種，名曰寶性，與離呫毗五百童子各持一蓋，七寶莊嚴，往菴羅林詣如來所，各以其蓋奉上世尊，奉已，頂禮世尊雙足，右繞七匝，却住一面。

atha[然后] ratnākaras[宝积] bodhisatvas[菩萨] licchavikumāras[离车族的童子] sārdham[一起] pañcamātrais[以五为数量] licchavikumāra-śatais[百个离车族的童子] saptaratnamayāni[七宝制成] chatrāṇi[伞盖] gṛhītvā[已拿着] vaiśālyām[毗舍离] mahānagaryām[大城] niṣkramya[已离开] yena āmrapālīvanam[菴罗卫林] yena ca bhagavān[世尊] tena upasaṃkrāmat[去] upasaṃkrāmya[已去] bhagavatas[世尊的] pādau[双足] śirasā[用头] vanditvā[已行礼] bhagavantam[世尊]

saptakṛtvas[七次] pradakṣiṇī-kṛtya[从左向右绕] yathā[这样] parigṛhītais[拿着] tais chatrais[伞盖] bhagavantam[世尊] abhicchādayati[覆盖] sma abhicchādya[已覆盖] ekānte[一边] sthitas[站] abhūt[有,是]

然后,维舍离大城中,离车族童子宝积菩萨偕同五百离车族童子,人人手持七宝华盖,出城来到菴罗卫园林世尊那里。来到后,俯首向世尊行触足礼,右绕七匝,献上各人手持的华盖。然后,侍立一旁。

支谦和鸠摩罗什用“来诣佛所”对译“yena bhagavān tena upasaṃkrāmat”,用“来诣”对译“upasaṃkrāmat”,“佛所”对译“yena bhagavān tena”,省略了第一个“yena”所指的处所“āmrapālīvanam”。玄奘的翻译与梵语本更一致,用“菴罗林”对译“yena āmrapālīvana”,用“如来所”对译“yena bhagavān tena”,并在“菴罗林”和“如来所”之前分别用“往”和“诣”对译统摄这两个处所的动词“upasaṃkrāmat”。

在《法华经》和《无量寿经》梵语平行本中出现了“yena ... tena”结构中的“bhagavān”并非释迦牟尼佛,而是其他佛世尊的用例。例(11)鸠摩罗什译《妙法莲华经》中,十六个王子去的地方是世尊大通智胜如来的所在之处。

(11) [什] (十六子)聞父得成阿耨多羅三藐三菩提,皆捨所珍,往詣佛所。諸母涕泣而隨送之。其祖轉輪聖王,與一百大臣及餘百千萬億人民,皆共圍繞,隨至道場。

atha khalu bhikṣavas[比丘们] te[这些] ṣoḍaśa[十六] rāja-kumārās[王子] tāni vividhāni[各种] krīḍanakāni[玩具] rāmaṇīyakāni[可爱的] visarjayitvā[已舍弃] tam bhagavantam[世尊] Mahābhijñājñānābhibhuvam[大通智胜] tathāgatam[如来] arhantam[阿罗汉] samyaksaṃbuddham[正等觉] anuttarām[无上] samyaksaṃbodhim[正等菩提] abhisaṃbuddham[觉悟] viditvā[已知道] mātṛbhis[母亲们] dhātṛbhis[保姆们] ca[和] rudantībhis[哭泣的] parivṛtās[围绕] puras-kṛtās[恭敬] tena ca mahā-rājñā[大王] cakra-vartina-āryakeṇa[转轮王] mahā-kośena[高贵富裕] rāja-amātyais[王臣] ca bahubhis[众多] ca prāṇi-koṭī-nayuta-śata-sahasrais[百千千万那由他众生] parivṛtās[围绕] puras-kṛtās[恭敬] yena bhagavān[世尊] Mahābhijñājñānābhibhūs[大通智胜] tathāgatas[如来] arhan[阿罗汉] samyak-saṃbuddhas[正等觉] bodhi-maṇḍa-vara-agra-gatas[坐在殊胜菩提道场] tena upasaṃkrāmanti[去] sma

众比丘啊,这十六个王子抛弃各种可爱奇妙的玩具,他们得知世尊大通智胜如来、阿罗汉、正等觉觉知无上正等菩提,在哭泣的母亲和保姆们恭敬围绕下,在高贵富裕的转轮大王、众多王臣和百千千万那由他众生的恭敬围绕下,走近坐在殊胜菩提道场的世尊大通智胜如来、阿罗汉、正等觉。

鸠摩罗什将“yena bhagavān mahābhijñājñānābhibhūs tathāgatas arhan samyak-saṃbuddhas bodhi-maṇḍa-vara-agra-gatas tena upasaṃkrāmanti”译为“往诣佛所”，用“往诣”对译“upasaṃkrāmanti”。由于前文已经出现了“大通智胜佛”，此处将“yena ... tena”结构所指的“坐在殊胜菩提道场的世尊大通智胜如来、阿罗汉、正等觉那里”简化为“佛所”。

在《无量寿经》中，法藏比丘去的地方是世尊世自在王如来的所在之处。

(12)［罗］ 時，法藏比丘攝取二百一十億諸佛妙土清淨之行，如是修已，詣彼佛所，稽首禮足，遶佛三匝，合掌而住。

［志］ 阿難！彼二十一俱胝佛刹，法處比丘所攝佛國超過於彼。既攝受已，往詣世間自在王如來所，頂禮雙足，右繞七匝，却住一面。

iti[这样] hi ānada[阿难] yā tena[那位] bhagavatā[世尊] Lokeśvararājena[世自在王] tathāgatena[如来] teṣām ekāśīti-buddha-kṣetra-koṭī-nayuta-śata-sahasrāṇām[八十一百千千万那由他] saṃpattis[成就] kathitā[讲述] tatas[进而] atireka-atyudāra-praṇīta-aprameya-tarām[更加无比优美和微妙的] buddhakṣetra-saṃpattim[佛土成就] parigṛhya[已掌握] yena sa[这位] tathāgatas[如来] tena upasaṃkramya[去] tasya bhagavatas[世尊的] pādau[双足] śirasā[用头] vanditva[行礼]

这样，阿难啊！他掌握了世尊世自在王如来讲述的八十一百千千万那由他佛土的成就，进而又掌握了更加无比优美和微妙的佛土成就。于是，他走近这位如来，向这位世尊俯首行触足礼。

梵语本先说明世尊是“bhagavatā lokeśvararājena tathāgatena”，即“世尊世自在王如来”，然后用“yena sa tathāgatas tena upasaṃkramya”表示法藏比丘“去了这位如来的所在之处”。佛陀跋陀罗用“诣”翻译动词“upasaṃkramya”，用“彼佛所”对译“yena sa tathāgatas tena”，与梵语本一致。菩提流志用“往诣”对译“upasaṃkramya”，将“yena ... tena”译为“世间自在王如来所”，说明拜访的世尊是世自在王如来。

《无量寿经》中还有1例“yena ... tena”结构中的世尊是“世自在王如来”的用例。与例(12)不同的是，该用例梵语本的动词不是趋向动词，而是“āñjalim praṇamya”，即“合掌行礼”，但译者仍将这句话译为“(往)到/诣……所”。

(13)［讖］ (沙門曇摩迦)往到樓夷亘羅佛所，前爲佛作禮，却，長跪叉手。

［谦］ (比丘曇摩迦留)到世饒王佛所，稽首爲禮，長跪叉手，稱讚佛言。

［罗］ (沙門法藏)詣世自在王如來所，稽首佛足，右遶三匝，長跪合掌，以頌讚曰。

［志］　阿難！彼法處比丘，往詣世間自在王如來所，偏袒右肩，頂禮佛足，向佛合掌，以頌讚曰。

atha khalu ānanda[阿难] sa[这位] dharmākaras[法藏] bhikṣus[比丘] utthāya[起身后] āsanāt[从座位] ekāṃsam[右肩] uttara-āsaṅgam[上衣] kṛtvā[整理] dakṣiṇam[右] jānumaṇḍalam[膝盖] pṛthivyām[地上] pratiṣṭhāpya[放置] yena asau[这位] bhagavān[世尊] Lokeśvararājas[世自在王] tathāgatas[如来] tena āñjalim[合掌] praṇamya[行礼] bhagavantam[世尊] namaskṛtya[已行礼] tasmin[这] samaye[时] saṃmukham[当面] ābhis[这些] gāthābhis[用偈颂] abhyaṣṭāvīt[赞美]

那时，阿难啊！法藏比丘从座位起身，偏袒右肩，右膝著地，向世自在王如来合掌行礼，向世尊行礼后，当面用这些偈颂赞美（世尊）。

“yena . . . tena”除了表处所之外，还可表对象、方式或原因。至于其表示的是处所、对象、方式还是原因，是由“yena . . . tena”结构中的名词或句子中的动词决定的。该用例“yena asau bhagavān lokeśvararājas tathāgatas tena āñjalim praṇamya”的动词是“āñjalim praṇamya”，即“合掌”，而不是趋向动词。相应地，“yena asau bhagavān lokeśvararājas tathāgatas tena”理解为“合掌”动作的对象“世尊世自在王如来”更合理。① 然而，四位译者依然认为“yena . . . tena”表处所，为“……佛/如来所”搭配了梵语本中没有的趋向动词“（往）到/诣”。然后，用“叉手”“合掌”对译“āñjalim praṇamya”，将梵语本的一个动作“对世自在王如来合掌行礼”译为“去世自在王如来的所在之处”和“合掌”两个动作。

2. 方所词/处所格+趋向动词

《法华经》《维摩诘经》和《无量寿经》的梵语平行本中用远指处所代词、方

---

① 《药师琉璃光王经》有一句与该用例动作相同的描述：“atha khalu mañjuśrīs[文殊师利] dharmarājaputras[法王子] buddha-anubhāvena[凭借佛的威力] utthāya[起身] āsanāt[从座位] ekāṃsam[右肩] uttara-āsaṅgam[上衣] kṛtvā[整理] dakṣiṇam[右] jānumaṇḍalam[膝盖] pṛthivyām[地上] pratiṣṭhāpya[放置] yena bhagavān[世尊] tena āñjalim[合掌] praṇamya[行礼] bhagavantam[世尊] etat[这] avocat[说]”这句话的直译是：“这时，文殊师利法王子凭借佛的威力，从座位上起身，偏祖右肩，右膝着地，向世尊合掌行礼”。隋达摩笈多《药师如来本愿经》将这句话译为“尔时，曼殊室利法王子承佛威神，即从座起，偏露一膊，右膝着地，向婆伽婆合掌曲躬”，其同经异译本唐玄奘《药师琉璃光如来本愿功德经》译为“尔时，曼殊室利法王子承佛威神，从座而起，偏袒一肩，右膝着地，向薄伽梵曲躬合掌”。达摩笈多和玄奘都将“yena bhagavān tena”理解为“āñjalim praṇamya”的对象。他们分别把这一动作译为“向婆伽婆合掌曲躬”和“向薄伽梵曲躬合掌”。参看黄宝生（2014：112）。

位词或处所格表示处所。当这些处所是佛所在之处或佛国时，佛经汉译者用“佛所”对译，用“（往/来）诣/至/到”对译与它们搭配的趋向动词，用“（往/来）诣/至/到佛所”说明拜访者去佛所在之处或佛国。

梵语远指处所代词“tatra”义为“那里”。当“tatra”指代佛所在之处时，译者用“佛所”对译。如支谦本和鸠摩罗什本《维摩诘经》：

（14）［谦］ 復有萬婆羅門，皆如編髮等，從四方境界來，詣佛所而聽法。

［什］ 復有萬梵天王尸棄等，從餘四天下，來詣佛所而聽法。

daśabhis[十] ca brahma-sahasrais[千梵天] jaṭibrahma-pramukhais[以持髻梵天为首] anekāt[众多] caturmahādvīpakāt[从四大洲] lokadhātos[世界] abhyāgatais[来] bhagavatas[世尊] darśanāyai[为了看望] vandanāyai[敬拜] paryupāsanāyai[侍奉] dharma-śravaṇāya[听法] ca te[他们] tatra[那里] eva parṣadi[集会] saṃnipatitās[聚集]

还有以持髻梵天为首的一万梵天，从各自四大洲世界前来与会，为了看望、敬拜和侍奉世尊，聆听正法，聚集在那里（菴罗卫园林）。

梵语本第一句说明一万梵天从四大洲来，其中的动词“abhyāgatais”是“abhi-ā-$\sqrt{}$gam”的过去分词，意思是“来”。第二句用“tatra”说明梵天的目的地是“那里”，也就是佛所在的菴罗卫园林，他们在那里“saṃnipatitās”（聚集）。支谦用“诣佛所”，鸠摩罗什用“来诣佛所”翻译“tatra saṃnipatitās”，表示一万梵天王在佛所在的地方聚集。

《法华经》中也有“tatra”指代佛所在之处的用例：

（15）［什］ 爾時，無數千萬億種衆生來至佛所而聽法。

tatra[那里] kāśyapa[迦叶] bahūni[众多] prāṇi-koṭī-nayuta-śata-sahasrāṇi[百千千万那由他众生] tathāgatasya[如来] dharma-śrāvaṇāya[听法] upasaṃkrāmanti[去]

迦叶啊！有数百千千万那由他众生来到如来这里听法。

与例（14）不同的是，例（15）用“tathāgatasya”（如来）补充说明“tatra”指的就是“如来那里”。鸠摩罗什用“佛所”翻译“tatra tathāgatasya”，用“来至”翻译趋向动词“upasaṃkrāmanti”。“来至佛所”说明无数千万亿种众生到如来所在的地方。

《法华经》的梵语平行本中还有一种与“佛所”对应的形式，由人称代词或指人名词的属格形式“mama”（我的）、“tasya bhagavatas”（这位世尊的）和义为

"旁边"的方位词"antika""sakāśa"组成,其直译是"我的旁边""世尊的旁边"。

(16)[什] (志求佛道者,無量千萬億)咸以恭敬心,皆來至佛所,曾從諸佛聞,方便所説法。

upasaṃkramitvā[已去] ca mama[我的] eva antike[旁边] kṛtāñjalīs[合掌] sarvi[全部] sthitās[站立] sagauravās[恭敬] yehī[因为] śrutas[听] dharma[法] jināna[胜者们] āsīt[用] upāyakauśalyu[方便善巧] bahu-prakāram[种种]

(他们)来到我身边,全都双手合掌,恭敬站立,因为他们曾闻听胜者们运用种种方便善巧说法。

"mama antike"义为"我的旁边","我"指代释迦牟尼。鸠摩罗什用"佛所"对译"mama antike",用"来至"对译句首的趋向动词"upasaṃkramitvā",说明"志求佛道者"来到佛所在的地方。

《法华经》的梵语平行本用"tasya bhagavatas sakāśam"(这位世尊的旁边)表示处所,说明菩萨去的地方是世尊日月净明德如来的身边。

(17)[护] (眾生憙見菩薩)説此言已,與父王俱踊在空中,去地七刃經行虛空,足不蹈地,其身正坐七寶交珞珍琦帳中,往詣佛所,叉手禮佛,以頌讚曰。

[什] (一切眾生憙見菩薩)即坐七寶之臺,上昇虛空,高七多羅樹,往到佛所,頭面禮足,合十指爪,以偈讚佛。

atha khalu Nakṣatrarājasaṃkusumitābhijña[星宿王开花神通] sa[这位] Sarvasattvapriyadarśanas[一切众生喜见] bodhisattvas[菩萨] mahāsattvas[大士] tasyām[这] velāyām[时] sapta-tāla-mātram[七多罗树高] vaihāyasam[天空] abhyudgamya[已升上] sapta-ratna-maye[七宝合成] kūṭāgāre[楼台上] paryaṅkam[跏趺坐] ābhujya[已弯曲] tasya[这位] bhagavatas[世尊的] sakāśam[旁边] upasaṃkrānta[去] upasaṃkramya[已去] tasya bhagavatas[世尊的] pādau[双足] śirasā[用头] abhivandya[行礼] tam bhagavantam[世尊] sapta-kṛtvas[七次] pradakṣiṇī-kṛtya[从左向右绕] yena sa[这位] bhagavān[世尊] tena āñjalim[合掌] praṇamya[行礼] tam bhagavantam[世尊] namas-kṛtvā[俯首] anayā[这首] gāthayā[偈颂] abhiṣṭauti[赞美] sma

这时,星宿王花开神通啊!这位一切众生喜见菩萨大士升入天空七多罗树高,在七宝楼台上结跏趺坐,靠近(世尊日月净明德)如来。靠近后,俯首向如来行触足礼,右绕七匝,然后,双手合掌,向世尊俯首致敬,用这首偈颂赞美道。

竺法护和鸠摩罗什用"佛所"对译"tasya bhagavatas sakāśam",用"往诣""往到"对译趋向动词"upasaṃkrānta"。"往诣/到佛所"说明(一切)众生喜见菩萨去世尊日月净明德如来的所在之处。虽然例(16)和例(17)汉译本没有逐词翻译梵语本的成分，但“佛所”和“世尊的旁边”所指的处所是相同的，在意义上不会造成误解。

汉译佛经中的“佛所”还用于对译梵语平行本中指人名词或处所词的处所格变化。如鸠摩罗什译《妙法莲华经》：

(18) [什] 我見諸王，往詣佛所，問無上道。

upasaṃkramī[去] loka-vināyakeṣu[世间导师处] pṛcchanti[询问] dharmam[法] pravaram[最好的] śivāya[吉祥]

(有些国王)来到世界导师前，求教吉祥殊胜法。

“loka-vināyakeṣu”是“loka-vināyaka”的处所格变化。“loka-vināyaka”即“世间的导师”，是对释迦牟尼佛的敬称。处所格变化“loka-vināyakeṣu”义为“世间导师所在的地方”，即佛所在之处。鸠摩罗什将“loka-vināyakeṣu”译为“佛所”，虽没有与梵语本精确对应，但两者所指的处所是同一的。与“loka-vināyakeṣu”搭配的动词是趋向动词“upasaṃkramī”，鸠摩罗什用“往诣”对译，“往诣佛所”说明“诸王”去佛的所在之处。

《无量寿经》的汉译者用“到/(往/来)诣……佛所”翻译梵语平行本的“tasmin buddhakṣetre ... upasaṃkrāmanti”。“tasmin buddhakṣetre”是“tad buddhakṣetra”的处所格变化。“tad buddhakṣetra”的意思是“那个佛土”，其处所格变化义为“那个佛土中”，说明菩萨去的地方是阿弥陀佛的佛土。

(19) [讖] 東方無央數佛國，其數不可復計，如恒水邊流沙，一沙一佛，其數如是。諸佛各遣諸菩薩，無央數不可復計，皆飛到阿彌陀佛所，作禮聽經。

[谦] 東方無央數佛國，不可復計，如恒水邊流沙，一沙一佛，其數如是。諸佛各遣諸菩薩，無央數不可復計，皆飛到無量清淨佛所，則爲無量清淨佛作禮，以頭面著佛足，悉却坐一面聽經。

[罗] 於彼東方恒沙佛國，無量無數諸菩薩衆，皆悉往詣無量壽佛所，恭敬供養，及諸菩薩聲聞大衆，聽受經法，宣布道化。南西北方，四維上下，亦復如是。

[志] 東方如恒河沙界，一一界中有如恒沙菩薩，爲欲瞻禮供養無量壽佛及諸聖衆，來詣佛所。南西北方，四維上下，亦復如是。

tasmin[那个] khalu punar[还有] ānanda[阿难] buddhakṣetre[佛土] daśabhyas[十] digbhya[方向] eka-ekasyām[各个] diśi[方向] gaṅgā-nadī-vāluka-upamās[恒河沙数] bodhisattvās[菩萨] tam amitābham[无量光] tathāgatam[如来]

upasaṃkrāmanti[去] darśanāya[拜见] vandanāya[礼敬] paryupāsanāya[侍奉] paripraśnīkaraṇāya[请教] tam ca[和] bodhisattvagaṇam[菩萨众] tān ca buddhakaṣetra-guṇa-ālaṃkāra-vyūha-saṃpad-viśeṣān[完美殊胜的佛土功德庄严] draṣṭum[看]

还有，阿难啊！十方所有方位恒河沙数的菩萨前往这个佛土拜见、礼敬、侍奉、请教无量光如来，同时观看这里的众菩萨和完美殊胜的佛土功德庄严。

梵语本“tasmin buddhakṣetre”指代的“那个佛土”就是阿弥陀佛的佛土。支娄迦谶将其译为“阿弥陀佛所”，支谦译为“无量清净佛所”，佛陀跋陀罗译为“无量寿佛所”，菩提流志略译为“佛所”，分别用“到”“往诣”和“来诣”对译“upasaṃkrāmanti”，组成“到 NP 佛所”“往诣 NP 佛所”和“来诣佛所”结构。

3. 小结

综上所述，佛经汉译者常用“（往/来）诣/到佛所”对译梵语平行本中表“去佛的所在之处”的“yena ... tena+趋向动词”。《无量寿经》中出现了梵语本没有趋向动词，但译者仍用“（往）诣/到……佛/如来所”翻译的用例。这说明某些佛经汉译者将“（往）诣佛所”作为梵语“yena ... tena”结构的标记。不管“yena ... tena”之后是否出现趋向动词，也不管“yena ... tena”表示的是处所还是对象，译者都将其译为“（往）诣佛所”。

此外，译者还用“佛所”对译梵语平行本中义为“（如来）那里”“（世尊）旁边”“那个佛土”的处所代词、方位词和处所格变化，用“（往/来）诣/至/到”对译与处所代词、方位词和处所格搭配的趋向动词。虽然用“佛所”翻译这些方所词和处所格不够精确，但“佛所”与它们所指的处所是同一个地方。“（往/来）诣/至/到佛所”说明拜访者去的地方就是佛所在之处或佛国。

3.3.3 独立依格

支谦本《无量寿经》和《维摩诘经》的汉译本用“VP 时”翻译表条件的梵语独立依格和独立属格。《维摩诘经》汉译本还用“当 VP 时”翻译独立依格，凸显其条件义。菩提流志本《无量寿经》和玄奘本《维摩诘经》用“VP 已”翻译独立依格，将梵语本的条件转译为汉译本动作的完结。详见表 3－13。

表 3－13

	《无量寿经》	《维摩诘经》
古译	VP 时	VP 时;当 VP 时
旧译	VP	VP 时;当 VP 时
新译	VP;VP 已	VP 时;当 VP 时;VP 已

（1）

asmin[dem. Loc.]	khalu[ind.]	punar[ind.]	dharma-paryāye[m. sg. Loc.]	bhagavatā[m. sg. Inst.]
这			法门	世尊
bhāṣyamāṇe[Loc. Abs.]	dvādaśānām[num. f. pl. Gen.]	sattva-nayuta-koṭīnām[f. pl. Gen.]		
被宣说时	十二	百万兆众生		
virajas[m. sg. Nom.]	vigatamalam[n. sg. Nom.]	dharmeṣu[m. pl. Loc.]	dharmacakṣus[m. sg. Nom.]	
无垢	离垢	依法	法眼	
viśuddham[n. sg. Nom.（无量寿经153–1）]				
清净				

当这法门被佛宣说时，一千二百万兆众生依法获得无垢、离垢、清净法眼。

［谦］ 佛説是經時，則萬二千億諸天人民皆得天眼徹視。

［罗］ 爾時，世尊説此經法，無量眾生皆發無上正覺之心，萬二千那由他人得清淨法眼。

［志］ 爾時，世尊説是經已，天人世間有萬二千那由他億眾生，遠塵離垢，得法眼淨。

（2）

tat[ind.]	mā[ind.]	āha[3. sg. perf.]	eva[ind.]	bhagavatas[m. sg. Gen.]	śākyamunes[m. sg. Gen.]
那	不要	说		世尊	释迦牟尼
bodhisattva-caryām[f. sg. Acc.]	caratas[Gen. Abs.]	cittam[n. sg. Nom.]	apariśuddham[n. sg. Nom.]	yena[ind.]	
菩萨道	修行时	心	不清净	因此	
idam[dem. Nom.]	buddhakṣetram[n. sg. Nom.]	evam[ind.]	apariśuddham[n. sg. Nom.]		
这	佛土	如此	不清净		
saṃdṛśyate[3. sg. pres. pass.（维摩诘经1–32）]					
被看见，显得					

那岂不是当世尊释迦牟尼修行菩萨道时，心不清净，因此佛土显得如此不清净？

［谦］ 我世尊本爲菩薩時，意豈不淨，而是佛國不淨若此？

［什］ 我世尊本爲菩薩時，意豈不淨，而是佛土不淨若此？

［奘］ 而我世尊行菩薩時，心不嚴淨故，是佛土雜穢若此？

例(1)梵语处所格“bhāṣyamāṇe”是“√bhāṣ”(说)的现在被动分词处所格变化，与“asmin dharma-paryāye”(这法门)一起构成独立依格，义为“当这个法门被宣说时”。支谦用“VP 时”结构“说是经时”翻译独立依格。菩提流志用“VP 已”结构“说是经已”翻译。例(2)梵语属格“caratas”是“√car”(修行)的现在分词属格变化，与“bhagavatas śākyamunes”(世尊释迦牟尼)和“bodhisatva-caryām”(菩萨道)一起构成独立属格，义为“当世尊释迦牟尼修行菩萨道时”。《维摩诘经》的汉译本用“VP 时”结构“世尊本为菩萨时”“世尊行菩萨行时”翻译独立属格。

(3) asmin$^{\text{dem. Loc.}}$ khalu$^{\text{ind.}}$ punar$^{\text{ind.}}$ buddhakṣetra-guṇa-vyūha-alaṃkāre$^{\text{Loc.}}$
这 佛土的功德庄严
saṃdarśyamāne$^{\text{Loc. Abs.}}$ catur-aśītes$^{\text{num. Gen.}}$ prāṇi-sahasrāṇām$^{\text{n. pl. Gen.}}$
被显示时 八十四 千人
anuttarāyām$^{\text{f. sg. Loc.}}$ samyaksaṃbodhau$^{\text{f. sg. Loc.}}$ cittāni$^{\text{n. pl. Nom.}}$ utpannāni$^{\text{ppp. Nom.}}$ (维摩诘经1-36)
无上 正等正觉 心 生起

当佛土的功德庄严被(佛)显现时，八万四千人生起了无上正等正觉心。

［谦］ 當佛現此佛土嚴淨之時，八萬四千人發無上正真道意。

［什］ 當佛現此國土嚴淨之時，寶積所將五百長者子皆得無生法忍，八萬四千人皆發阿耨多羅三藐三菩提心。

［奘］ 當佛現此嚴淨土時，寶性所將五百童子一切皆得無生法忍，八萬四千諸有情類，皆發無上正等覺心。

梵语处所格“saṃdarśyamāne”是“sam-√dṛś”(显现)的现在被动分词处所格变化，与“buddhakṣetra-guṇa-vyūha-alaṃkāre”(佛土的功德庄严)一起构成独立依格，义为“当佛土的功德庄严被(佛)显现时”。支谦和鸠摩罗什用“当佛现此佛土/国土严净之时”，玄奘用“当佛现此严净土时”对译梵语独立依格。“当VP(之)时”结构凸显了独立依格的条件义。

(4) evam$^{\text{ind.}}$ ukte$^{\text{Loc. Abs.}}$ bhagavān$^{\text{m. sg. Nom.}}$ ratna-ākarāya$^{\text{m. sg. Dat.}}$
这样 说时 世尊 对宝积

licchavi-kumārāya$^{\text{m. sg. Dat.}}$ sādhu-kāram$^{\text{m. sg. Acc.}}$ adāt$^{\text{3. sg. aor.}}$ sādhu$^{\text{ind.}}$ sādhu$^{\text{ind.}}$

对离车族童子 “很好”的感叹 说 很好 很好

kumāra$^{\text{m. sg. Voc.}}$ khalu$^{\text{ind.}}$ punas$^{\text{ind.}}$ tvam$^{\text{2. sg. Nom.}}$（维摩诘经1–25）

童子啊 确实 你

当(宝积)这样说时,世尊对离车族童子宝积发出“很好”的感叹:“很好!童子啊!你确实很好。”

[谦] 於是,佛告寶事曰:“童子!諦聽,善思念之。”

[什] 佛言:“善哉!寶積!”

[奘] 作是語已,佛言:“寶性!善哉!善哉!”

梵语处所格“ukte”是“√vac”(说)的过去被动分词处所格变化,与“evam”一起构成独立依格结构,义为“当这样说时”。玄奘用“作是语已”翻译“evam ukte”,将梵语本的条件转译为汉译本的动作完结。

3.3.4 小结

《无量寿经》和《维摩诘经》的汉译本用时间词、时间短语、介词短语翻译表示时间的梵语处所格,用方位短语、处所短语、介词短语等汉语常用的手段翻译表示处所的梵语处所格,用“(当)VP 时”翻译表示条件的梵语独立依格和独立属格。

《维摩诘经》的译者还通过增译动词的方式,将梵语处所格译为动宾结构“至/诣 NP”,将梵语本的一个动作变为汉译本中前后发生的两个动作“至/诣”和“住/立/伫立”。

(1) [谦] 我時晨朝入維耶離,至大姓梵志門下,住。

[什] 我即持缽,詣大婆羅門家門下,立。

[奘] 我於晨朝,整理常服執持衣缽,詣廣嚴城婆羅門家,竚立門下。

在菩提流志本《无量寿经》和玄奘本《维摩诘经》中,对译梵语处所格的框式结构“于 NP 中”和介词短语“于 NP”可以修饰名词性成分。这种用法在同时期的中土文献中未见到,是汉译佛经的特殊用法。

(2) [志] 若我成佛,於彼國中所有菩薩,於大菩提咸悉位階一生補處。

(3) [奘] 誰有智者得聞斯說,而不發於阿耨多羅三藐三菩提心?

3.4 总　　结

虽然《无量寿经》和《维摩诘经》古译时期译本的译者都是支谦，但这两部佛经对梵语的格变化翻译方式有较大差异。这是由于支谦本《无量寿经》承袭了东汉支娄迦谶对梵语格变化的翻译方式，实际上是支谶本的“翻版”，“基本照本全抄前人翻译的经典，仅仅对个别词汇表达做修改”（辛嶋静志 2011：165）。支谦本《无量寿经》与现存梵语本在句子和词汇层面的对应程度不高，其中对梵语格变化的翻译手段也较为单一，用“与”引入伴随者，“从”引入工具和起始处，用方位词“中”表示处所，时间词“时”表示条件。在《维摩诘经》中，支谦采用汉语中的介词“从”“用”“以”“于”“当”和后置词“故”“时”，来翻译梵语中与这些介词或后置词功能相同的格变化。支谦还运用汉语的多种句式翻译梵语的受事主语句，包括致使式“S 令 OV”，被动式“S_1，S_2 所 V”和处置式“S 以 O_1 与 O_2”。详见表 3－14。

表 3－14

译者 / 功能	《无量寿经》支谦	《维摩诘经》支谦
工具格		
伴随	与 NP	与 NP
工具	从 NP	从 NP；用 NP；以 NP
施事	［无特殊句式］	S 令 OV；S_1，S_2 所 V；S 以 O_1 与 O_2
原因	［无］	……故；为/以/从……故；若 VP 者
从格		
起始处	从 NP	从 NP；于 NP；于 NP 中
原因	［无］	VP 故
处所格		
时间	时间词；时间短语	时间词
处所	NP 中；NP；在 NP 中	NP 中；NP；至 NP；于 NP
条件独立依格/属格	VP 时	VP 时；当 VP 时

在旧译时期，佛陀跋陀罗本《无量寿经》对梵语格变化的翻译手段较支谦本增多。佛陀跋陀罗本用更多的介词对译梵语本的格变化，用“以”表示工具，“故”表示原因，“于 NP(中)”表示起始处。佛陀跋陀罗本也采用汉语的多种结构翻译梵语语法变化，用“若 VP 者”结构将表示原因的梵语从格翻译为假设条件小句，用“S_1 蒙 S_2V”翻译梵语的受事主语句。鸠摩罗什本《维摩诘经》在继承支谦本译法的基础上有所发展：用“由”表示原因；用“诣 NP”取代支谦本中的“至 NP”，表示到某个处所；用“若 VP”取代支谦本的“若 VP 者”，表示假设条件。鸠摩罗什本《维摩诘经》较佛陀跋陀罗本《无量寿经》的翻译手段更加多样。详见表 3－15。

表 3－15

功能 \ 译者	《无量寿经》 佛陀跋陀罗	《维摩诘经》 鸠摩罗什
工具格		
伴随	与 NP	与 NP
工具	以 NP	从 NP；用 NP；以 NP
施事	S_1 蒙 S_2V	S 令 OV；S_1，S_2 所 V；S 以 O_1 与 O_2
原因	……故	……故；若 VP
从格		
起始处	从 NP；于 NP；于 NP 中	从 NP；于 NP；于 NP 中
原因	若 VP 者	VP 故；由 VP
处所格		
时间	时间词；时间短语；于 NP	时间词
处所	NP 中；NP；于 NP；在 NP 中	NP 中；NP；诣 NP；于 NP；于 NP 中
条件独立依格/独立属格	VP	VP 时；当 VP 时

在新译时期，菩提流志本《无量寿经》和玄奘本《维摩诘经》继承了前人译本中的翻译方式：“与 NP”表示伴随者，“以 NP”表示工具，“从 NP”和“于 NP”表示起始处，介词“由”和后置词“故”表示原因。此外，菩提流志本和玄奘本分

别用方位词“间”和“内”取代前人译本的方位词“中”，分别用“于 NP 间”和“于 NP 内”表示起始处。玄奘本《维摩诘经》用“依 NP”取代前人译本中的“从 NP”，表示依据。菩提流志和玄奘用“VP 已”翻译梵语独立依格，说明一个动作的完成是下一个动作或事件的条件。详见表 3－16。

表 3－16

功能 \ 译者	《无量寿经》 菩提流志	《维摩诘经》 玄奘
工具格		
伴随	与 NP	与 NP
工具	以 NP	用 NP;以 NP;依 NP
施事	S_1 蒙 S_2 所 V	S 令 OV;S_1,S_2 所 V;S 以 O_1 与 O_2
原因	……故	……故;由/用……故;若 VP
从格		
起始处	从 NP;于 NP;于 NP 间	从 NP;于 NP;于 NP 内
原因	由 VP 故	VP 故;由 VP
处所格		
时间	时间词;时间短语;于 NP;VP 时	时间词;于 NP
处所	NP 中;NP;于 NP 中	NP 中;NP;诣 NP;于 NP;在 NP 中
条件[独立依格/独立属格]	VP;VP 已	VP 时;VP 已

总体而言，《维摩诘经》各个时期的译本，较同时期的《无量寿经》翻译手段更加多样。译者自觉采用汉语的介词、后置词和句式翻译梵语的语法变化。由于翻译梵语的格变化，《维摩诘经》的汉译本中也出现了一些未见于中土文献的特殊语言现象。

1. 介词短语的特殊位置：《维摩诘经》汉译本受到梵语本语序的影响，翻译从格的“于 NP”位于求索动词“求”之前，说明求索的来源。

(1) [**谦**] 又問：“空者當**於**何求?”答曰：“空者當**於**六十二見**中**求。”又問：“六十二見當**於**何求?”答曰：“當**於**如來解脫**中**求。”又問：“如來解脫者當**於**何求?”答曰：“當於眾人意行中求。”

［什］ 又問：“空當於何求？”答曰：“當於六十二見中求。”又問：“六十二見當於何求？”答曰：“當於諸佛解脱中求。”又問：“諸佛解脱當於何求？”答曰：“當於一切眾生心行中求。”

［奘］ 又問：“此空當於何求？”答曰：“此空當於六十二見中求。”又問：“六十二見當於何求？”答曰：“當於諸佛解脱中求。”又問：“諸佛解脱當於何求？”答曰：“當於一切有情心行中求。”

2. 介词搭配范围的扩大：由于翻译梵语工具格，表示依据的“从”可以与抽象名词搭配。

（2）［谦］ 彌勒！決從如起耶，從如滅耶？

［什］ 云何彌勒受一生記乎？爲從如生得受記耶？爲從如滅得受記耶？

肆

中古汉译佛经中的特殊语法现象之讨论

4.1 《无量寿经》和《维摩诘经》中的特殊语法现象

通过前两章的讨论，我们发现，在《无量寿经》和《维摩诘经》的汉译本中，由于梵语平行本的影响，出现了一些中土文献中未见的特殊语法现象，包括介词短语在句中的特殊位置和介词、后置词的特殊搭配。

4.1.1 介词短语的特殊位置

4.1.1.1 表起始处的“从/于 NP”

受到梵语本语序的影响，《无量寿经》汉译本中表示起始处的介词短语“从 NP”和“于 NP”位于动作作者之前，而不是与表示终到处的动宾短语一起位于动作作者之后。

(1) [谶]　今佛國土，從是間當有幾何阿惟越致菩薩往生阿彌陀佛國？……從我國當有七百二十億阿惟越致菩薩，皆當往生阿彌陀佛國。

[谦]　今佛國，從是間當有幾阿惟越致菩薩往生無量清淨佛國？……從我國當有七百二十億阿惟越致菩薩，皆往生無量清淨佛國。

[罗]　世尊！於此世界有幾所不退菩薩生彼佛國？……於此世界有六十七億不退菩薩往生彼國。

[志]　世尊！於此國界，不退菩薩當生極樂國者，其數幾何？……阿逸多！從難忍如來佛國有十八億不退菩薩當生極樂世界。

kiyantas$^{\text{m. pl. Nom.}}$　punar$^{\text{ind.}}$　bhagavan$^{\text{m. sg. Voc.}}$　bodhisattvās$^{\text{m. pl. Nom.}}$　itas$^{\text{ind.}}$
多少　又　世尊啊　菩萨　从这里

buddhakṣetrāt$^{\text{n. sg. Abl.}}$　pariniṣpannās$^{\text{ppp. m. pl. Nom.}}$　anyeṣām$^{\text{m. pl. Gen.}}$　vā$^{\text{conj.}}$
从佛土　得圆满　别的　或

buddhānām$^{\text{m. pl. Gen.}}$　bhagavatām$^{\text{m. pl. Gen.}}$　antikāt$^{\text{m. sg. Abl.}}$　ye$^{\text{rel. Nom.}}$　sukhāvatyām$^{\text{f. sg. Loc.}}$
佛　世尊　从旁边　极乐

lokadhātau$^{\text{m. sg. Loc.}}$　upapatsyante$^{\text{3. pl. fut. pass. (143)}}$
世界中　出生

世尊啊！多少得圆满的菩萨，从这个佛土或别的佛世尊的旁边（离开），出生在极乐世界中？

itas$^{\text{ind.}}$ hi$^{\text{ind.}}$	ajita$^{\text{m. sg. Voc.}}$	buddhakṣetrāt$^{\text{n. sg. Abl.}}$	dvā-saptati-koṭī-nayutāni$^{\text{num. n. pl. Nom.}}$	
从这里	弥勒啊	从佛土	七千二百亿	
bodhisattvānām$^{\text{m. pl. Gen.}}$	pariniṣpannāni$^{\text{n. pl. Nom.}}$	yāni$^{\text{rel. n. pl. Nom.}}$	sukhāvatyām$^{\text{f. sg. Loc.}}$	
菩萨	得圆满		极乐	
lokadhātau$^{\text{m. sg. Loc.}}$	upapatsyante$^{\text{3. pl. fut. pass.}}$			
世界中	出生			

弥勒啊！七千二百亿得圆满的菩萨，从这佛土（离开），将出生在极乐世界中。

梵语本的疑问词“kiyantas”（多少）询问“bodhisattvās sukhāvatyām lokadhātau upapatsyante”（菩萨出生在极乐世界中）的数量。“itas buddhakṣetrāt”（从这佛土离开）、“pariniṣpannās”（得圆满）和“buddhānām bhagavatām antikāt”（从别的佛世尊身边离开）说明这些“bodhisattvās”的属性。梵语从格“itas buddhakṣetrāt”（从这佛土）说明这些菩萨离开的起始处，支谶和支谦用“从是间”和“从我国”对译从格。佛陀跋陀罗用“于此世界”翻译，菩提流志采用“于此国界”和“从难忍如来佛国”两种形式翻译。值得注意的是，受到梵语本从格“itas buddhakṣetrāt”位于句首的影响，《无量寿经》汉译本对译从格的“从/于 NP”也位于句子或小句的句首。

在中土文献中，表示起始处的“从”位于动词之前，表示起始处的“于”则位于起始动词之后，用“从 $N_{\text{起始处}}$（$V_{\text{起始}}$）$V_{\text{终到}}$ $N_{\text{终到处}}$”或“$V_{\text{起始}}$ 于 $N_{\text{起始处}}$ $V_{\text{终到}}$ $N_{\text{终到处}}$”说明“从 $N_{\text{起始处}}$到 $N_{\text{终到处}}$”。

（2）有玄雲從西北方起。（《韓非子·十過》）

（3）子墨聞之，起於齊，行十日十夜，而至於郢，見公輸盤。（《墨子·公輸》）

（4）漢中之甲，乘船出於巴，乘夏水而下漢，四日而至五渚。（《史記·蘇秦列傳》）

除了介词短语“从 NP”和“于 NP”之外，中土文献中疑问代词“几何”“几所”在句中的位置和功能也有限制。朱庆之（2015：239）指出：“汉语文献中，疑问代词‘几何’可做谓语、定语、状语和宾语。”

做谓语，如：

（5）“年幾何矣？”對曰：“十五歲矣。”（《史記·趙世家》）

做定语，如：

(6) 不知去幾何年月，不知以何爲過，忽然若臥，復下至此。(《論衡·道虚》)

做宾语，如：

(7) 欲請蜀刀，問君賈幾何，對曰率數百。(《漢書·酷吏傳》)

做定语的"几何"只能修饰宾语，不能修饰主语，如：

(8) 禹至，讓湯曰："君何不知分也！君所治，夷滅者幾何人矣！"(《史記·張湯傳》)

(9) 每行縣錄囚徒還，其母輒問不疑："有所平反，活幾何人？"(《漢書·雋疏于薛平彭傳》)

"几所"仅在《汉书》中出现了1例，做疑问宾语：

(10) 數問其家金餘尚有幾所，趣賣以共具。(《漢書·雋疏于薛平彭傳》)

"几"在中土文献中做疑问宾语和修饰宾语的定语。

(11) 范睢曰："汝罪有幾？"曰："擢賈之髮以續賈之罪，尚未足。"(《史記·范睢蔡澤列傳》)

(12) 平原君曰："先生處勝之門下幾年於此矣？"毛遂曰："三年於此矣。"(《史記·平原君虞卿列傳》)

(13) 萬石君少子慶爲太僕，御出，上問車中幾馬，慶以策數馬畢，舉手曰："六馬。"(《史記·萬石張叔列傳》)

(14) 秦則前代也，漢國自儒生之家也。從高祖至今朝幾世？歷年訖今幾載？初受何命？復獲何瑞？得天下難易孰與殷、周？家人子弟學問歷幾歲，人問之曰："居宅幾年，祖先何爲？"不能知者，愚子弟也。(《論衡·謝短》)

综上所述，依照汉语书面语的规则，例(1)应该译为：

(15) 今佛國土，阿惟越致菩薩**從**是間往生阿彌陀佛國者，當有幾何？當有七百二十億阿惟越致菩薩**從**我國往生阿彌陀佛國。

(16) 阿惟越致菩薩**從**今佛國往生無量清淨佛國者，其數有幾/當有幾人？七百二十億阿惟越致菩薩，皆**從**我國往生無量清淨佛國。

(17) 不退菩薩**出於**此世界生彼佛國者，有幾所？有六十七億不退菩薩**出於**此世界往生彼國。

(18) 不退菩薩離於此國界當生極樂國者,其數幾何?十八億不退菩薩當從難忍如來佛國生極樂世界。

受到梵语本语序的影响,支谶本和支谦本问句中表示起始处的“从是间”(itas buddhakṣetrāt)没有与动词“往生”(upapatsyante)和终到处“阿弥陀佛国/无量清净佛国”(sukhāvatyām lokadhātau)相连。答句中表示起始处的“从我国”也没有与“往生阿弥陀佛国/无量清净佛国”相连,而是位于句首。此外,句中的疑问代词“几何”和“几”受到梵语疑问词“kiyantas”(多少)与“bodhisattvās”(菩萨)同格,修饰“菩萨”的影响,做修饰“阿惟越致菩萨”的定语。支谶本和支谦本中“阿惟越致菩萨”是兼语,既是“当有几何/几阿惟越致菩萨”的宾语,又是“几何/几阿惟越致菩萨往生阿弥陀佛国/无量清净佛国”的主语。中土文献中,做定语的“几何”和“几”可以修饰宾语,但不能修饰主语。支谶用“几何”,支谦用“几”修饰做兼语的“阿惟越致菩萨”,不符合汉语书面语语法规则。

受到梵语本语序的影响,佛陀跋陀罗本和菩提流志本问句中表示起始处的“于此世界”“于此国界”没有与表示终到处的动宾短语“生彼佛国”“生极乐国”相连。由于梵语本中未出现与表示起始处的从格相搭配的起始动词,在“于此世界/国界”之前也没有出现起始动词“出”“离”,形成不符合汉语书面语语法规则的形式。此外,受到梵语疑问词“kiyantas”修饰“bodhisattvās”的影响,佛陀跋陀罗本问句中的疑问代词“几所”修饰“不退菩萨”。在中土文献中,“几所”只能做疑问宾语,而不能做定语,这一用法同样不符合汉语书面语语法规则。

4.1.1.2 表求索来源的“于 NP(中)”

受到梵语本语序的影响,《维摩诘经》汉译本中翻译从格的“于 NP”位于求索动词“求”之前,表示求索的来源。

(1) [谦] 又問:“空者當於何求?”答曰:“空者當於六十二見中求。”又問:“六十二見當於何求?”答曰:“當於如來解脱中求。”又問:“如來解脱者當於何求?”答曰:“當於眾人意行中求。”

[什] 又問:“空當於何求?”答曰:“當於六十二見中求。”又問:“六十二見當於何求?”答曰:“當於諸佛解脱中求。”又問:“諸佛解脱當於何求?”答曰:“當於一切眾生心

行**中**求。”

［奘］　又問："此空當**於**何求？"答曰："此空當**於**六十二見**中**求。"又問："六十二見當**於**何求？"答曰："當**於**諸佛解脱**中**求。"又問："諸佛解脱當**於**何求？"答曰："當**於**一切有情心行**中**求。"

āha[3. sg. perf.]	śūnyatā[f. sg. Nom.]	gṛhapate[m. sg. Voc.]	kutas[inter. Abl.]	mārgitavyā[fpp. Nom.]
说	空性	居士啊	从哪里	应该寻求
āha[3. sg. perf.]	śūnyatā[f. sg. Nom.]	mañjuśrīs[m. sg. Voc.]	dvā-ṣaṣṭibhyas[num. Abl.]	
说	空性	文殊师利啊	六十二	
dṛṣṭi-gatebhyas[f. pl. Abl.]	mārgitavyā[fpp. Nom.]	āha[3. sg. perf.]	dvā-ṣaṣṭis[num. Nom.]	
从见解中	应该寻求	说	六十二	
punar[ind.]	dṛṣṭi-gatāni[n. pl. Nom.]	kutas[inter. Abl.]	mārgitavyāni[fpp. Nom.]	
又	见解	从哪里	应该寻求	
āha[3. sg. perf.]	tathāgata-vimuktitas[f. sg. Abl.]	mārgitavyāni[fpp. Nom.]		
说	从如来解脱中	应该寻求		
āha[3. sg. perf]	tathāgata-vimuktis[f. sg. Nom.]	punar[ind.]	kutas[inter. Abl.]	mārgitavyā[fpp. Nom.]
说	如来解脱	又	从哪里	应该寻求
āha[3. sg. perf.]	sarva-satva-citta-caritebhyas[n. pl. Abl.]	mārgitavyā[fpp. Nom.]		
说	从众生的心意和行为中	应该寻求		

（文殊师利）问："居士啊！空性应该从哪里寻求？"维摩诘答道："文殊师利啊！空性应该从六十二种见解中寻求。"问："六十二见又应该从哪里寻求呢？"答："应该从如来解脱中寻求。"问："如来解脱应该从哪里寻求？"答："应该从众生的心意和行为中寻求。"

梵语从格"kutas"（从哪里）、"dvā-ṣaṣṭibhyas dṛṣṭi-gatebhyas"（从六十二种见解中）、"tathāgata-vimuktitas"（从如来的解脱中）和"sarva-satva-citta-caritebhyas"（从众生的心意和行为中）位于表示动作的分词"mārgitavyā/mārgitavyāni"（应该寻求）之前，表示"寻求"的来源。汉译本以"于NP""于何"和"于NP中""于六十二见中""于如来/诸佛解脱中""于众人意行中""于一切众生/有情心行中"对译从格，并依照梵本的语序，将其置于动词"求"之前。

魏培泉（1993：722）指出，在上古时期中土文献中，"于NP"位于"求""乞"

等求索类动词之后，指示求索的来源。

(2) 過衛，衛文公不禮焉。出於五鹿，乞食於野人，野人與之塊。(《左傳·僖公二十三年》)

(3) 奚取於三家之堂。(《論語·八佾》)

在《史记》中出现了以动词前的“从 NP”表示求索来源的用例。(魏培泉1993：749)

(4)(重耳)飢而從野人乞食。(《史記·晉世家》)

(5) 長卿第俱如臨邛，從昆弟假貸猶足爲生，何至自苦如此！(《史記·司馬相如列傳》)

根据汉语书面语的规则，应该以“求 $N_{对象}$ 于 $N_{来源}$”或“从 $N_{来源}$ 求 $N_{对象}$”指示求索的来源。按照这一规则，例(1)应该翻译为：

(6) 又問：“空者當求於何？”答曰：“空者當求於六十二見中。”又問：“六十二見當求於何？”答曰：“當求於如來解脱中。”又問：“如來解脱者當求於何？”答曰：“當求於衆人意行中。”

(7) 又問：“空當從何求？”答曰：“當從六十二見中求。”又問：“六十二見當從何求？”答曰：“當從諸佛解脱中求。”又問：“諸佛解脱當從何求？”答曰：“當從一切衆生心行中求。”

受到梵语本从格疑问词、从格名词前置和动词后置的影响，《维摩诘经》的译者用“$N_{对象}$ 于何求”询问求索的来源，用“$N_{对象}$ 于 $N_{来源}$ 中求”解释求索的来源。这种求索动词后置的用法不符合汉语书面语规则。

4.1.1.3 表处所和对象的“于 NP 所”

受到梵语本语序的影响，佛陀跋陀罗本《无量寿经》和玄奘本《维摩诘经》中表示处所的“于 NP 所”位于句子的谓词之前。鸠摩罗什本和玄奘本《维摩诘经》中表示对象的“于 NP 所”也出现了前置现象。

(1) [罗] 阿難！法藏比丘於彼佛所，諸天魔梵龍神八部大衆之中，發斯弘誓，建此願已，一向專志莊嚴妙土。

sa$^{dem.\ Nom.}$	khalu punar	ānanda$^{m.\ sg.\ Voc.}$	dharmākaras$^{m.\ sg.\ Nom.}$	bhikṣus$^{m.\ sg.\ Nom.}$
这位		阿难啊	法藏	比丘

tasya[dem. Gen.]	bhagavatas[m. sg. Gen.]	lokeśvararājasya[m. sg. Gen.]	tathāgatasya[m. sg. Gen.]
这位	世尊	世自在王	如来的
puratas[ind.]	sa-devakasya[m. sg. Gen.]	lokasya[m. sg. Gen.]	sa-mārakasya[m. sg. Gen.]
面前	包括天神	世界	包括魔罗
sa-brahmakasya[m. sg. Gen.]	sa-śramaṇa-brāhmaṇikāyās[f. sg. Gen.]	prajāyās[f. sg. Gen.]	
包括梵天	包括沙门和婆罗门	众生	
sa-deva-mānuṣa-asurāyās[f. sg. Gen.]	puratas[ind.]	imān[dem. Acc.]	evaṃ-rūpān[m. pl. Acc.]
包括天、人、阿修罗	面前	这	这样
praṇidhi-viśeṣān[m. pl. Acc.]	nirdiśya[ger.]	yathā[ind.]	bhūtam[n. sg. Nom.]
殊胜的誓愿	说完	如	实
pratijñā-prati-patti-sthitas[ppp. Nom.]	abhūt[3. sg. aor.]		
实施誓愿	有		

还有，阿难啊！这位法藏比丘在世尊世自在王如来前，在包括天神、人、魔罗和梵天的世界前，在包括沙门、婆罗门、神、人和阿修罗的众生前，宣示这样的殊胜誓愿后，如实实施誓愿。

“tasya bhagavatas lokeśvararājasya tathāgatasya puratas”（这位世尊世自在王如来的面前）说明法藏比丘发誓的处所，佛陀跋陀罗用“于彼佛所”翻译，说明“发斯弘誓”的处所。受到梵语本语序的影响，“于彼佛所”位于动宾短语“发斯弘誓”之前。

（2）［奘］　於諸佛所，發生上品，信樂恭敬。

tathāgatānām[m. pl. Gen.]	ca	sakāśe[m. sg. Loc.]	sas[3. sg. Nom.]	adhimātram[m. sg. Acc.]
如来的		旁边	他	最高的
gauravam[m. sg. Acc.]	utpādayati[3. sg. pres.]			
崇敬	产生			

他在诸位如来的旁边产生最高的崇敬。

“tathāgatānām sakāśe”（诸如来的旁边）是“adhimātram gauravam utpādayati”（产生最高崇敬）的处所。玄奘用“于诸佛所”翻译“tathāgatānām sakāśe”。受到梵语本语序的影响，“于诸佛所”位于句首，在动宾短语“发生上品信乐恭敬”之前。

(3) [什] (此比丘)曾於五百佛所植眾德本,迴向阿耨多羅三藐三菩提。

[奘] (諸苾芻)曾於過去五百佛所種諸善根,積習無量殊勝功德,迴向無上正等覺心。

te$^{3.\ pl.\ Nom.}$	pañca-buddha-śata-paryupāsita-kuśalamūlās$^{m.\ pl.\ Nom.}$
他们	侍奉五百佛而产生善根

samyaksaṃbodhaye$^{f.\ sg.\ Dat.}$	teṣāṃ$^{3.\ pl.\ Gen.}$	tad$^{dem.\ Nom.}$	bodhicittam$^{n.\ sg.\ Nom.}$
为了正等菩提	他们	这	菩提心

āmukhībhūtam$^{n.\ sg.\ Nom.}$

得到

他们曾经为了正等菩提,侍奉五百佛而产生善根,他们就得到了这菩提心。

梵语复合词"pañca-buddha-śata-paryupāsita-kuśalamūlās"的意思是"凭借侍奉五百佛而产生善根","pañca-buddha-śata-paryupāsita"(侍奉五百佛)是"kuśalamūlās"(善根)产生的依据。"pañca-buddha-śata"(五百佛)是"paryupāsita"(供养、侍奉)的对象。由于侍奉的对象"pañca-buddha-śata"(五百佛)位于"kuśalamūlās"(善根)之前,鸠摩罗什和玄奘把表示对象的"于五百佛所""于过去五百佛所"放在动宾短语"植众德本""种诸善根"之前,分别用"于五百佛所植众德本"和"于过去五百佛所种诸善根"翻译梵语复合词。

在中土文献中,表示处所和来源的"于 NP 所"通常位于句末。

(4) 晉唐叔得嘉穀,獻之成王,成王以歸周公于兵所。(《史記·周本紀》)

(5) (鼂錯)學申商刑名於軹張恢先所,與雒陽宋孟及劉禮同師。(《史記·袁盎鼂錯列傳》)

董秀芳(1998:108－109)指出"于轵张恢先所""这类句子主要表示的是跟谁学的什么知识,而不在于强调是在什么具体的处所学到的""这里的'所'字已经由提示具体的处所引申虚化了","学"的来源是"轵张恢先"。根据汉语书面语的规则,表示处所或来源的"于 NP 所"应该在谓词之后。按照这一规则,例(1)—例(3)应该译为:

(6) 法藏比丘發斯弘誓於彼佛所。

(7) (諸菩薩)發生上品信樂恭敬於諸佛所。

(8)（此比丘）曾植眾德本於五百佛所。

(9)（諸苾芻）曾種諸善根於過去五百佛所。

受到梵语本动词后置语序的影响,《无量寿经》和《维摩诘经》中表示处所或对象的“于 NP 所”位于谓词之前,不符合汉语书面语的规则。

除了特殊的位置之外,汉译佛经中的“于 NP 所”可以表示对象也是特殊的语法现象。研究发现“所”字在中古时期产生了表示对象和领属的用法,而且这两种特殊用法主要出现在汉译佛经中（赵长才 2009）。这说明,佛经汉译对“所”字在中古时期的功能演变产生了影响。赵长才（2009：446）指出:“NP 所”表示对象的功能“集中出现在该时期的译经语言里,说明它在一定程度上的确受到了原典语言的影响”,但这种影响“并不是简单的直接借用”,而“可能更多的是催化和推动作用”,“演变主要还是在汉语内部的基础上产生和进行的”。赵长才（2009：442）认为汉译佛经的后置词“所”以表示处所为主,做介词宾语的“NP 所”语义会受到“句中主要谓语动词语义类型的影响和制约”。当“于 NP 所”做谓语是“非位移、存现或见闻类动词”句子的状语或补语时,“由原来所表示的处所义向对象义转变”。

我们发现,上举例（3）鸠摩罗什和玄奘分别用“于五百佛所植众德本”和“于过去五百佛所种诸善根”翻译梵语复合词“pañca-buddha-śata-paryupāsita-kuśalamūlās”（凭借侍奉五百佛而产生善根）,用“于 NP 所”翻译表对象的“pañca-buddha-śata”（五百佛）。这说明汉译佛经中的“于 NP 所”表示对象,是由于梵语本中表示对象的成分出现在谓语是“植”“种”等非位移动词的句子中,而不是因为出现在非位移动词做谓语的句子中,才由处所义转为对象义。

玄奘本《维摩诘经》中还有其他“于 NP 所”表对象的用例,如:“于诸佛所”翻译梵语表对象的“tathāgatānām”（诸如来）。

(10)［奘］　天帝！當知：我説一切於諸佛所設供養中,其法供養最尊、最勝、最上、最妙、最爲無上。是故,天帝！欲於佛所設供養者,當法供養,無以財物。

tad anena[这个] api te deva-indra[天王] paryāyeṇa[法门] evam[这样] veditavyam[应该知道] yāvatyas[种种] tathāgatānām[对诸如来] pūjās[供养] dharma-pūjās[法供养] tāsām[其中] agryā[最杰出] -ākhyāyate[表明] jyeṣṭhās[最崇高] śreṣṭhās[最优胜] varās[最优异] pravarās[最优秀] praṇīta-uttarās[最美妙] niruttarā[至高无上] -ākhyāyate[表明] iti tasmāt[因此] iha devānām indra[天王] dharma-pūjayās[法供养] mām[我] pūjayata[供养] mā[不要] āmiṣa-pūjayās[财供养] dharma-satkāreṇa[用法供养] mām[我] satkuruta[供养] mā[不要] āmiṣa-satkāreṇa[用财物供养]

天王啊！你要知道这个法门。在对诸如来的种种供奉中，已表明法供奉最杰出，最崇高，最优胜，最优异，最优秀，最美妙，至高无上。因此，天王啊！你们要用法供奉，而不要用财供奉我；你们要用法供养，而不要用财物供养我。

“tathāgatānām”（诸如来）是“pūjās”（供养）的对象。玄奘用“于诸佛所”对译“tathāgatānām”，做“设供养”的对象。支谦本的翻译是“于诸如来，行法供养”，用“于诸如来”说明“行法供养”的对象。相较而言，支谦的翻译更符合汉语的书面语语法规则。玄奘为什么用“于诸佛所”而不是更符合汉语规则的“于诸佛”表示对象？这可能与玄奘的翻译理念有关。玄奘注重在汉译本中对梵语语法变化的标记，在“诸佛”后面加上“所”字，很可能是为了标记梵语本表对象的属格变化，说明“诸佛所”对译的是梵语属格“tathāgatānām”。此外，如 3. 3. 2. 5 小节所言，佛经汉译者用“佛所”对译佛经中频繁出现的“yena . . . tena”结构，“yena . . . tena”可以表示处所和对象。中古时期的佛经汉译者用“于 NP 所”表对象是不是与此有关？这个问题值得我们进一步探究。

4. 1. 2　介词、后置词的特殊搭配

4. 1. 2. 1　于 NP+“得”“现证”

由于对译梵语表起始处的从格变化，佛陀跋陀罗本和菩提流志本《无量寿经》中表示起始处的“于 NP”可以与非运行动词“得”“现证”搭配。

（1）［罗］　設我得佛，他方國土諸菩薩衆聞我名字，不即得至第一、第二、第三法忍，於諸佛法不能即得不退轉者，不取正覺。

［志］　若我成佛，餘佛國中所有菩薩，若聞我名，應時不獲一二三忍，於諸佛法不能現證不退轉者，不取菩提。

sacet[ind.]	me[1. sg. Gen.]	bhagavan[m. sg. Voc.]	bodhiprāptasya[Gen. Abs.]	tatra[dem. Loc.]	buddha-kṣetre[n. sg. Loc.]
如果	我	世尊啊	得觉悟后	那里	佛土中

ye[rel. Nom.]	bodhisattvās[m. pl. Nom.]	mama[1. sg. Gen.]	nāma-dheyam[n. sg. Acc.]	śṛṇuyus[3. pl. opt.]
那些	菩萨	我的	名字	听

te[rel. Nom.]	saha-nāma-dheya-śravaṇāt[m. sg. Abl.]	na	prathama-dvitīya-tṛtīyās[num. Acc.]
他们	依靠听闻名字	不	第一、第二、第三

kṣāntīs[f. pl. Acc.]	pratilabheran[3. pl. opt. A.]	na	avaivartikās[m. pl. Nom.]	bhaveyus[3. pl. opt.]
法忍	获得	不	不退转	是

buddha-dharmebhyas[m. pl. Abl.]	mā[ind.]	tāvat[ind.]	aham[1. sg. Nom.]	anuttarām[f. sg. Acc.]
从佛法	没有		我	无上

samyak-saṃbodhim[f. sg. Acc.]	abhisaṃbudhyeyam[1. sg. opt.]
正等正觉	觉悟

世尊啊！如果我得觉悟之后，我的佛土中的那些菩萨，如果听到我的名字，不能依靠听到名字，获得第一、第二、第三法忍，不能从佛法中不退转，我就没有觉悟无上正等正觉。

梵语从格“buddha-dharmebhyas”（从佛法中）说明动作“avaivartikās”（不退转）的起始处。“buddha-dharmebhyas avaivartikās”（不从佛法中退转）受 be 动词“na bhaveyus”（不是）支配，说明“bodhisattvās”（菩萨）的状态，即“菩萨不是不从佛法中退转的”。佛陀跋陀罗和菩提流志用“于诸佛法即得不退转”和“于诸佛法现证不退转”对译“buddha-dharmebhyas avaivartikās”，以“于诸佛法”说明“得不退转”和“现证不退转”的起始处。

中土文献中表示起点的“于”“跟谓语动词和‘于’的宾语乃至语境都有密切关系”（杨伯峻，何乐士 2001：413）。“于”本身不蕴含起始义，需要位于运行动词之后，才能表示起始处，也就是用“$\text{V}_{\text{起始}}$ 于 $\text{N}_{\text{起始处}}$”表示从起始处离开。

(2) 子墨子聞之，起於齊，行十日十夜，而至於郢，見公輸盤。（《墨子・公輸》）

(3) 蓋明者遠見於未萌而智者避危於無形，禍固多藏於隱微而發於人之所忽者也。（《史記・司馬相如列傳》）

(4) 六國從親以賓秦，則秦甲必不敢出於函谷以害山東矣。如此，則霸王之業成矣。（《史記・蘇秦列傳》）

依照汉语书面语的语法规则，例(1)应该译为：

(5) 不能不退轉於諸佛法者，不取正覺。

(6) 不能不退轉於諸佛法者,不取菩提。

“于诸佛法”是“不退转”的起始处,“不退转于诸佛法”是既符合梵语本的意思又符合汉语书面语规则的表达。然而,由于梵语本中出现了与表示“不退转”的分词“avaivartikās”搭配的 be 动词“bhaveyus”,佛陀跋陀罗和菩提流志分别用“得”和“现证”翻译“bhaveyus”,形成不符合汉语规则的“于诸佛法得不退转”和“于诸佛法现证不退转”。

4.1.2.2 “从”+抽象名词

由于对译梵语的工具格变化,《无量寿经》和《维摩诘经》中表依据的“从”可以与抽象名词搭配。

支谶本和支谦本《无量寿经》用“从 NP”翻译表示依据的梵语工具格。

(1) [谶] 無有諸天神教我,亦無諸佛教我,令問佛也,我自從善心知佛意,問佛爾。

[谦] 亦無諸天,無諸佛教。我今問佛者,自從意出,來白佛耳。

na[ind.]	me[1. sg. Dat.]	bhagavan[m. sg. Voc.]	devatās[f. pl. Nom.]	etam[dem. Acc.]	artham[m. sg. Acc.]
没有	对我	世尊啊	诸天神	这	事情

ārocayanti[3. pl. pres.]	na[ind.]	api[ind.]	buddhās[m. pl. Nom.]	bhagavantas[m. pl. Nom.]	atha[ind.]	tarhi[ind.]
说	没有	也	诸佛	诸世尊		

me[1. sg. Dat.]	bhagavan[m. sg. Voc.]	tena[dem. Inst.]	eva[ind.]	prati-ātma-mīmāṃsā-jñānena[m. sg. Inst.]
对我	世尊啊			依靠凭借自己思考产生的知识

evam[ind.]	bhavati[3. sg. pres.]
这样	有

世尊啊!天神没有告诉我,佛世尊也没有告诉我,而是我依靠凭借自己思考产生的知识有这样的想法。

梵语工具格“prati-ātma-mīmāṃsā-jñānena”(依靠凭借自己的思考产生的知识)说明“evam bhavati”(有这样的想法)的依据。“prati-ātma-mīmāṃsā-jñānena”是由“prati-ātma-mīmāṃsā”和“jñānena”组成的复合词,“prati-ātma-mīmāṃsā”(自己的思考)与“jñānena”(知识)也是工具格关系,“知识”是依靠“自己的思考”产生的。支谶用“从善心知佛意”翻译复合词内部的工具格关系,说明“知佛意”是依靠“善心”实现的。支谦用“从意”翻译工具格“jñānena”，用“出”翻译“bhavati”，说明“意”是“今问佛者”的依据。

支谦本和鸠摩罗什本《维摩诘经》也用“从 NP”表示依据。

(2) [谦]　彌勒！決從如起耶，從如滅耶？

[什]　云何彌勒受一生記乎？爲從如生得受記耶，爲從如滅得受記耶？

tat$^{\text{ind.}}$　katham$^{\text{inter. Nom.}}$　tvam$^{\text{2. sg. Nom.}}$　maitreya$^{\text{m. sg. Voc.}}$　vyākṛtas$^{\text{ppp. Nom.}}$

那么　怎样　你　弥勒　被预言

tathatā-utpādena$^{\text{m. sg. Inst.}}$　tathatā-nirodhena$^{\text{m. sg. Inst.}}$　vā$^{\text{conj.}}$

依靠从真实中出现　依靠从真实中灭亡　或

那么，弥勒啊！你是依靠从真实中出现而被预言，还是依靠从真实中灭亡而被预言？

(3) [谦]　又一切法可知見者，如水月形，一切諸法，從意生形。

daka-candra-pratibimba-sadṛśās$^{\text{m. pl. Nom.}}$　sarva-dharmās$^{\text{m. pl. Nom.}}$

像月亮在水中的倒影　一切事物

citta-parikalpena$^{\text{m. sg. Inst.}}$　utpadyante$^{\text{3. pl. pass. pres.}}$

依靠心的虚妄　产生

一切事物就像月亮在水中的倒影，依靠心的虚妄而产生。

例(2)梵语工具格“tathatā-utpādena”和“tathatā-nirodhena”是由“tathatā”和“utpādena/nirodhena”组成的复合词，“tathatā”和“utpādena/nirodhena”是从格关系。“tathatā”(真实)是“utpādena”(出生)和“nirodhena”(灭亡)的起始处，义为“从真实中出现”和“从真实中灭亡”。工具格“tathatā-utpādena/nirodhena”说明“vyākṛtas”(被预言)的依据，意思是“凭借从真实中出生/灭亡”而被预言。支谦用“从如起”和“从如灭”翻译“tathatā-utpādena”和“tathatā-nirodhena”，说明“决”(vyākṛtas)的依据是“如起”和“如灭”。鸠摩罗什用“从如生”和“从如灭”翻译“tathatā-utpādena”和“tathatā-nirodhena”，说明“如生”“如灭”是“得受记”(vyākṛtas)的依据。例(3)梵语工具格“citta-parikalpena”(心的虚妄)说明“sarva-dharmās utpadyante”(一切事物产生)的依据，支谦用“从意”翻译“citta-parikalpena”，说明“生形”的依据。

在中土文献中，“从”与形容词“轻”“实”搭配，表示依据。

(4) 其決疑平法,務在哀鰥寡,罪疑從輕,加審慎之心。(《漢書·雋疏于薛平彭傳》)

(5) 沉溺俗言之日久,不能自還以從實也。(《論衡·定賢》)

受到翻译梵语工具格变化的影响,《无量寿经》和《维摩诘经》中表示依据的“从”可以与抽象名词“善心”“意”和“如”搭配。

4.1.2.3 “使”+VP 时

受到梵语本的影响,支谶本《无量寿经》中“VP 时”可以与假设连词“使”搭配,表示假设条件。

(1) [讖] 使某作佛時,令我國中諸菩薩阿羅漢,壽命無央數劫。得是願乃作佛,不得是願終不作佛。

[谦] 我作佛時,人民有來生我國者,除我國中人民所願,餘人民壽命無有能計者。不爾者,我不作佛。

sacet[ind.]	me[1. sg. Gen.]	bhagavan[m. sg. Voc.]	tasmin[dem. Loc.]	buddhakṣetre[n. sg. Loc.]
如果	我	世尊啊	那	佛土中

anuttarām[f. sg. Acc.]	samyaksaṃbodhim[f. sg. Acc.]	abhisaṃbuddhasya[Gen. Abs.]
无上	正等正觉	得觉悟

sattvānām[m. pl. Gen.]	pramāṇī-kṛtam[m. sg. Acc.]	āyus-pramāṇam[m. sg. Acc.]	bhavet[3. sg. opt.]
众生	计算	寿命的限量	有

anyatra[ind.]	praṇidhāna-vaśena[m. sg. Inst.]	mā[ind.]	tāvat[ind.]	aham[1. sg. Nom.]	anuttarām[f. sg. Acc.]
除了	发誓愿	没有		我	无上

samyaksaṃbodhim[f. sg. Acc.]	abhisaṃbudhyeyam[1. sg. opt.]
正等正觉	证得

世尊啊!当我觉悟无上正等正觉后,如果佛土中众生的寿命能够计算限量,除了(那些)发愿(缩短寿命的众生),我就没有证得无上正等正觉。

支谶和支谦用“作佛时”翻译表示条件的独立属格“abhisaṃbuddhasya”(觉悟时)。“abhisaṃbuddhasya”出现在假设词“sacet”(如果)引领的假设条件句中,支谶用“使”翻译“sacet”,和翻译独立属格的“作佛时”组成“使 VP 时”结构“使某作佛时”,表示假设条件。

在同时期的中土文献中,没有“VP 时”出现在假设连词之后,表示假设条件的用例。

(2) 當其貧困時,人莫省視。至其貴也,乃爭附之。(《史記·滑稽列傳》)

(3) 子在身時,席不正不坐,割不正不食,非正色目不視,非正聲耳不聽。(《論衡·命義》)

(4) 夫人,在陽時則舒,在陰時則慘,此牽乎天者也。(《張衡·西京賦》)

(5) 受氣時,母不謹慎,心妄慮邪,則子長大,狂悖不善,形體醜惡。(《論衡·命義》)

例(2)和例(3)用"当VP时"和"VP时"表示条件。例(4)和例(5)的"VP时"出现在"VP时,则VP"结构中,"VP时,则VP"说明一般规律。

支谶本《无量寿经》用"使"翻译梵语假设词"sacet",用"VP时"翻译表条件的梵语独立属格,出现了"使VP时"这种不见于同时期中土文献的特殊搭配。

4.1.3 小结

通过与中土文献的比较,我们发现,在《无量寿经》和《维摩诘经》中出现的特殊语言现象有:1. 介词短语的特殊位置;2. 介词、后置词的特殊搭配。

1. 介词短语的特殊位置:(1) 表示起始处的"从NP"和"于NP"位于动作作者之前;(2) 表示求索来源的"于NP"位于动词"求"之前;(3) 表示处所和对象的"于NP所"位于句子的谓词之前。

2. 介词、后置词的特殊搭配:(1) 表示起始处的"于NP"与非运行动词搭配;(2) 表示依据的"从"与抽象名词搭配;(3) 表示条件的"VP时"与假设连词搭配。

通过与梵语平行本的比较,我们发现,汉译佛经中出现这些特殊的语言现象,是受到来自梵语本的影响。例如:在梵语动词后置语序的影响下,本应该位于动词之后的"于NP"被移到了动词之前。梵语中表示条件的独立属格出现在假设小句中,汉译本用"假设连词+VP时"对译,形成同时期中土文献中未见的"使VP时"结构。

4.2 《无量寿经》和《维摩诘经》中所见特殊语法现象与汉语语法历时演变之关系

本节以表示依据的"从 NP"和表假设条件的"假设连词+VP 时"为研究对象,结合其他汉译佛经中的用例,并与同时、后时中土文献的"从 NP"和"VP 时"比较,讨论汉译佛经中的特殊语法现象对后时中土文献"从"的搭配范围和"时"功能演变的影响。在此基础上,结合前贤时彦的研究案例,从语法化和语言类型学的角度,讨论佛经翻译对汉语语法历时演变的影响模式。

4.2.1 表示依据的"从"搭配范围扩大

在中古时期的中土文献中,表示依据的"从 NP"只能与形容词搭配。

(1) 其決疑平法,務在哀鰥寡,罪疑從輕,加審慎之心。(《漢書·雋疏于薛平彭傳》)

(2) 沉溺俗言之日久,不能自還以從實也。(《論衡·定賢》)

在《无量寿经》和《维摩诘经》中,由于对译梵语表示依据的工具格,"从 NP"可以与抽象名词搭配。

(3) [讖] 無有諸天神教我,亦無諸佛教我,令問佛也,我自從善心知佛意,問佛爾。

[谦] 亦無諸天,無諸佛教。我今問佛者,自從意出,來白佛耳。

(4) [谦] 彌勒!決從如起耶,從如滅耶?

[什] 云何彌勒受一生記乎?爲從如生得受記耶,爲從如滅得受記耶?

在鸠摩罗什本《维摩诘经》中,表示依据的"从"还可以和抽象名词"渴爱""颠倒""业缘"搭配。

(5) [什] 是身如炎,從渴愛生。是身如幻,從顛倒起。是身如影,從業緣現。

marīci-upamas$^{m. sg. Nom.}$	ayam$^{dem. Nom.}$	kāyas$^{m. sg. Nom.}$	kleśa-tṛṣṇā-saṃbhūtas$^{ppp. Nom.}$
如同光线	这	身体	依靠烦恼和欲望产生

māyā-upamas$^{\text{m. sg. Nom.}}$	ayam$^{\text{dem. Nom.}}$	kāyas$^{\text{m. sg. Nom.}}$	viparyāsa-saṃbhūtas$^{\text{ppp. Nom.}}$
如同幻觉	这	身体	依靠颠倒产生

pratibhāsa-upamas$^{\text{m. sg. Nom.}}$	ayam$^{\text{dem. Nom.}}$	kāyas$^{\text{m. sg. Nom.}}$
如同幻影	这	身体

pūrva-karma-pratibhāsatayā$^{\text{f. sg. Inst.}}$	saṃdṛśyate$^{\text{3. sg. pres. pass.}}$
前世业的倒影	被呈现

这身体如同光线，依靠烦恼和欲望产生。这身体如同幻觉，依靠颠倒产生。这身体如同幻影，由前世所作业的倒影呈现。

梵语复合词“kleśa-tṛṣṇā-saṃbhūtas”和“viparyāsa-saṃbhūtas”是工具格关系的复合词，“kleśa-tṛṣṇā”（烦恼和欲望）和“viparyāsa”（颠倒）说明“saṃbhūta”（产生）的依据，义为“依靠烦恼和欲望产生”“依靠颠倒产生”。鸠摩罗什分别用“从渴爱生”和“从颠倒起”翻译这两个复合词，“渴爱”和“颠倒”是“生”和“起”的依据。梵语工具格“pūrva-karma-pratibhāsatayā”（前世的业的倒影）说明“saṃdṛśyate”（被呈现）的作者，即“ayam kāyas”（这身体）被“pūrva-karma-pratibhāsatayā”（前世的业的倒影）呈现。鸠摩罗什也用“从 NP”结构“从业缘”翻译工具格，说明“业缘”是“现”的依据。

在中古时期的其他汉译佛经中，表示依据的“从”也可以和抽象名词搭配。

在东汉支娄迦谶译《道行般若经》和其异译本鸠摩罗什译《小品般若波罗蜜经》中，“从 NP”对译梵语的从格或从格关系复合词，表示依据的“从”与抽象名词“般若波罗蜜”搭配。

(6)［**讖**］　何以故？須陀洹道皆**從**般若波羅蜜**中**出生故。

［**什**］　何以故？須陀洹果**從**般若波羅蜜出故。

tat$^{\text{dem. Nom.}}$	kasya$^{\text{inter. Gen.}}$	hetos$^{\text{m. sg. Gen.}}$	atas$^{\text{dem. Abl.}}$	hi$^{\text{ind.}}$	kauśika$^{\text{m. sg. Voc.}}$
这	什么	原因	依靠这	因为	憍尸迦啊

srota-patti-phalam$^{\text{n. sg. Nom.}}$	prabhāvyate$^{\text{3. sg. caus. pres. pass.}}$
须陀洹果	使出现

这是什么原因呢？憍尸迦！因为须陀洹果依靠这（般若波罗蜜）出现。

(7)［**讖**］　如是，拘翼！薩芸若身**從**般若波羅蜜**中**出。

［**什**］　憍尸迦！一切諸佛薩婆若智皆**從**般若波羅蜜生。

prajñāpāramitā-nirjātā$^{\text{ppp. Nom.}}$	kauśika$^{\text{m. sg. Voc.}}$	tathāgatānām$^{\text{m. pl. Gen.}}$	arhatām$^{\text{m. pl. Gen.}}$
依靠般若波罗密多显现	憍尸迦啊	如来	阿罗汉
samyak-saṃbuddhānām$^{\text{m. pl. Gen.}}$	sarva-jñatā$^{\text{f. sg. Nom.}}$		
正等正觉	一切智慧		

如来、阿罗汉、正等正觉的一切智慧通过般若波罗蜜显现。

例(6)梵语从格指示代词“atas”(从这)指代“prajñāpāramitā”(般若波罗蜜多),说明“srota-patti-phalam”(须陀洹果)“prabhāvyate”(出现)的依据。支谶和鸠摩罗什分别用“从NP中”“从般若波罗蜜中”和“从NP”“从般若波罗蜜”对译“atas”,说明“须陀洹道出生”和“须陀洹果出”的依据。

例(7)“prajñāpāramitā-nirjātā”是从格关系复合词,“prajñāpāramitā”(般若波罗蜜)指示“nirjātā”(显现)的依据。支谶和鸠摩罗什分别用“从般若波罗蜜中出”和“从般若波罗蜜生”翻译复合词,说明“般若波罗蜜”是“萨芸若身出”和“萨婆若智”的依据。

西晋竺法护译《正法华经》和其异译本鸠摩罗什译《妙法莲华经》中,“从”可以与抽象名词“法”搭配,指示依据。

(8)[护] 雖從法生,不得自在。

[什] 今日乃知真是佛子,從佛口生,從法化生,得佛法分。

adya$^{\text{ind.}}$	aham$^{\text{1. sg. Nom.}}$	bhagavan$^{\text{m. sg. Voc.}}$	bhagavatas$^{\text{m. sg. Gen.}}$	putras$^{\text{m. sg. Nom.}}$
今天	我	世尊啊	世尊的	儿子
jyeṣṭhas$^{\text{m. sg. Nom.}}$	aurasas$^{\text{m. sg. Nom.}}$	mukhatas$^{\text{ind.}}$	jātas$^{\text{ppp. Nom.}}$	dharma-jas$^{\text{m. sg. Nom.}}$
最胜	真的	从口中	出生	由法所生
dharma-nirmitas$^{\text{ppp. Nom.}}$	dharma-dāyādas$^{\text{m. sg. Nom.}}$	dharma-nirvṛttas$^{\text{ppp. Nom.}}$		
凭借法化生	得法分	凭借法转生		

世尊啊!今天我真的是世尊的长子,从口中出生的法子,由法所生,凭借法化生,得佛法分,凭借法转生。

梵语复合词“dharma-nirmitas”是工具格关系,“dharma”(法)说明“nirmita”(化生)的依据,义为“凭借法化生”。竺法护和鸠摩罗什用“从法生”和“从法化生”翻译复合词,说明“法”是“(化)生”的依据。

受到来自汉译佛经的影响,在敦煌变文《阿弥陀佛讲经文》和《庐山远公话》中,"从"与抽象名词搭配,表示依据。

(9) 遂得壽命無量,即是從果爲名。次言無量壽國,乃從化主爲名。(《阿彌陀佛講經文》)

(10) 從此道安説法,不能平等,不解傳法入三等人之耳,及四生十類。(《廬山遠公話》)

例(9)"从果"说明阿弥陀佛名为"无量寿"的依据是其果寿命无量,"从化主"说明阿弥陀佛的佛国"无量寿国"是依据其化主"无量寿"而得名。例(10)"从此道安说法"的"从"并非表示"道安"是"说法"的来源,而是说明"此道安说法"是"不能平等""不解传法入三等人之耳及四生十类"的依据。

4.2.2　"时"语法化为假设语气助词①

江蓝生(2002: 293)发现"时"在唐代的白话文献中由时间词语法化为假设语气助词,指出"表示假设的助词'时'应是首先从表示将然、未然的时间名词虚化而来的"。龙国富、叶桂郴(2005: 76)通过对汉译佛经的考察,发现"时"在东汉的汉译佛经中已经出现了语法化为假设语气助词的用例,用佛经语料证实了江蓝生(2002)"'时'用于假设句开始虚化时,是从表示未然的时间开始的"这一观点,并推测"'时'的假设用法,应该是该时期实际口语的反映"。

在本文考察的两汉至魏晋南北朝时期的中土文献中,"时"以表过去的时间为主,仅有2例指示未来时间的用例。此外,虽然在东汉的中土文献中已出现"VP时"表条件的用例,但未发现"VP时"出现在假设连词之后,表假设条件的用例。而在中古时期的汉译佛经中,"时"既可以指过去的时间也可以指未来的时间。这是由佛教文献的内容和佛教的基本教义决定的。佛教的时间观念是三分的,六道轮回中的所有主体都有过去、现在和未来三世。在这三世之中有两重因果,即过去世因"无明"所造之业导致现在世的轮回和果报,而现在世因贪欲和执着所造之业又导致了未来世的"生"和"老死"。人们应该皈依佛法,在现在世不再造"业",以求得在未来世从六道轮回中解脱。

① 本节已发表于《汉语史学报》第二十四辑,第123-133页。

此外,在汉译佛经中出现了用“若 VP 时”表示假设条件的用例。这是受到“若 VP 者”的类推句法模式影响,还是口语在汉译佛经中的表现?抑或是受到以梵语为代表的源头语的影响?要解决这一问题,我们不仅要系统比较汉译佛经与中土文献,还需要详细对照汉译佛经与其梵语平行本。

4.2.2.1　中土文献与汉译佛经中的“时”之比较

在中古时期中土文献中,“VP 时”以指示过去的事件为主要功能。

(1) 項籍少時,學書不成,去;學劍,又不成,去。(《史記·項羽本紀》)

(2) 初,桓公亡時,過郑,郑無禮,故伐之。(《史記·齊太公世家》)

(3) 武王渡孟津時,士眾喜樂,前歌後舞,天人同應。(《論衡·感虚》)

(4) 先,黥布反時,高帝嘗病,惡見人,臥禁中,詔户者無得入群臣。(《漢書·樊酈滕灌傅靳周傳》)

(5) 先主未出時,獻帝舅車騎將軍董承辭受帝衣帶中密詔,當誅曹公。(《三國志·蜀書·先主傳》)

(6) 登同郡縣李高亦有武幹。平吴時,與牙門將處前,獲孫皓,封縣侯。(《華陽國志·後賢志》)

(7) 昔,劉君安未仙去時,鈔取其要,以爲一卷。(《抱朴子·遐覽》)

指示未来时间的用例,仅在《史记》和《水经注》中分别出现了 1 例。

(8) 西門豹曰:“至爲河伯娶婦時,願三老、巫祝、父老送女河上,幸來告語之,吾亦往送女。”(《史記·滑稽列傳》)

(9) (千小兒)次欲伐父王本國,王大愁憂,小夫人問:“何故愁憂?”王曰:“彼國王有千子,勇健無比,欲來伐吾國,是以愁爾。”小夫人言:“勿愁,但于城西作高樓,賊來時,上置我樓上,則我能卻之。”(《水經注·河水》)

例(8)在“为河伯娶妇时”之前,用动词“至”说明这是未然事件。例(9)“欲来伐吾国”,说明“贼来”是尚未发生的事件。此外,例(9)并非郦道元的著述,而是引用法显对毗舍离城西北一座佛塔所起之因缘的记录。《法显传》中的记载是:“次伐父王本國,王大愁憂。小夫人問王:‘何故愁憂?’王曰:‘彼國王有千子,勇健無比,欲來伐吾國。是以愁耳。’小夫人言:‘王勿愁憂,但於城東作高樓。賊來時,置我樓上,則我能却之。’”因此,例(9)应归至东晋法显名下，属于佛教历史地理撰述。

在东汉王充的《论衡》中，我们发现了2例用例，其中的“时”并不指示特定时间，而是指示普适性建议或规律的泛指时间。

(10) 性命在本，故《禮》有胎教之法：子在身時，席不正不坐，割不正不食，非正色目不視，非正聲耳不聽。及長，置以賢師良傅，教君臣、父子之道。賢不肖在此時矣。受氣時，母不謹慎，心妄慮邪，則子長大，狂悖不善，形體醜惡。(《論衡·命義》)

“子在身时”和“受气时”的“时”并非特指某位女性的妊娠期，而是泛指所有女性的妊娠期。“席不正不坐，割不正不食，非正色目不视，非正声耳不听”是对所有将为人母女性的建议。“母不谨慎，心妄虑邪，则子长大，狂悖不善，形体丑恶”则是作者总结的规律。这一建议和规律对任何已成为或将成为母亲的女性都适用。“子在身时”和“受气时”可以理解为“当子在身时”和“当受气时”。“时”表时间的意义已经弱化，由指示时间转为指示条件。

在中古时期的中土文献中，“VP时”表示未然事件的用例仅有2例，其中1例引自佛教历史地理撰述《法显传》。在东汉《论衡》中出现了“VP时”表条件的用例。然而，中土文献中未出现“VP时”在“若”等假设连词之后，用“若VP时”表假设条件的用例。如表4-1所示。

表4-1

文献	“VP时”用例	“VP时”表未然	“VP时”表条件
西汉《史记》	109	1	0
东汉《论衡》	31	0	2
东汉《汉书》	124	0	0
西晋《三国志》	26	0	0
东晋《华阳国志》	8	0	0
东晋《抱朴子》	6	0	0
南朝·宋《后汉书》	15	0	0
南朝·宋《世说新语》	34	0	0
北魏《水经注》	10	1[引自《法显传》]	0

在中古时期的汉译佛经中，“VP 时”的用法呈现出与中土文献不同的面貌。在东汉三国的汉译佛经中，“VP 时”既可以指示已然的事件，也可以指示未然的事件。

“VP 时”表已然事件的用例如：

（11）菩薩初坐樹下時，不共法思惟十二因緣。是時，薩芸若智慧悉具足。（東漢支婁迦讖譯《道行般若經·不可盡品》）

（12）又以説是經時，有五百人造起無上正真之道意。（東漢安玄譯《法鏡經》）

（13）説是法時，拘憐等五人，漏盡意解，皆得羅漢。（東漢曇果、康孟詳譯《中本起經·轉法輪品》）

（14）父喪亡時，以金著口中，欲賂太山。實聞大王設爵求金，始者掘塚發木取金。（三國吴康僧會譯《六度集經·精進度無極章》）

“VP 時”表未然事件的用例如：

（15）我作佛時，悉**當**安十方人得般泥洹。我不復與人共諍，瞋恚於人，爲用羅漢道故。（《道行般若經·貢高品》）

（16）却後，經法**且欲**斷絶時，我悉知持般若波羅蜜者，若最後有書者，佛悉豫見其人，稱譽説之。（《道行般若經·持品》）

（17）若欲不欲，**至**於死時，是物亦**當**捐棄我，我亦**當**捐棄是。其施寶而終，我而施是物，死時意除止。（《法鏡經》）

（18）**當欲**敗時，吾輒上昇第十五約淨天，其後更始，復還梵天，清淨無欲，在所自然。（《六度集經·明度無極章》）

译者用助动词“当”“且”和动词“至”“欲”，说明“时”指示的是将来的时间。“VP 时”所指的事件是发生在将来的未然事件。

在东汉《道行般若经》和《法镜经》中，“VP 时”可跟在假设连词“如”“假使”之后，形成“如/假使 VP 时”结构。

（19）我會當作佛，**如**我作佛時，使我境界中一切無有惡。（《道行般若經·遠離品》）

（20）又復，理家！居家修道者，**假使**爲離師者之教誨時，世無佛、無見經者，不與聖衆相遭遇，是以當稽首十方諸佛。（《法鏡經》）

“如我作佛时”可理解为“如果我作佛的时候”，也可理解为“如果我作佛的话"。"假使为离师者之教诲时"也有表时间和表条件两解。"时"表示时间的意义已经弱化。值得注意的是,"VP 时"与假设连词连用的用例出现在"时"可指未来时间的《道行般若经》和《法镜经》中。可见,"VP 时"可与假设条件助词连用,是以其能指示未然事件为基础的。

在西晋竺法护译《正法华经》和其异译本姚秦鸠摩罗什译《妙法莲华经》中,"VP 时"跟在"若""假使"等假设连词之后的用例增多,分别有 14 例和 12 例。

(21) **若**族姓子講斯典**時**,有小童子受是經卷。白衣沙門,若以言語惡事向之。所不可意加於其人,使聞惡言。至誠虛妄,宣揚怨聲,則在殃罪,猶如害意向於如來。(《正法華經·藥王如來品》)

(22) **假使**得聞此經法**時**,若復住立,設有所作。(《正法華經·輕慢品》)

(23) **若**我寶塔,爲聽《法華經》故,出於諸佛前**時**,其有欲以我身示四衆者,彼佛分身諸佛,在於十方世界說法盡,還集一處,然後我身乃出現耳。(《妙法蓮華經·見寶塔品》)

(24) 我**若**滅度**時**,汝等勿憂怖。(《妙法蓮華經·序品》)

例(21)和例(23)"VP 时"还有指示时间的功能,尽管其中的时间义已经弱化。"讲斯典时"指示"有小童子受是经卷"的时间和条件;"(宝塔)出于诸佛前时"指示"其有欲以我身示四众者"的时间和条件。而例(22)"假使 VP 时"和例(24)"若 VP 时"的语义重点已转移到假设条件"假使得闻此经法"和"若灭度"上,"时"指示时间的功能已经脱落。

通过上述比较,我们清楚地看到,汉译佛经中"VP 时"指示未然事件的用例较中土文献多。此外,汉译佛经中"VP 时"跟在假设连词之后,形成"若 VP 时"结构。这是在同时期中土文献中未见的现象。

前贤研究已经证明,"若 VP 时"结构的出现,为"时"的语法化创造了条件。接下来,我们需要解决的问题是:为什么佛经汉译者会选择"若 VP 时"表示假设,而不是沿用中土文献的"若 VP 者"结构?"若 VP 时"结构的出现,是如江蓝生(2002:292)所言,来自对"若 VP 者"的"类推的句法模式"?还是如龙国富、叶桂郴(2005:76)所言,是"适应译经口语成分的要求"?汉译佛经作为翻译文献,其中有没有来自以梵语为代表的源头语的影响?通过比较汉译佛经及其梵语平行本,可以对“若 VP 时”结构的来源有更直观的认识。

4.2.2.2 汉译佛经与其梵语平行本中“时”之对照

在中古时期的汉译佛经中,“VP 时”主要用于对译梵语本中指示时间的处所格和指示条件的独立依格或独立属格。

(25) buddha-nirmitas[m. sg. Nom.] maraṇa-kāle[m. sg. Loc.] puratas[ind.] sthāsyati[3. sg. fut.] (无量寿经93-1)
佛的化身 去世时 面前 将站

在他们去世时,佛的化身将站在(他们的)面前。

[谶] 其人壽命病欲終時,阿彌陀佛即自化作形像,令其人目自見之。

[谦] 其人壽命病欲終時,無量清淨佛則自化作形象,令其人目自見之。

(26) maraṇa-kāle[m. sg. Loc.] ca[conj.] asya[dem. Gen.] buddha-sahasram[n. sg. Nom.]
去世时 这人 千菩萨
saṃmukham[m. sg. Nom.] upadarśanam[n. sg. Nom.] kariṣyati[3. sg. fut.] na ca[conj.]
面前 显现 将有 不
durgati-vinipāta-gāmī[n. sg. Nom.] bhaviṣyati[3. sg. fut.] (法华经26-20)
堕入恶道 将有

在去世时,将有一千个菩萨在这人面前显现,(他)将不会堕入恶道。

[护] 臨壽終時,面見千佛,遊在吉安,不墮惡趣。

例(25)支娄迦谶和支谦用“VP 时”结构“寿命病欲终时”对译梵语复合词处所格“maraṇa-kāle”(去世时),说明“阿弥陀佛/无量清净佛”“自化作形象,令其人目自见之”的时间。例(26)竺法护用“临寿终时”对译,说明“面见千佛,游在吉安,不堕恶趣”的时间。梵语复合词“maraṇa-kāle”中,“kāle”的原形“kāla”是义为“时间”的名词,“maraṇa”是义为“去世”的动名词。复合词义为“去世的时间”,其处所格变化义为“在去世时”。支谶、支谦和竺法护用汉语中的时间名词“时”对译梵语时间名词“kāla”,用动词短语“寿命病欲终”和“寿终”对译梵语动名词“maraṇa”,组成表时间的“VP 时”结构。虽然汉译本没有说明事件发生在过去还是未来,但对照梵语本,我们可以清楚地看到,例(25)的动词“sthāsyati”和例(26)的动词“kariṣyati”“bhaviṣyati”都是将来时。这说明“阿弥陀佛即自化作形象”“无量清净佛则自化作形象”和“面见千佛,游在吉安,不堕恶趣”都是发生在未来的事件。

除了对译表时间的处所格之外，佛经汉译者还用“VP 时”对译梵语的独立依格和独立属格。

(27) asmin[dem. Loc.] khalu[ind.] punar[ind.] dharma-paryāye[m. sg. Loc.] bhagavatā[m. sg. Inst.]
这　法门　被世尊
bhāṣyamāṇe[Loc. Abs.] dvādaśānām[m. pl. Gen.] sattva-nayuta-koṭīnām[m. pl. Gen.] virajas[m. sg. Nom.]
宣说时　十二　百万兆众生　无尘
vigatamalam[n. sg. Nom.] dharmeṣu[m. pl. Loc.] dharma-cakṣus[m. sg. Nom.]
无垢　依法　法眼
viśuddham[n. sg. Nom.]（无量寿经153-1）
洁净

当世尊宣说这法门时，一千二百万兆众生依法得到无垢无尘的法眼洁净。

[讖]　佛說是經時，即萬二千億諸天人民，皆得天眼徹視。

(28) tat[ind.] mā[ind.] āha[3. sg. perf.] eva[ind.] bhagavatas[m. sg. Gen.] śākyamunes[m. sg. Gen.]
那　不要　说　世尊　释迦牟尼
bodhisattva-caryām[f. sg. Acc.] caratas[Gen. Abs.] cittam[n. sg. Nom.] apariśuddham[n. sg. Nom.] yena[ind.]
菩萨道　修行时　心　不清净　因此
idam[dem. Nom.] buddhakṣetram[n. sg. Nom.] evam[ind.] apariśuddham[n. sg. Nom.]
这　佛土　如此　不清净
saṃdṛśyate[3. sg. pres. pass.]（维摩诘经1-32）
被看见，显得

那岂不是当世尊释迦牟尼修行菩萨道时，心不清净，因此佛土显得如此不清净？

[谦]　我世尊本爲菩薩時，意豈不淨，而是佛國不淨若此？

例(27)支娄迦谶用“说是经时”对译梵语独立依格结构“asmin dharma-paryāye bhāṣyamāṇe”（当宣说这法门时），“佛说是经”是“万二千亿诸天人民，皆得天眼彻视”的条件。例(28)支谦用“本为菩萨时”对译梵语独立属格结构“bodhisattva-caryām caratas”（当修行菩萨道时），“本为菩萨，意不净”是“佛国不净”的条件。

译者之所以用“VP 时”对译梵语的独立依格和独立属格，一是因为独立依格或独立属格指示的条件中蕴含了时间意义。就时间的线性顺序而言，“佛说是经”发生在前，“万二千亿诸天人民，皆得天眼彻视”发生在后，“佛说是经时”也就成为逻辑上“万二千亿诸天人民，皆得天眼彻视”的条件。二是佛经翻译者可能并未对独立依格和处所格做出细致的区分，认为两者都属于处所格这一语法范畴，因此用“时”对译在他们看来都是处所格的语法变化。

从语法化的角度来看，独立依格和独立属格是标记时间的处所格语法化的结果。抽象化的时间标记，也就成了说明逻辑关系的标记。语言中普遍存在“时间>条件”“时间>原因”等时间标记抽象化为逻辑关系标记的语法化路径，正如 Heine 和 Kuteva（2002：93）所言：“从时间、空间标记虚化为条件标记是语言演变的一般规律，如英语中的‘since’，既可以标记时间、空间，也可以标记原因。”

当梵语本的独立依格或独立属格指示未然或假设事件的条件时，译者用“使 VP 时”“若 VP 时”等“假设连词+VP 时”结构对译，指示假设条件。

（29） sacet[ind.] me[1. sg. Gen.] bhagavan[m. sg. Voc.] tasmin[dem. Loc.] buddhakṣetre[n. sg. Loc.]
如果 我 世尊啊 那 佛土中
anuttarām[f. sg. Acc.] samyaksaṃbodhim[f. sg. Acc.] abhisaṃbuddhasya[Gen. Abs.]
无上 正等正觉 得觉悟时
sattvānām[m. pl. Gen.] pramāṇī-kṛtam[m. sg. Acc.] āyus-pramāṇam[m. sg. Acc.] bhavet[3. sg. opt.]
众生 计算 寿命的限量 如果有
anyatra[ind.] praṇidhāna-vaśena[m. sg. Inst.] mā[ind.] tāvat[ind.] aham[1. sg. Nom.] anuttarām[f. sg. Acc.]
除了 发愿 没有 我 无上
samyaksaṃbodhim[f. sg. Acc.] abhisaṃbudhyeyam[1. sg. opt.]（无量寿经28-14）
正等正觉 如果证得

世尊啊！当我觉悟无上正等正觉时，如果佛土中众生的寿命能够计算限量，除了发愿（缩短寿命的众生），我就没有觉悟无上正等正觉。

［讖］ 使某作佛時，令我國中諸菩薩阿羅漢，壽命無央數劫。得是願乃作佛，不得是願終不作佛。

支娄迦谶用“使”对译假设连词“sacet”，“某作佛时”对译独立属格结构“me abhisaṃbuddhasya”（我觉悟时），说明“某作佛”是“国中诸菩萨阿罗汉，寿命无央数劫”的假设条件。

(30) mā$^{\text{ind.}}$ bhāyathā$^{\text{2. pl. impv.}}$ bhikṣava$^{\text{m. pl. Voc.}}$ nirvṛte$^{\text{Loc. Abs.}}$ mayi$^{\text{1. sg. Inst.}}$

不要 恐惧 比丘们啊 涅槃时 我

bhaviṣyate$^{\text{3. sg. fut.}}$ buddha$^{\text{m. sg. Nom.}}$ mama$^{\text{1. sg. Gen.}}$ uttareṇa$^{\text{m. sg. Inst.}}$（法华经1-173）

将有 佛 我的 之后

众比丘啊！当我涅槃时，你们不要恐惧。继我之后，还将有佛。

[什] 我**若**滅度**時**，汝等勿憂怖。

“灭度时”对译独立依格“nirvṛte”（当涅槃时），是众比丘产生“忧怖”这一情绪的条件。“灭度”是发生在将来的未然事件。鸠摩罗什用“若 VP 时”将未然事件的条件转译为了假设条件。

除了对译表未然事件条件的独立依格之外，在鸠摩罗什的译经中，“若 VP 时”还可对译由条件连词“yadā”引领的条件句，和假设句中的独立属格。

(31) yadā$^{\text{ind.}}$ tu$^{\text{ind.}}$ buddhas$^{\text{m. sg. Nom.}}$ bhavate$^{\text{3. sg. pres. A.}}$ agra-sattvas$^{\text{m. sg. Nom.}}$

当……时 佛 变成 人中胜

puras-kṛtas$^{\text{ppp. Nom.}}$ nara-maru-yakṣa-rākṣasais$^{\text{m. pl. Inst.}}$

被尊重 人、天、夜叉、恶鬼

dvātriṃśatī-lakṣaṇa-rūpa-dhārī$^{\text{m. sg. Nom.}}$ aśeṣatas$^{\text{ind.}}$ nirvṛtu$^{\text{ppp. Nom.}}$ bhoti$^{\text{3. sg. pres.}}$

具足三十二相 无余 涅槃 有

tatra$^{\text{ind.}}$（法华经3-23）

那里

当佛变成人中胜时，被人、天、夜叉和恶鬼尊重，具足三十二相，在那里成就无余涅槃。

[什] **若**得作佛**時**，具三十二相，天人夜叉眾，龍神等恭敬。是時乃可謂，永盡滅無餘。

鸠摩罗什用“得作佛时”对译“yadā buddhas bhavate agra-sattvas”（当佛变成人中胜时）。条件连词“yadā”与独立依格具有相同的语法功能，都指示条件，且其指示的条件中都蕴含了时间义。“得作佛”是将来“永尽灭无余”的时间，也是“永尽灭无余”的条件。与例(30)一样，鸠摩罗什用“若 VP 时”结构“若得作佛时”，将未然事件的条件转译为了假设条件。

（32） loṣṭam$^{\text{n. sg. Nom.}}$ daṇḍam$^{\text{n. sg. Nom.}}$ vā$^{\text{conj.}}$ atha$^{\text{ind.}}$ śaktī$^{\text{f. sg. Nom.}}$ ākrośa-tarjanā$^{\text{f. sg. Nom.}}$

石块 棍子 或 此时 刀 詈骂

atha$^{\text{ind.}}$ vā$^{\text{conj.}}$ <u>bhāṣantasya</u>$^{\text{Gen. Abs.}}$ bhavet$^{\text{3. sg. opt.}}$ tatra$^{\text{ind.}}$ smarantas$^{\text{prp. Nom.}}$

此时 宣说时 如果有 那里 忆念

mama$^{\text{1. sg. Gen.}}$ tām$^{\text{f. sg. Acc.}}$ sahet$^{\text{3. sg. opt.}}$（法华经10-73-1）

我 这 忍受

当（我）宣说时，如果有石块、棍子、刀或詈骂，我因念佛而能忍受。

［什］ 若<u>説此經</u>**時**，有人惡口罵，加刀杖瓦石，念佛故應忍。

“说此经时”对译独立属格“bhāṣantasya”（当宣说时），说明“有人恶口骂，加刀杖瓦石”的条件。鸠摩罗什用“若”标记动词虚拟语气“bhavet”（如果有）表达的假设义。对照梵语本，我们发现，假设条件并不是“说此经”，而是“有人恶口骂，加刀杖瓦石”。该用例更准确的翻译应该是：“说此经时，若有人恶口骂，加刀杖瓦石，念佛故应忍”。鸠摩罗什将假设连词“若”置于句首，把“说此经”和“有人恶口骂，加刀杖瓦石”都视作假设条件。

通过以上分析，我们发现，中古时期的佛经汉译者用“使/假使/若+VP 时”结构，对译指示未然或假设事件条件的独立依格、独立属格或条件句，形成了在同时期中土文献中未见的“若 VP 时”结构。虽然这些用例中的“时”依然具有指示功能，但与假设连词“若”的共现，为其语法化为假设语气助词创造了条件。

在鸠摩罗什翻译的《小品般若波罗蜜经》中，我们找到了 1 例用“若 VP 时”表假设条件，但梵语本中并未出现独立依格或独立属格等“时”的对应形式的用例。该用例中“时”的指示功能已经脱落，成为假设语气助词。

（33） sacet$^{\text{ind.}}$ <u>evam</u>$^{\text{ind.}}$ <u>upaparīkṣamāṇas</u>$^{\text{prp. Nom.}}$ <u>evam</u>$^{\text{ind.}}$ <u>upanidhyāyan</u>$^{\text{prp. Nom.}}$

如果 这样 思索 这样 思考

na viṣīdati$^{\text{3. sg. pres.}}$ na viṣādam$^{\text{m. sg. Acc.}}$ āpadyate$^{\text{3. sg. pres. A.}}$ avirahitas$^{\text{ppp. Nom.}}$

不 害怕 不 绝望 掉下 不分离

bodhisattvas$^{\text{m. sg. Nom.}}$ mahāsattvas$^{\text{m. sg. Nom.}}$ prajñāpāramitayās$^{\text{f. sg. Abl.}}$

菩萨 大士 般若波罗蜜

veditavyas$^{\text{fpp. Nom.}}$（小品般若波罗蜜经·初品）

应该被认为

如果这样思索和思考,他不害怕也不掉入绝望,他就应该被认为是不与般若波罗蜜分离的菩萨大士。

[什]　若菩薩作是思惟觀時,不驚、不畏、不怖、不沒、不退,當知是菩薩不離般若波羅蜜行。

在假设连词"sacet"引领的条件句中,未出现独立依格或独立属格,而是用动词的现在分词结构"evam upaparīkṣamāṇas evam upanidhyāyan"(这样思索和思考)说明假设条件。该条件是事件而非时间,但鸠摩罗什依然用"菩萨作是思惟观时"翻译,用"若菩萨作是思惟观时"表示假设条件。"若VP时"结构的语义重点已经转移到了"若VP"上,即"若VP时"="若VP"。"时"出现与否,对"若VP"表假设条件的功能或意义都没有任何影响。"时"的指示功能完全脱落,语法化为了假设语气助词。

通过比较汉译佛经和其梵语平行本,我们对"若VP时"来源问题得出的答案是:"VP时"之所以可以与假设连词"若"组成"若VP时"结构,并非来自"若VP者"的类推作用,也不是当时口语的反映。译者用"VP时"对译梵语中表时间的处所格,以及表条件的独立依格或独立属格。当独立依格或独立属格指示未然或假设事件的条件时,译者用"若VP时"结构对译,表假设条件。"VP时"与假设连词组成"若VP时"结构,是推动"时"语法化为假设语气助词的关键因素。当"若VP时=若VP"时,"时"不再承担任何指示功能,语法化为了假设语气助词。

4.2.2.3　结语

在中古时期的中土文献中,"VP时"结构中的"时"绝大部分是后置的时间词,以指示过去的时间为主。虽然在东汉的中土文献中出现了"VP时"指示条件的用例,但并未出现"若VP时"等"VP时"跟在假设连词之后的用例。而在中古时期的汉译佛经中,"VP时"既指示过去的事件,也指示未来的事件。汉译佛经中"VP时"指示条件的用例较中土文献中多,并且出现了"VP时"位于假设连词之后,表假设条件的用例。

在汉译佛经中,译者用"VP时"对译梵语中表时间的处所格。由于佛经中陈述的未然事件较多,"时"指示未来时间的用例也比中土文献多。同时,译者用“VP时”对译表条件的独立依格或独立属格，“VP时”表条件的用例也较中土文献多。当独立依格或独立属格指示未然或假设事件的条件时，译者用“假设连词+VP时”表假设条件。因此，汉译佛经中出现了“若VP时”等“VP时”位于假设连词之后的用例。在姚秦鸠摩罗什的译作中，出现了假设句不用独立依格或独立属格表条件，但译者仍然用“若VP时”指示假设条件的用例。在该用例中，“时”的指示功能已经完全脱落，语法化为了假设语气助词。

可见，在中古晚期的汉译佛经中，“时”已经完成了“时间词>条件助词>假设语气助词”的语法化过程。由于佛经翻译这一非直接的语言接触，汉语中的时间词“时”受到了以梵语为代表的源头语影响，既可以指过去的时间，也可以指未来的时间。“时”还可以与假设连词组成“若VP时”结构，为其语法化为假设语气助词创造了条件。

4.2.3 佛经翻译对汉语语法历时演变影响模式之讨论

通过前两节的讨论，我们发现，通过佛经翻译，梵语对汉语语法的影响并非是“从无到有”的影响，而是采用汉语中承担语法功能 C_1 的形式 C，对译梵语本中具有相同功能 S_1 的语法成分 S①，如以“从”对译表示起始处的梵语从格，以“时”对译表示时间的梵语处所格。当梵语的语法成分 S 还承载了其他功能 S_2 和 S_3 时，译者仍然以同一语法形式 C 对译，如“从”对译表示依据的从格（S_2），“时”对译表示条件的独立依格（S_2）和独立属格（S_3）。通过佛经翻译，汉译本中的语法形式 C 获得了与其对应的梵语语法形式 S 的 S_2 和 S_3 所承载的功能，从而产生了与 S_2 和 S_3 对应的语法功能 C_2 和 C_3。

其影响路径可以归纳为：

① $C \to S\{C_1 = S_1\}$；② $S(S_2, S_3) \to C$；③ $C > C_2, C_3\{C_2 = S_2, C_3 = S_3\}$

这一影响模式在朱冠明（2011），曹广顺、遇笑容（2015）以及徐朝红、吴福祥（2015）中都有讨论。上述学者采用 Heine 和 Kuteva（2005）使用的术语，将这一过程称为“语法复制”（grammatical replication）。曹广顺、遇笑容（2015：7）指

① C=Chinese（汉语），S=Sanskrit（梵语）。

出："语法复制"是"模型语（M）的使用者利用复制语（R）里可得到的语言材料，仿照模型语（M）的特定模式，在复制语（R）里产生出一个新的意义或结构"。朱冠明（2011：174）具体解释了"语法复制"的过程："在语言接触中，模型语（M）有某个结构（Mx），复制语（R）通过复制 Mx 而获得一个新结构（Rx），但大多数情况下 Rx 并非全新的结构，相反它建立在复制语中某个现存的结构（Ry）之上，语法复制即是将 Ry 转换为 Rx。"朱冠明（2011：174）进一步指出："目前研究发现佛经翻译带来的梵语对汉语语法的影响，几乎都属于'从小到大'"这一"语法复制"模式。

我们以上文讨论的介词"从"和后置词"时"，以及学者研究中讨论的人称代词复数标记"辈"、动相补语"已"和助动词"为"①为例，将通过语法复制带来的功能词语法演变总结为以下几个步骤：

1. 搭配范围扩大

梵语中存在而汉语中没有的搭配方式被"复制"到汉译佛经中；或是在汉语中搭配的形式较少，而梵语中更多样的搭配形式被"复制"到汉译佛经中。

（1）在东汉时期中土文献中，"从"可以与"轻""宽"等形容词搭配，表示依据。在东汉以降的汉译佛经中，"从"用于对译梵语表依据的从格和工具格，可以与抽象名词搭配。

（2）在中古时期中土文献中，时间词"时"只能指示过去的时间。在汉译佛经中，"时"对译梵语表示时间的处所格，不仅可以指示过去的时间，还能指示未来的时间。此外，"时"还能对译梵语表示条件的独立依格和独立属格，与假设连词"若"搭配，形成"若 VP 时"结构。

（3）在先秦两汉中土文献中，"辈"不能与代词连用。在与名词连用时，需要与助词"之"连接，指示集合量。而在东汉时期汉译佛经中，"辈"用于标记梵语的复数，可以与人称代词、指示代词和有生名词搭配，形成"我辈""是辈""驴辈"等结构。

（4）在先秦两汉中土文献中，"V（O）已"结构中的动词只能是持续动词。

① 关于人称代词复数标记"辈"、动相补语"已"和助动词"为"的讨论分别引自朱庆之（2014）、蒋绍愚（2001）和姜南、吴福祥（2018）。

而在东汉以降汉译佛经中，“已”用于对译梵语的绝对分词(absolutive)，表示同一行为者所做的两个动作中的第一个已完成。“V(O)已”结构中的动词可以是非持续动词“觉”“闻”“说”等。

(5) 在先秦两汉中土文献中，系词“为”只能带表语或指称化了的谓词性成分。而在汉译佛经中，“为”对译梵语的 be 动词“√as”和“√bhū”，能引出陈述性动词、形容词和作用相当于形容词的分词。

2. 指示范畴或功能扩展

在搭配范围扩大的基础上，“复制”后语法形式的指示范畴和功能发生了转变。

(1) “若 VP 时”结构中的“时”由指示时间扩展为指示假设条件。

(2) 与人称代词和有生名词搭配的“辈”由指示集合量扩展为指示复数。

(3) 与瞬间动词搭配的“已”由指示动作完结扩展为指示动作完成。

(4) “为”的功能由联系主语和表语扩展为帮助构成“迂回被动式”(periphrastic passive)。

3. 词性改变

由于指示功能的改变，完成了语法复制的语法形式的词性也发生了变化。

(1) 在“若 VP 时”结构中的“时”，指示时间的意义和条件的功能双双脱落，“时”语法化为假设语气助词。

(2) “辈”由类属名词演变为人称代词和有生名词的复数标记。

(3) “已”由完成动词语法化为动相补语。

(4) “为”在“为 N 所 V”被动式中，由系词语法化为指示被动的助动词。

在对梵语语法形式指示功能的“语法复制”这一类推(analogy)机制的作用下，汉译佛经中，复制梵语语法功能的汉语形式搭配范围扩大，推动其指示范畴、功能扩展，进而使其词性产生“由实到虚”的变化。这一语法化过程即是 Hopper 和 Traugott(2003: 99－104)提出的“泛化”(generalization)过程。“泛化”包括“意义的泛化”(generalization of meaning)，如“时”由时间义泛化为条件义，和“语法功能泛化”(generalization of grammatical function)，如“辈”由指示集合量泛化为指示复数。而在泛化的基础上产生的词性改变，也是语法化过程中的“非范畴化”(decategorialization)，即“主要范畴(名词、动词)>次要范畴

（介词、助动词）”，包括“名词>语气助词”（时）、“名词>复数标记”（辈）、“动词>动相补语”（已）和“系词>助动词”（为）。

除了类推作用之外，梵语语法形式的指示功能被“复制”进入汉语之后，触发了汉语中语法形式的“重新分析”（reanalysis），指示假设条件的“若 VP 时”结构“若[VP 时]”（假设连词+条件小句）被重新分析为“[若 VP]时”（假设条件小句+假设语气词），指示动作完成的结构“[VO]已”（动宾短语+完成动词）重新分析为“[VO 已]”（动宾短语+动相补语），指示被动的结构“为[N 所]V”重新分析为“[为 N 所 V]”。

就其演变动因（motivation）而言，在类推作用下完成的语法复制是一个隐喻过程（metaphorical process），介词“从”和后置词“时”都从“拥有具体来源的‘意象图式’（image schemata）”被“映射”（mapped）到抽象概念上（Hopper & Traugott 2003：84；Hopper & Traugott 著，梁银峰译 2008：104）。其中，“从”由“空间源点”（起始处）派生出“逻辑源点”（依据）义，“时”则由“时间”派生出“条件”义。从语言类型学的角度而言，空间/时间标记（spatial/temporal marker）演变为逻辑关系标记（logical relationship marker）是在世界语言中普遍存在的语法化过程（Heine & Kuteva 2002：293），例如英语中“since”由指示时间起点语法化为指示原因（Heine & Kuteva 2002：275），德语中的从格标记“von”可以指示被动结构中的施事（Heine & Kuteva 2002：29）。

在“复制”的过程中，被复制的语法形式首先要具有“多义性”（polysemy）（Croft 2002：105－107），如梵语从格既能表示起始处，也能表示非处所性源点依据和原因，梵语处所格既指示时间也指示条件。其次，这些语法形式的多种意义具备“功能相似性”（functional similarity）。语法复制的路径也需要符合语义地图（semantic map）的“连续性假说”（connectivity hypothesis），即“任何特定构式的范畴都映射概念空间中的一个相连区域”（Any relevant construction-specific category should map onto a connected region in conceptual space. Croft 2002：133－134；Croft 著，龚群虎等译 2009：157－158）。例如：世界语言中的复数屈折变化，其扩展生命度等级（extended animacy hierarchy）是“第一/第二人称代词>第三人称代词>人类名词>有生名词>无生名词”。梵语是典型的数标记语言（number language），复数标记出现在从人称代词到无生名词的所有名词中。汉语是典型的类标记语言(classifier language),量词丰富而缺乏数标记。因此,通过语法复制在汉语中产生的复数标记"辈",在汉译佛经中只能标记人称代词、人类名词和有生名词,而仅有标记人称代词复数的功能在汉语中被保留了下来。从词类的角度而言,作为指称动作(action reference)的完成动词"已"和属性谓项(property prediction)的系词"为"可以演变为动作修饰语(action modifier)补语和助动词。其中,系词需要具备"动作谓项"(action prediction)这一功能,即引出陈述性动作,在此基础上,才能进一步演变为助动词,即"属性谓项(系词)>动作谓项(引出陈述性动作)>动作修饰语(助动词)"(Croft 2002：185 - 187;Croft 著,龚群虎等译 2009：220 - 223)。详见图 4 - 1。

词类的概念空间(Conceptual space for parts of speech)
(Croft 2002：187；Croft 著，龚群虎等译 2009：222)

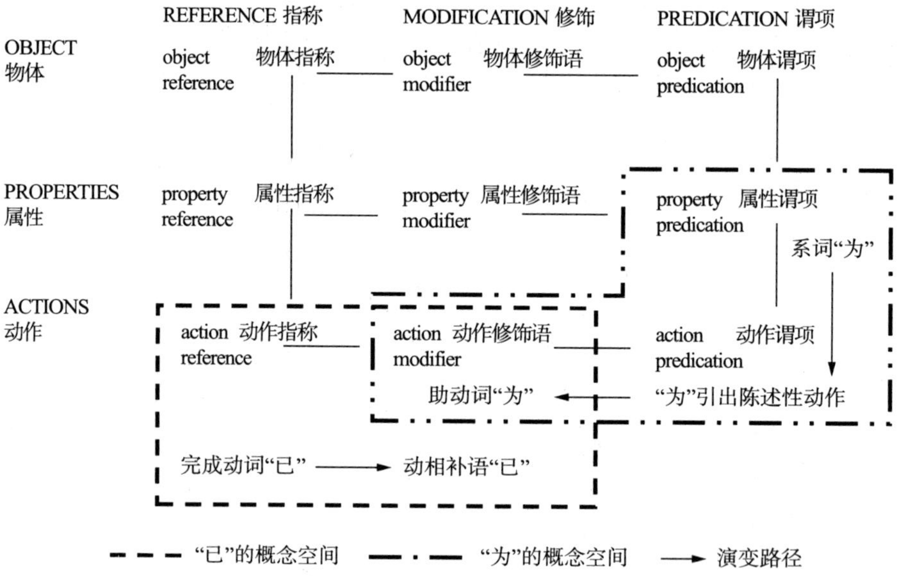

图 4 - 1

结　语

汉语语法在中古时期发生了巨大的变化，包括构词法的改变、功能词的兴替、句法结构和语序的变化。目前的研究已经证明，借助汉译佛经这一载体，以梵语为代表的源头语对目的语汉语的语法演变产生了影响。佛经翻译推动了汉语新兴功能词的产生，触发了汉语句法结构的变化。因此，以汉译佛经为研究材料，"开展相对独立的汉文佛典文献语言研究"（朱庆之 2009：6）对于汉语历史语言学研究具有重要意义。只有以汉译佛经为研究对象，才能充分发掘其中的特殊语言现象。只有发掘汉译佛经中"披上汉语的外衣"（朱庆之，朱冠明 2006：438）的特殊语言现象，才能进一步探讨这些特殊现象在汉语历时演变中扮演的角色。

比较是对汉译佛经语言进行研究的"不二法门"。通过汉译佛经与中土文献的比较，才能发现其中不同于中土文献的特殊语言现象。通过汉译佛经与梵语平行本的比较，才能弄清这些特殊语言现象的来源。除了对汉译佛经中的特殊语言现象及其对汉语演变产生的影响做个案研究之外，还应该对一部或几部汉译佛经及其梵语平行本做系统的比较。通过系统的对比分析，才能发掘出汉译佛经中更多"深藏不露"的特殊语言现象，对这些特殊语言现象的来源有更全面的认识。

基于以上认识，本研究以《无量寿经》这一净土宗的基本经典为材料，对其汉译本和梵语平行本做了系统的比较。通过梵汉对勘的方法，建立《无量寿经》东汉至北宋五个汉译本与梵语本在词语层面的对应语料库。以该语料库为研究工具，不仅可以考察《无量寿经》对梵语名词性、数、格，动词时、体、态、语气等语法变化的翻译方式，还可以对其中特殊的词语、特殊的句法结构、特殊的语序等特殊语言现象及其来源有更直观的认识，从而进一步探讨这些特殊语言现象是否进入汉语共同语，与汉语历时演变之间的关系。

本研究运用《无量寿经》梵汉对勘平行语料库，考察了东汉支娄迦谶至唐菩提流志的四个译本对梵语工具格（instrumental case）、从格（ablative case）和处所格（locative case）的翻译方式。在此基础上，以另一部重要的汉译佛经《维摩诘经》为比较对象，考察《无量寿经》和《维摩诘经》不同时代译本对梵语格变化翻译方式的异同。

在考察《无量寿经》和《维摩诘经》对梵语格变化翻译方式的基础上，着重探讨其中的介词短语“于 NP”“从 NP”和后置词短语“VP 时”因对译梵语格变化而产生的特殊用法。在《无量寿经》和《维摩诘经》中，介词“于”“从”和后置词“时”的特殊用法有：

1. 特殊的位置：（1）受到梵语本语序的影响，《无量寿经》汉译本中对译梵语从格的介词短语“从 NP”和“于 NP”位于动作作者之前，表示起始处；（2）《维摩诘经》汉译本中，对译梵语从格的“于 NP”位于求索动词“求”之前，表示求索的来源；（3）《无量寿经》和《维摩诘经》汉译本中，表示处所和对象的“于 NP 所”位于句子的谓词之前。

2. 特殊的搭配：（1）《无量寿经》汉译本中，由于对译梵语的从格变化，表示起始处的“于 NP”可以与非运行动词“得”“证”搭配；（2）《无量寿经》和《维摩诘经》汉译本中，由于对译梵语的工具格变化，表示依据的“从”可以与抽象名词搭配；（3）《无量寿经》汉译本中，后置词短语“VP 时”可以与假设连词搭配，构成“假设连词+VP 时”结构，表示假设条件。

在考察《无量寿经》和《维摩诘经》汉译本中介词短语和后置词短语特殊用法的基础上，以表示依据的“从 NP”和表示假设条件的“若 VP 时”为研究对象，结合其他汉译佛经中的用例，通过与同期、后期中土文献中“从 NP”和“VP 时”的比较，讨论汉译佛经中“从 NP”和“VP 时”的特殊用法对中土文献中“从”的搭配范围和“时”的功能演变产生的影响。（1）在敦煌变文中，表示依据的“从”受到来自汉译佛经的影响，可以与抽象名词搭配。（2）在汉译佛经中，“VP 时”可以与假设连词连用，形成“若 VP 时”结构，为“时”语法化为假设语气助词创造条件。在中古晚期的汉译佛经中，已经有“时”语法化为假设语气助词的用例。在近代汉语白话文献中，“时”可以与假设连词搭配，“时”语法化为假设语气助词。

最后,以本研究考察的介词“从”、后置词“时”和其他学者研究中讨论的人称代词复数标记“辈”、动相补语“已”、助动词“为”为例,将由于佛经翻译造成的汉语功能词语法演变总结为以下几个步骤:(1) 搭配范围扩大;(2) 指示范畴或功能扩展;(3) 词性改变。这一演变过程即是 Heine 和 Kuteva(2005)所说的“语法复制”(grammatical replication)。

作为汉译佛经语言研究的基础性研究,本研究体现了运用梵汉对勘的方法,对汉译佛经及其梵语平行本做系统比较的必要性和重要性,相信通过系统的对比分析,我们能对汉译佛经中的特殊语言现象有更全面的认识。此外,本研究以案例分析的方式证明了汉译佛经在汉语历史语言学研究中的价值,相信通过汉译佛经和中土文献的比较,能对佛经翻译这一非直接的语言接触对汉语语法演变产生的影响有更深入的了解。

当然,本研究只是对《无量寿经》做系统梵汉对勘研究的基础和开端,完整的研究应该包括汉译佛经对梵语名词性、数、格,动词时、体、态、语气,分词,复合词,不变词,从句等语法形式和语法变化翻译方式的穷尽性考察。在穷尽性考察的基础上,充分发掘、归纳其中因翻译而产生的特殊语法现象,包括特殊的词语(包括实词和功能词)、词语的特殊用法(包括特殊的搭配和特殊的功能)、特殊的句法结构、特殊的语序等。在充分挖掘汉译佛经中的特殊语法现象的基础上,讨论这些特殊现象是否被后来的中土文献所吸收,从而对因佛经汉译而产生的汉语语法演变有更全面的认识。

参 考 文 献

中文文献

蔡言胜(2008):《〈世说新语〉方位词研究》,天津:南开大学出版社。

曹广顺、龙国富(2005):再谈中古汉语中的处置式,《中国语文》第4期:320-332。

曹广顺、遇笑容(2000):中古译经中的处置式,《中国语文》第6期:555-563。

曹广顺、遇笑容(2010):中古译经、元白话语法研究与语言接触,辑于浙江大学汉语史研究中心编,《汉语史学报》第10辑,上海:上海教育出版社:77-84。

曹广顺、遇笑容(2014):变与不变——汉语史中语言接触引发语法改变的一些问题,辑于中国社会科学院《历史语言学研究》编辑部编,《历史语言学研究》第8辑,北京:商务印书馆:150-165。

曹广顺、遇笑容(2015):从中古译经和元白话看第二语言习得导致的语言接触——以语言接触导致的语法变化为例,辑于中国社会科学院《历史语言学研究》编辑部编,《历史语言学研究》第9辑,北京:商务印书馆:1-10。

陈明(2013):《文本与语言——出土文献与早期佛经比较研究》,兰州:兰州大学出版社。

陈明(2018):《梵汉本根本说一切有部律典词语研究》,北京:北京大学出版社。

陈秀兰(2009):“S,N是”句型在梵、汉本《撰集百缘经》中的对勘,《中国语文》第6期:568-571。

陈秀兰(2018):《基于梵汉对勘的魏晋南北朝佛经词汇语法研究》,上海:复旦大学出版社。

储泽祥(2010):《汉语空间短语研究》,北京:北京大学出版社。

杜继文主编(2006):《佛教史》,南京:江苏人民出版社。
敦煌研究院编(2000):《敦煌遗书总目索引新编》,北京:中华书局。
董琨(2002):"同经异译"与佛经语言特点管窥,《中国语文》第6期:559－566。
董秀芳(1998):古汉语中的后置词"所"——兼论古汉语中表方位的后置词系统,《四川大学学报》第2期:108－112。
董秀芳(2006):古汉语中动名之间"于/於"的功能再认识,《古汉语研究》第2期:2－8。
董秀芳(2011):《词汇化——汉语双音词的衍生和发展》,北京:商务印书馆。
方一新(2009):普通鉴别词的提取及原则——以早期汉译佛经鉴别为中心,《语文研究》第2期:8－16。
方一新、王云路(2011):《中古近代汉语词汇学》,北京:商务印书馆。
方一新、王云路编著(2018):《中古汉语读本》(修订本),上海:上海教育出版社。
冯赫(2013):汉译佛经领属关系词"所/许"的来源与形式,《古汉语研究》第1期:81－88。
冯赫(2019):语源、形成与变化——问数词"几所""几许"的历时考察,《古汉语研究》第2期:51－56。
高列过(2008):东汉佛经句法的语言接触现象,辑于浙江大学汉语史研究中心编,《汉语史学报》第7辑,上海:上海教育出版社:128－136。
何乐士(2007):《汉语语法史断代专书比较研究》,郑州:河南大学出版社。
胡敕瑞(2008):汉语负面排他标记的来源及其发展,《语言科学》第6期:561－572。
胡敕瑞(2009):汉译佛典中的一类特殊句式:并列成分后置,汉译佛典语法研究国际学术研讨会暨第四届汉文佛典语言国际研讨会。
胡敕瑞(2014):主动思考"被动"——关于古汉语被动句的朴素思考,辑于中国社会科学院《历史语言学研究》编辑部编,《历史语言学研究》第8辑,北京:商务印书馆:81－94。
季琴(2004):《三国支谦译经词汇研究》,浙江大学博士学位论文。

江蓝生(2002):时间词“时”和“后”的语法化,《中国语文》第4期:291－301。

江蓝生(2003):语言接触与元明时期的特殊判断句,辑于北京大学中国语言学研究中心《语言学论丛》编委会编,《语言学论丛》第28辑,北京:商务印书馆:43－60。

姜南(2007):汉译佛经中增译的话题转移标记——以《妙法莲华经》的梵汉对勘为基础,《中国语文》第3期:223－230。

姜南(2008):《基于梵汉对勘的〈法华经〉语法研究》,北京大学博士学位论文。

姜南(2010):汉译佛经“S,N是”句非系词判断句,《中国语文》第1期:59－66。

姜南(2011):《基于梵汉对勘的〈法华经〉语法研究》,北京:商务印书馆。

姜南(2012):汉译佛经等比标记“如……等/许”探源,《语言研究》第1期:70－73。

姜南(2013):佛经汉译中呼格的凸现与转移,辑于蒋绍愚、胡敕瑞主编,《汉译佛典语法研究论集》,北京:商务印书馆:157－165。

姜南、吴福祥(2018):汉译佛经中“为”的系词用法与语义复制,《中国语文》第2期:226－235。

蒋绍愚(2001):《世说新语》、《齐民要术》、《洛阳伽蓝记》、《贤愚经》、《百喻经》中的“已”、“竟”、“讫”、“毕”,《语言研究》第1期:73－78。

蒋绍愚(2008):语言接触的一个案例——再谈“V(O)已”,辑于北京大学中国语言学研究中心《语言学论丛》编委会编,《语言学论丛》第36辑,北京:商务印书馆:268－285。

蒋绍愚(2012):语言发展与语言接触,辑于氏著,《汉语词汇语法史论文续集》,北京:商务印书馆:582－594。

蒋绍愚(2017):《近代汉语研究概要》(修订本),北京:北京大学出版社。

蒋绍愚、曹广顺主编(2005):《近代汉语语法史研究综述》,北京:商务印书馆。

蒋绍愚、胡敕瑞主编(2013):《汉译佛典语法研究论集》,北京:商务印书馆。

李博寒(2019):汉译佛经对梵语从格的翻译——以《无量寿经》和《维摩诘经》为例,《浙江师范大学学报》第2期:27－35。

李博寒(2021):佛经翻译对“时”的语法化之影响,辑于浙江大学汉语史研究中心编,《汉语史学报》第24辑,上海:上海教育出版社:123－133。

刘丹青(2003):《语序类型学与介词理论》,北京:商务印书馆。
刘丹青编著(2008):《语法调查研究手册》,上海:上海教育出版社。
吕叔湘(1982/2002):《中国文法要略》,辑于氏著,《吕叔湘全集·卷一》,沈阳:辽宁教育出版社。
龙国富(2007):汉语完成貌句式和佛经翻译,《民族语文》第1期:35-44。
龙国富(2008a):从语言接触看汉译佛经中连接词“若”的特殊用法,辑于浙江大学汉语史研究中心编,《汉语史学报》第7辑,上海:上海教育出版社:137-145。
龙国富(2008b):从梵汉对勘看早期翻译对译经人称代词数的影响,《外语教学与研究》第3期:218-223。
龙国富(2009):从“以/将”的语义演变看汉语处置式的语法化链,辑于浙江大学汉语史研究中心编,《汉语史学报》第9辑,上海:上海教育出版社:36-47。
龙国富(2010):从语言接触看“复”和“自”的语法地位,《语文研究》第2期:26-30。
龙国富(2013):从梵汉对勘看汉译佛经中数的表达——以《法华经》为例,《外语教学与研究》第1期:36-48。
龙国富(2014):试论汉语“为”字被动式的构式语法化,《古汉语研究》第3期:9-15。
龙国富、李晶(2017):梵藏汉对比分析在佛经语言文献研究中的运用,辑于浙江大学汉语史研究中心编,《汉语史学报》第18辑,上海:上海教育出版社:143-150。
龙国富、叶桂郴(2005):中古译经中的假设语气词“时”,《古汉语研究》第1期:74-78。
马贝加(2002):《近代汉语介词》,北京:中华书局。
孟奕辰、方一新(2020):基于梵汉对勘的东汉译经中“V(O)已”结构研究,《江西师范大学学报》第53(6)期:82-88。
邱冰(2008):《〈佛所行赞〉词汇研究》,北京大学博士学位论文。
邱冰(2013):《中古汉语词汇复音化的多视角研究》,南京:南京大学出版社。

邱冰(2020):《〈佛所行赞〉词汇研究》,南京:南京大学出版社。

邱峰(2013):《〈南齐书〉介词及比较研究》,成都:西南交通大学出版社。

史冬青(2009):《先秦至魏晋时期方所介词研究》,济南:齐鲁书社。

史维国(2009):《先秦汉语方所表达研究》,吉林大学博士学位论文。

释德安(2005):《〈无量寿经〉译者考——以佛经语言为研究主轴》,南华大学硕士学位论文。

孙锡信主编(2014):《中古近代汉语语法研究述要》,上海:复旦大学出版社。

万金川(2002):从"佛教混合汉语"的名目谈汉译佛典的语言研究,《圆光佛学学报》第7期:153-170。

万金川(2005):《佛典语言学论集:佛典研究的语言学转向》,南投:正观出版社。

万金川(2014):文本对勘与汉译佛典的语言研究——以《维摩经》为例,《正观》第69期:5-59。

王继红(2004):《基于梵汉对勘的佛教汉语语法研究——以〈阿毗达磨俱舍论·分别界品〉为例》,北京大学博士学位论文。

王继红(2006a):玄奘译经的语言学考察——以《阿毗达磨俱舍论》梵汉对勘为例,《外语教学与研究》第1期:66-72。

王继红(2006b):玄奘译经四言文体的构成方法——以《阿毗达磨俱舍论》梵汉对勘为例,《中国文化研究》第2期:88-95。

王继红(2006c):语言接触与佛教汉语研究,《安阳工学院学报》第3期:91-94。

王继红(2013):论部汉译佛典篇章标示成分考察——一项关于《阿毗达磨俱舍论》的个案研究,辑于蒋绍愚、胡敕瑞主编,《汉译佛典语法研究论集》,北京:商务印书馆:123-142。

王继红(2014):《基于梵汉对勘的〈阿毗达磨俱舍论〉语法研究》,上海:中西书局。

王继红(2015):从梵汉对勘看全称量化限定词"所有"的形成,《古汉语研究》第4期:22-32。

王继红(2018):《〈金刚经〉同经异译与语言研究》,上海:中西书局。

王继红、陈前瑞(2015):“当”的情态与将来时用法的演化,《中国语文》第 3 期:218 – 229。

王继红、朱庆之(2013):汉译佛经句末“故”的用法考察——以《阿毗达磨俱舍论》梵汉对勘为例,辑于蒋绍愚、胡敕瑞主编,《汉译佛典语法研究论集》,北京:商务印书馆:229 – 245。

王力(2015):《汉语史稿》,北京:中华书局。

吴娟(2011):汉译《维摩诘经》中“云何”的特殊用法,《中国语文》第 1 期:43 – 52。

魏培泉(1993):古汉语介词“于”的演变略史,辑于“中央研究院”历史语言研究所集刊编委会编,《“中央研究院”历史语言所集刊》第 62(4)期,台北:“中央研究院”:717 – 786。

魏培泉(2003):上古汉语到中古汉语的重要发展,辑于何大安主编,《古今通塞:汉语的历史与发展》,台北:“中央研究院”语言学研究所筹备处:75 – 106。

魏培泉(2015):古汉语时体标记的语序类型与演变,《语言暨语言学》第 16(2)期:213 – 247。

辛嶋静志(2001a):汉译佛典的语言研究,裘云青译,辑于朱庆之编,《佛教汉语研究》,北京:商务印书馆:33 – 74。

辛嶋静志(2001b/2016):《道行般若经》和“异译”的对比研究——《道行般若经》与异译及梵本对比研究,裘云青译,辑于四川大学汉语史研究所编,《汉语史研究集刊》第 4 辑,成都:巴蜀书社:313 – 327。辑于氏著,《佛典语言及传承》,上海:中西书局:72 – 93。

辛嶋静志(2002/2016):《道行般若经》和“异译”的对比研究——《道行般若经》中的难词,裘云青译,辑于四川大学汉语史研究所编,《汉语史研究集刊》第 5 辑,成都:巴蜀书社:199 – 212。辑于氏著,《佛典语言及传承》,上海:中西书局:72 – 93。

辛嶋静志(2006):《长阿含经》原语研究,贺可庆译,《正观》第 38 期:115 – 136。

辛嶋静志(2007):早期汉译佛教经典所依据的语言,徐文堪译,辑于四川大学汉语史研究所编,《汉语史研究集刊》第 10 辑,成都:巴蜀书社:293 – 305。

辛嶋静志(2008)：汉译佛典的语言研究(三)，徐文堪译，辑于北京大学中国语言学研究中心《语言学论丛》编委会编，《语言学论丛》第37辑，北京：商务印书馆：144-168。

辛嶋静志(2010)：早期汉译佛典的语言研究——以支娄迦谶及支谦的译经对比为中心，徐文堪译，辑于浙江大学汉语史研究中心编，《汉语史学报》第10辑，上海：上海教育出版社：225-237。

辛嶋静志(2011)：利用"翻版"研究中古汉语演变——以《道行般若经》"异译"与《九色鹿经》为例，裘云青译，《中正大学中文学术年刊》第2期：165-188。

辛嶋静志(2016)：《佛典语言及传承》，裘云青、吴蔚琳译，上海：中西书局。

徐朝红、吴福祥(2015)：从类同副词到并列连词——中古译经中虚词"亦"的语义演变，《中国语文》第1期：38-49。

徐通锵(1991)：《历史语言学》，北京：商务印书馆。

杨伯峻、何乐士(2001)：《古汉语语法及其发展》(修订本)，北京：语文出版社。

于方圆、朱冠明(2018)：近五年汉译佛典语法研究综述，辑于四川大学汉语史研究所编，《汉语史研究集刊》第25辑，成都：巴蜀书社：290-308。

遇笑容(2003)：说"云何"，《开篇》第22期，东京：好文出版社。

遇笑容(2006)：梵汉对勘与中古译经语法研究，辑于浙江大学汉语史研究中心编，《汉语史学报》第6辑，上海：上海教育出版社：61-66。

遇笑容(2008)：理论与事实：语言接触视角下的中古译经语法研究，辑于浙江大学汉语史研究中心编，《汉语史学报》第7辑，上海：上海教育出版社：121-126。

遇笑容、曹广顺(2013)：再谈中古译经与汉语语法史研究，辑于蒋绍愚、胡敕瑞主编，《汉译佛典语法研究论集》，北京：商务印书馆：46-69。

张赪(2002)：《汉语介词词组语序的历史演变》，北京：北京语言文化大学出版社。

张赪(2010)：《汉语语序的历史发展》，北京：北京语言文化大学出版社。

张敏(2010)："语义地图模型"：原理、操作及在汉语多功能语法形式研究中的运用，辑于北京大学中国语言学研究中心《语言学论丛》编委会编，《语言学论丛》第42辑，北京：商务印书馆：3-60。

赵长才(2009)：中古汉译佛经中的“所”和“边”,《中国语文》第4期：438－447。
中国国家图书馆编(2009)：《中国国家图书馆藏敦煌遗书》,南京：凤凰出版社。
朱冠明(2005)：《中古汉译佛典语法专题研究》,北京大学博士后出站报告。
朱冠明(2007)：从中古佛典看“自己”的形成,《中国语文》第5期：402－411。
朱冠明(2008a)：梵汉本《阿弥陀经》语法札记,辑于中国社会科学院《历史语言学研究》编辑部编,《历史语言学研究》第1辑,北京：商务印书馆：108－119。
朱冠明(2008b)：移植：佛经翻译影响汉语词汇的一种方式,辑于北京大学中国语言学研究中心《语言学论丛》编委会编,《语言学论丛》第37辑,北京：商务印书馆：169－182。
朱冠明(2011)：中古佛典与汉语受事主语句的发展——兼谈佛经翻译影响汉语语法的模式,《中国语文》第2期：169－178。
朱冠明(2013a)：“为N所V”被动式再分析,《古汉语研究》第2期：4－11。
朱冠明(2013b)：汉译佛典语法研究述要,辑于蒋绍愚、胡敕瑞主编,《汉译佛典语法研究论集》,北京：商务印书馆：1－45。
朱冠明(2015)：《先秦至中古汉语语法演变研究》,北京：中国社会科学出版社。
朱冠明(2021)：佛教汉语研究概况,《文献语言学》第12期：155－186。
朱庆之(1992)：《佛典与中古汉语词汇研究》,台北：文津出版社。
朱庆之(1993)：汉译佛典语文中的原典影响初探,《中国语文》第5期：379－385。
朱庆之(1995)：汉译佛典中的“所V”被动式及其来源,《古汉语研究》第1期：29－31,45。
朱庆之(2000a)：佛典与汉语音韵研究——20世纪国内佛教汉语研究回顾之一,辑于四川大学汉语史研究所编,《汉语史研究集刊》第2辑,成都：巴蜀书社：203－320。
朱庆之(2000b)：佛经翻译中的仿译及其对汉语词汇的影响,《中古近代汉语研究》第1期：247－262。
朱庆之(2001)：佛教混合汉语初论,辑于北京大学中国语言学研究中心《语言学论丛》编委会编,《语言学论丛》第24辑,北京:商务印书馆:1-33。

朱庆之(2003a):论佛教对古代汉语词汇发展演变的影响(上),《普门学报》第15期:1-41。

朱庆之(2003b):论佛教对古代汉语词汇发展演变的影响(下),《普门学报》第16期:1-35。

朱庆之编(2009):《佛教汉语研究》,北京:商务印书馆。

朱庆之(2012):上古汉语"吾"、"予/余"等第一人称代词在口语中消失的年代,《中国语文》第3期:195-210。

朱庆之(2013):"R为A所见V"被动式的厘定——兼谈李密《陈情表》之"所见明知",《古汉语研究》第4期:69-89。

朱庆之(2014):汉语名词和人称代词复数标记的产生与佛经翻译之关系,《中国语言学报》第16期:10-43。

朱庆之(2015a):支谦译《维摩诘经》中的一些"破格"用法,《佛光学报》第2期:233-262。

朱庆之(2015b):"R为A所见V"式被动句的最早使用年代,辑于洪波、吴福祥、孙朝奋编,《梅祖麟教授八秩寿庆学术论文集》,北京:首都师范大学出版社:339-391。

朱庆之(2017):论汉译佛经句法独立之称谓词前的代词"此"和"汝",《语文研究》第2期:7-14。

朱庆之(2020):中古译经中的A型"人称代词+NP"组合——佛教汉语汉外混合性质的新证据,《语文研究》第2期:1-16。

朱庆之、董秀芳编(2020):《佛典与中古汉语代词研究》,上海:中西书局。

朱庆之、朱冠明(2006):佛典与汉语语法研究——20世纪国内佛教汉语研究回顾之二,辑于四川大学汉语史研究所编,《汉语史研究集刊》第9辑,成都:巴蜀书社:413-459。

翻译文献

Croft W.(2009):《语言类型学与语言共性》(第二版),龚群虎等译,上海:复旦大学出版社。

Crystal D. 编(2011):《现代语言学词典》,沈家煊译,北京:商务印书馆。

Hopper P J, Traugott E T. 著(2008):《语法化学说》(第二版),梁银峰译,上海:复旦大学出版社。

Stenzler A F. (2009):《梵文基础读本》,季羡林译,段晴、范慕尤续补,北京:北京大学出版社。

英文文献

Chappell H, Peyraube A. (2011). Grammaticalization in Sinitic Languages. In Narrog H, Heine B. (Eds.). *The Oxford Handbook of Grammaticalization*. New York: Oxford University Press: 786 – 796.

Croft W. (2001). *Radical Construction Grammar*. Oxford: Oxford University Press.

Croft W. (2002). *Typology and Universals (2nd edition)*. Cambridge: Cambridge University Press.

Deshpande M M. (1997/2007). *A Sanskrit Primer*. Ann Arbor: Center for South and Southeast Asian Studies.

Harrison P, Hartmann J – U, Matsuda K. (2002). Larger Sukhāvatīvyūha. In Braarvig J. (Ed.). *Manuscripts in the Schøyen Collection III. Buddhist Manuscripts, Vol. II*. Oslo: Hermes Publishing.

Haspelmath M. (1997). *From Space to Time: Temporal Adverbials in the World's Languages*. München: Lincom Europa.

Haspelmath M. (2003). The geometry of grammatical meaning: semantic maps and cross-linguistic comparison. In M. Tomasello (Ed.). *The New Psychology of Language, Vol. 2*. New York: Lawrence Erlbaum Associates Publishers: 211 – 243.

Heine B, Kuteva T. (2002). *World Lexicon of Grammaticalization*. Cambridge: Cambridge University Press.

Heine B, Kuteva T. (2005). *Language Contact and Grammatical Change*. Cambridge: Cambridge University Press.

Heine B, Kuteva T. (2007). *The Genesis of Grammar, A Reconstruction*. New

York: Oxford University Press.

Huang C－T J, Li Y－H A, Simpson A. (Eds.) (2014). *The Handbook of Chinese Linguistics*. Chichester: John Wiley & Sons.

Hopper P J, Traugott E T. (2003). *Grammaticalization (2nd Edition)*. Cambridge: Cambridge University Press.

Joseph B D, Janda R D. (Eds.) (2004). *The Handbook of Historical Linguistics*. Oxford: Blackwell Publishing.

Meisternst B. (Ed.) (2016). *New Aspects of Classical Chinese Grammar*. Wiesbaden: Harrassowitz Verlag.

Miyazaki T. (2007). Discerning the Original Language of the Tibetan Versions of Mahāyāna Sūtras From a Simple Mistake in the *lDem kar ma* Regarding the *Ajātaśatrukaukṛtyavinodhanāsūtra*, *Journal of Indian and Buddhist Studies*, *55.3*: 1101－1105.

Narrog H, Heine B. (Eds.) (2011). *The Oxford Handbook of Grammaticalization*. New York: Oxford University Press.

Nattier J. (2008). *A Guide to the Earliest Buddhist Translations, Texts from the Eastern Han and Three Kingdoms Periods*. Tokyo: The International Research Institute for Advanced Buddhology, Soka University.

Penke M, Rosenbach A. (2007). What Counts as Evidence in Linguistics. In Penke M, Rosenbach A. (Eds.). *What Counts as Evidence in Linguistics*. Amsterdam: John Benjamins Publishing Company: 1－50.

Xu D. (2006). *Typological Change in Chinese Syntax*. New York: Oxford University Press.

Zhu Q, Li B. (2018). The Language of Chinese Buddhism: From the perspective of Chinese historical linguistics. *International Journal of Chinese Linguistics*, 5(1): 1－32.

引用文献

CBETA 线上阅读：法鼓文理学院，图书信息馆数位典藏组。https://cbetaonline.

cn/zh/.

Fujita K. (2011). *The Larger and Smaller Sukhāvatīvyūha Sūtras*. Kyoto: Hozokan.

Gómez L O. (1996). *Land of Bliss, The Paradise of The Buddha of Measureless Light, Sanskrit and Chinese Versions of the Sukhavativyuha Sutras*. Honolulu: University of Hawaii Press.

黄宝生译注(2011):《梵汉对勘维摩诘所说经》,北京:中国社会科学出版社。

黄宝生译注(2014):《梵语佛经读本》,北京:中国社会科学出版社。

黄宝生译注(2016):《梵汉对勘阿弥陀经·无量寿经》,北京:中国社会科学出版社。

黄宝生译注(2018):《梵汉对勘妙法莲华经》,北京:中国社会科学出版社。

汉达文库:香港中文大学,刘殿爵中国古籍研究中心。http://www.chant.org.ezproxy.eduhk.hk/Database.aspx.

汉译佛经梵汉对比分析语料库:香港教育大学,人文学院中国语言学系。http://ckc.eduhk.hk:8080.

字典

林光明、林怡馨、林怡廷编(2011):《梵汉佛教语大辞典》,台北:嘉丰出版社。

平川彰(1997):《佛教汉梵大辞典》,东京:灵友会。

中村元著(2001/2009):《广说佛教语大辞典》,林光明编译,台北:嘉丰出版社。

Edgerton F. (1953/2011). *Buddhist Hybrid Sanskrit Grammar and Dictionary. Vol. II*. New Delhi: Munshiram Manoharlal Publishers.

Monier-Williams M. (1899/2013). *A Sanskrit-English Dictionary: Etymologically and Philologically Arranged with Special References to Cognate Indo-European Languages*.《梵英字典》,上海:中西书局。

梵汉对勘略语表

（按略语音序排列）

略语	英语全称	汉语全称
A.	ātmanepada	为自，中间语态
Abl.	ablative case	从格
Abs.	absolutive	独立式
Acc.	accusative case	宾格
aor.	aorist tense	不定过去时
caus.	causative	致使式
conj.	conjunction	连词
Dat.	dative case	为格
dem.	demonstrative pronoun	指示代词
du.	dual	双数
f.	feminine	阴性
fut.	future tense	将来时
fpp.	future passive participle	将来被动分词
Gen.	genitive case	属格
ger.	gerund	连续体
Inst.	instrumental case	工具格
impf.	imperfect tense	未完成时
impv.	imperative	命令语气

续 表

略语	英语全称	汉语全称
ind.	indeclinable	不变词
inf.	infinitive	不定式
inter.	interrogative pronoun	疑问代词
Loc.	locative case	处所格
m.	masculine	阳性
Nom.	nominative case	主格
n.	neuter	中性
num.	numeral	数词
opt.	optative	祈愿/虚拟语气
P.	parasmaipada	为他,主动语态
pass.	passive	被动语态
perf.	perfect tense	完成时
pl.	plural	复数
ppp.	past passive participle	过去被动分词
prp.	present participle	现在分词
pres.	present tense	现在时
rel.	relative pronoun	关系代词
sg.	singular	单数
Voc.	vocative case	呼格
1.	first person	第一人称
2.	second person	第二人称
3.	third person	第三人称
√	root of verb	动词词根

后　　记

这本小书是在本人2017年完成的博士学位论文正文基础上整理完成的。在博士毕业即将五年之际，终于决心将它出版，作为自己向汉语历史语言学和佛教汉语学界的汇报。博士论文的“语料”部分，即《无量寿经》全文梵汉对勘语料，将在进一步整理和修订后另行出版，敬请各位师友见谅。

我不是天资聪颖的学习者，也不是“勤能补拙”的钻研者。能走上学术研究之路，离不开师长的提携与勉励。

首先要感谢我的姥姥。姥姥生长于贵州毕节山区，在贵阳读书期间结识了我的姥爷。两人携手走过艰难困顿的岁月，最后辗转回到姥爷的老家江西。我小时候对姥姥最深的印象就是她在老家的小院子里侍弄花草，却不知道她是放弃数百石粮食的嫁妆也要离家读书的“娜拉”。姥姥后来把她的侄女、外甥女等晚辈也带出了大山，帮助她们改变自己的命运。姥姥是一位果敢坚毅的女性，我也是在她的养育和耳濡目染之下长大的。这本小书得以出版，天上的姥姥也很欣慰吧！

其次，感谢在北京外国语大学念本科和硕士期间的学院辅导员赵老师。本科四年，我对自己未来的选择还非常懵懂，只是遵循大多数人的轨迹，上课下课，参与文体活动和学生工作。参与学生工作期间与赵老师有了更多接触的机会，老师教我们如何做事，让我们思考未来的路要怎么走。本科毕业时，我有幸获得了保送本院研究生的机会，却对选择什么专业非常纠结。赵老师建议我以汉语本体研究为专业，硕士毕业后再读博士，把研究“做深做精”。赵老师的鼓励与希冀让我有勇气踏上学术之路。

学术之路能顺利“发芽”，离不开硕士导师王继红老师的悉心呵护。王老师以她的热情和包容，关爱着每一个学生。有时甚至觉得王老师不是老师，而是一位姐姐。我们有什么烦恼、困惑,都可以和她说,她用自己的经验告诉我们“困难只是暂时的”,用温柔和笃定鼓励我们“坚持就是胜利”。即使在毕业已经十年的现在,每每向老师请益,都能收获满满的信心和“元气”。在王老师的指导下,我接触到了“佛教汉语”这个当时还非常陌生的研究领域。王老师带我们研读佛教汉语的论文,并建议我们去北京大学旁听梵语课。听从老师的建议,我和张希师妹一起到北大旁听叶少勇老师的基础梵语课。刚开始接触梵语,觉得读音和书写都很“炫酷”,但学着学着就迷失在了梵语繁复的语法变化中,感觉难以为继。王老师很快发现了我的沮丧,并建议我读一些语言类型学的论文,了解世界上不同语言的类型和共性,可以从理论上解决很多因学习梵语带来的困惑。在王老师的引荐下,我加入了陈前瑞老师的读书会,跟着陈老师研读语言类型学和语义地图模型的论文。本书中引用的语言学理论书籍和文章,大都是陈老师和王老师提供的。

2011 年 10 月,王老师带着我到苏州西园寺参加第一届“梵学与佛学研讨会”。在这次会上,我第一次见到了王老师的老师——朱庆之老师。朱老师个子很高,给人以威严感,我们跟老师说话时要一直仰着头。虽然看起来很严肃,但老师与我交流时,不疾不徐、娓娓道来,似乎在边说话边思考,又更像是给听者以反应的时间。朱老师在会议报告中介绍了他主持的“汉译佛经梵汉对比分析语料库建设及其汉语历史语言学研究”项目,该项目将构建《法华经》《维摩诘经》《阿毗达磨俱舍论》等汉译佛经的梵语本和汉译本的对比分析语料库,并借助语料库的材料,对佛经翻译导致的汉语历时演变问题做出研究。此外,项目还致力于“培养人文基础学科跨文化、跨语言、跨学科的学术研究新人”。这时,我才明白王老师的苦心,她希望我能跟朱老师读博,并且参与到该项目中去。此次苏州之行,像是朱老师对我的“预面试”。就这样,2012 年 9 月,我进入香港教育大学,成为朱老师门下的一名博士生。

入学之后,朱老师在办公室与我进行了一次长谈,详细解释了为我制订的“培养计划”。首先,大量阅读经典文献,培养古代汉语语感;其次,继续研读语言学理论书籍,打下扎实的理论基础;再次,坚持学习梵语,在博士论文中完成一部汉译佛经的梵汉对比分析;最后,了解佛教文献学的研究进展,因为对佛教文献的整理是对其进行语言学研究的基础。在近乎“不可能完成的任务”面前,我怀疑自己根本没办法完成,第一次产生了退缩的念头。除了“做什么”,朱老师还手把手地教我“怎么做”。通过翻译学者关于早期汉译佛经的论文,了解佛教文献学研究的进展。学校开设的课程有限,就到香港中文大学和香港大学旁听语言学和梵语课程。充分运用香港高校丰富的数字文献资源,并定期在读书会上报告学术文献阅读进展。在老师的指导下,我才有勇气硬着头皮走下去。论文开题之后,朱老师又联络了法鼓文理学院的邓伟仁老师,让我在邓老师的指导下完成《无量寿经》的梵汉对勘工作。邓伟仁老师每周专门抽出一个下午的时间,浏览对勘语料,为我答疑解惑。在法鼓山,我也有机会旁听更多佛教学课程,并接触到更多佛教文献。在各位师长和善知识的帮助下,2017 年 8 月,我终于通过了博士论文答辩。现在呈现在诸位面前的这本小书,也是我学术路上的第一棵“小树苗”。

除了上述几位师长之外,还要感谢导师组的张显达教授和张连航教授,感谢答辩委员会的梅维恒(Victor H. Mair)教授、冯胜利教授和朱冠明教授。感谢辛嶋静志教授与佛教汉语学界分享他的研究成果。先生虽已登极乐,但先生的研究依然泽被学界。感谢在梵语学习中提供指导的香港大学法光法师、德国汉堡大学 Harunaga Isaacson 教授和尼泊尔梵文大学 Kashinath Nyaupane 教授。感谢法鼓文理学院的惠敏法师、幼如师姐和善觉师兄。感谢一路上给予鼓励的姜南师姐、邱冰师姐、钱珍师姐和毓飞姐。

此外,还要感谢朋辈的支持。谢谢香港中文大学(深圳)的同事们。谢谢教大的 Nicky、Tiffany、Dora、倩蓉、祎汀、华欣和小娟,一起吃饭“吹水”,一起去大埔海滨公园吹风。谢谢法鼓山的各位法师和同学,访学期间收获颇丰。谢谢老大、Lucie 等大学同学,北外七年因你们而色彩斑斓。谢谢茵、董和 RW 的各位,相识二十一年,你们依然是“开在石头里的木窗”。

最后,感谢我的爸爸妈妈,你们一直是我最坚强的后盾!

李博寒

2022 年春分于深圳龙岗